轨道交通职业教育“一带一路”系列教材

动车组概论

李英勇　主　编
叶　燕　副主编
马维聪　主　审

西南交通大学出版社
·成　都·

内容提要

本书是根据我国 CRH 系列动车组的基本技术资料和运用情况，依据本系列教材编委会审定的课程大纲编写而成。书中以 CRH2 型动车组为主讲车型，内容涉及动车组总体及主要技术参数、动车组车体技术、动车组转向架、动车组制动系统、动车组牵引传动系统、动车组连接装置、空调换气系统。

本书主要面向高职高专学生，也可作为中专、技校、职工培训、函授教育的教材，还可供铁路机务、车辆运用相关技术人员和高等院校师生参考。

图书在版编目（CIP）数据

动车组概论/ 李英勇主编. —成都：西南交通大学出版社，2019.7（2023.8 重印）
轨道交通职业教育“一带一路”系列教材
ISBN 978-7-5643-6951-4

Ⅰ. ①动… Ⅱ. ①李… Ⅲ. ①高速动车－高等职业教育－教材 Ⅳ. ①U266

中国版本图书馆 CIP 数据核字（2019）第 132116 号

轨道交通职业教育“一带一路”系列教材
动车组概论

李英勇 / 主　编
责任编辑 / 何明飞
封面设计 / 吴　兵

西南交通大学出版社出版发行
（四川省成都市金牛区二环路北一段 111 号西南交通大学创新大厦 21 楼　610031）
发行部电话：028-87600564　028-87600533
网址：http://www.xnjdcbs.com
印刷：成都中永印务有限责任公司

成品尺寸　185 mm×260 mm
印张　10.5　字数　262 千
版次　2019 年 7 月第 1 版
印次　2023 年 8 月第 4 次（修订）

书号　ISBN 978-7-5643-6951-4
定价　29.00 元

课件咨询电话：028-81435775
图书如有印装质量问题　本社负责退换

前　言

1964年10月1日，运营速度达210 km/h的日本东海道新干线开通，标志着高速铁路的诞生。此后，世界各国争相规划和建设高速铁路，包括法国、德国、瑞典、意大利、西班牙、英国、韩国等已先后成功开行了高速列车，为经济发展做出了贡献。

我国的高速铁路始于1994年广州—深圳准高速铁路的建设成功并投入运营。截至2018年年底，我国铁路营业总里程达到13.1万千米，居世界首位，其中高速铁路营运里程数为2.9万千米。到2020年，我国高铁里程数有望超过3万千米，居世界第一位，成为世界上高速铁路发展最快、系统技术最全、集成能力最强、运营里程最长、运行速度最高、在建规模最大的国家。由此我国形成了具有自主知识产权的高速铁路技术与装备系统，成为中国装备制造“走出去”的一张亮丽的名片。

作为铁路运输装备的高速动车组，涉及系统集成技术、车体技术、转向架技术、制动技术、牵引传动技术、自动控制技术、网络与信息技术等是高新技术的综合应用和具体体现。目前，在打造中国品牌高速列车的过程中，铁路行业尤其与动车组相关的各工种人员也迫切需要了解一定的动车组知识。本书主要介绍动车组技术相关方面的知识，使读者全面系统地了解高速铁路发展历史和高速动车组及其关键技术，为其他课程的学习打下基础。全书共分7章：第1章概论，介绍世界主要国家高速铁路的发展、国内外主要国家的高速列车、动车组组成及其关键技术；第2章动车组车体技术，重点介绍动车组车体结构的空气动力学设计、车体轻量化设计、车体密封和隔声技术；第3章动车组转向架，重点介绍动车组转向架的技术特点、高速转向架应具备的性能、国外主要国家采用的动车组转向架；第4章动车组车端连接装置，重点介绍动车组车端连接装置的组成和作用、车钩缓冲装置作用与结构、风挡结构；第5章动车组制动系统，重点介绍动车组制动系统的基本组成、动车组电制动系统、动车组空气制动系统和制动控制系统；第6章动车组牵引传动系统，重点介绍动车组牵引传动方式，动车组牵引特性、牵引传动系统的组成、牵引传动控制功能；第7章国产动车组技术，重点介绍4种类型的动车组组成及主要设备等，并简要介绍CRH380系列动车组和CR400系列动车组的相关知识。本书可作为铁路高职院校相关铁路专业学生的教材和现场职工了解动车组知识的基础读物。

本书由柳州铁道职业技术学院李英勇任主编，南宁车辆段马维聪任主审，柳州铁道职业技术学院叶燕任副主编。具体编写分工如下：第1章由叶燕编写，第2章由韦宏思编写，第3章由伍志丹编写，第4章由黄聪编写，第5章由李英勇编写，第 6 章由欧红波编写，第 7 章由蒋婷、师光洲编写；参与书稿讨论的还有黄乾兴等老师。

本书在编写过程中参考了相关行业文献、专家著作以及国内外同类专业教材，在此表示衷心感谢。

由于编者水平所限，加之时间仓促，书中难免有疏漏之处，恳请读者批评指正。

编　者

2019 年 4 月

目 录

第 1 章　概　论

高速铁路是当今世界高新技术的集成体，是人类文明的结晶和铁路现代化的标志。它不仅反映了一个国家铁路牵引动力、线路结构、车辆技术、列车运行控制、运输组织和经营管理等方面的技术进步，也集中体现了一个国家的科技和工业水平。高速铁路自诞生以来，在经济发达、人口密集地区取得了显著的经济效益和社会效益。

1.1　高速铁路概况

1.1.1　高速铁路定义

高速铁路的定义相当广泛，包含高速铁路领域下的众多系统。国际联盟（UIC）规定“新线设计速度 250 km/h 及以上，既有线改造 200 km/h 及以上的铁路为高速铁路”。

我国高速铁路的定义为新建设计开行 250 km/h（含预留）及以上动车组列车，初期运营速度不小于 200 km/h 的铁路。

铁路列车的运行速度等级一般划分如下：

（1）普通：最高运行速度 100 ~ 160 km/h。

（2）快速：最高运行速度 160 ~ 200 km/h。

（3）高速：最高运行速度 200 ~ 400 km/h。

（4）超高速：最高运行速度≥400 km/h。

1.1.2　高速铁路高新技术

1. 高速铁路线路

高速铁路线路是实现高速的基础，高速铁路线路所涉及的新技术包括：

（1）高标准的平、纵断面设计。

（2）高速无砟轨道新结构。

（3）高速道岔。

（4）高速路基、路桥过渡段。

（5）高速铁路桥梁。

（6）高速铁路隧道。

（7）高速牵引供电系统等。

2. 高速列车

高速列车是高速铁路新技术的核心，所涉及的新技术包括：

（1）优良的空气动力学外形设计。

（2）车体结构轻量化设计。

（3）高性能转向架技术。

（4）复合制动技术。

（5）密接式车钩缓冲装置。

（6）交流传动技术。

（7）列车自动控制及故障诊断技术。

（8）车厢密封隔声与集便处理技术。

（9）高性能受电弓技术。

（10）倾摆式车体技术等。

3. 高速铁路安全运行管理系统

高速铁路安全运行管理系统是高速铁路的神经中枢，所涉及的新技术包括：

（1）高速列车速度控制技术（ATC）。

（2）无线列车控制系统——移动闭塞（CTCS）。

（3）高速综合调度中心（CTC）。

（4）高速铁路线路监测诊断系统。

（5）自然灾害报警系统（地震、泥石流、台风、大雪、暴风雨等）。

（6）高速列车定期检修系统（整列动车组架车检修）。

（7）高速铁路旅客服务系统（安全、舒适、正点、便利）等。

1.1.3 高速铁路客运特点

高速铁路之所以受到世界各国的普遍欢迎并得以快速发展，是因为高速铁路不仅克服了普通铁路速度低的特点，而且与高速公路的汽车运输和中长途的航空运输相比具有以下特点：

1. 节约旅客送达时间

速度快，是高速铁路技术的核心，也是其主要技术优势所在。迄今为止，高速铁路是陆上运输距离最长、运行速度最快的交通运输方式。目前，高速列车的运行速度已达 350 km/h，接近高速公路小汽车运行速度的 3 倍，达到喷气飞机速度的 1/3 和短途飞机速度的 1/2，因而使高速铁路在运距 100 ~ 1 000 km 范围内均能显示其节约总旅行时间的优势。

2. 安全性好

安全是人们选择出行交通运输方式的首要因素。由于高速铁路采用全封闭和运行控制自动化方式，且有一套完善的安全保障系统，因此其安全程度是任何一种交通运输方式无法比拟的。据统计，在各国交通运输中，铁路、公路、民航运输的事故率（每百万人千米的伤亡人数）之比为 1∶24∶0.8，高速铁路在日本曾有连续 45 年安全运营无列车颠覆和旅客死亡事故的记录。

3. **准点率高**

从各国高速铁路运营情况看，运行列车普遍具有很高的准点率，终到误差时间小于 5 min 的概率在 90%以上，如表 1.1 所示。其中法国高速列车平均晚点时间为 30 s，日本在行车密度很高的情况下仍能达到 92.5%的列车晚点时间不超过 1 min，西班牙 AVE 高速列车承诺晚点 5 min 退赔全部票款。

表 1.1 各国高速铁路准点率

晚点时间/min	≤1	≤3	≤5	≤10
日本	92.5%	98.1%	98.5%	99.1%
法国		90%		
德国			90%	

4. **运输能力大**

据统计，目前各国高速铁路几乎都能满足最小行车间隔 4 min 的要求。日本东海道新干线每列列车可载客 1 200 ~ 1 300 人，高峰期发车间隔为 3.5 min，平均每小时发车达 11 列，在东京与大阪间的 2.5 h 的运行旅程中，年均输送旅客达 1.2 亿人次。而 4 车道高速公路年均单向输送能力为 8 700 多万人。目前，最大的飞机可载客 300 ~ 400 人，两地飞行按单向每天 20 架次计算，每天输送旅客仅 6 000 ~ 8 000 人。

5. **全天候**

高速铁路采用全封闭的结构，具有自动化控制系统，且取消地面信号，司机凭车载信号行车，一般情况下不受天气变化的影响，可以做到安全运行。在较为严重的自然灾害条件下，可以采取减速运行的方式维持行车，不会像公路和航空运输那样对大雾、暴雨、大雪、雷电、大风天气敏感。高速铁路的安全保障系统不仅保证高速列车的运行安全，也使铁路运输全天候的优势得到充分的发挥。

6. **能源消耗低**

据有关方面的统计，各种交通运输工具平均每人千米的能耗：高速铁路为 571.2 J；公共汽车为 583.8 J，是高速铁路的 1.02 倍；小轿车为 3 309.6 J，是高速铁路的 5.79 倍；飞机为 2 998.8 J，是高速铁路的 5.25 倍。高速铁路、小汽车、飞机每人千米消耗能源比为 1∶5.79∶5.25。且汽车、飞机使用的主要是不可再生的一次能源——汽油或柴油，而高速铁路使用的是二次能源——电力。随着水电、太阳能、风能和核电等新型能源的发展，高速铁路在能源方面的优势更加突出。这也是在当今石油能源紧张的情况下，世界各国选择发展高速铁路的原因之一。

7. **环境污染轻**

环境保护是当今关系人类生存的全球性紧迫问题。交通运输与环境问题密切相关，当前，交通运输对环境的污染主要是废气和噪声。据统计，各种交通运输工具一氧化碳等有害物质的换算排放量，铁路为 0.109 千克/（人·千米），公路为 0.902 千克/（人·千米），飞机为 635 千克/（人·千米）。噪声污染方面，日本曾以航空运输每千人千米产生的噪声为 1，则小轿车为 1，大轿车为 0.2，高速铁路仅 0.1。从以上数据看，在现代交通运输中，高速铁路对环境污染明显低于航空和汽车运输。

8. **占用土地少**

复线铁路占地宽度为 13.7 m，而一条 4 车道高速公路的占地宽度为 26 m。如以单位运能占地相比较，高速铁路仅为高速公路的 1/3 左右。飞机航道虽不占用土地，但一个大型机场包括跑道、滑行道、停机坪、候机楼及其他设施，占地面积大，相当于 1 000 km 复线铁路的占地面积，而 1 000 km 航线内至少要有 2 ~ 3 个大型机场，总占地为铁路的 2 ~ 3 倍。

9. **舒适度高**

随着人们物质生活水平的不断提高，出行舒适状况已成为人们选择出行交通运输方式的重要条件之一。高速铁路线路平顺稳定，列车运行平稳，追踪间隔可以做到按最小 3 mim 设计，旅客基本可做到随到随走，不需要候车。旅客在途中占有的活动空间大大高于汽车和飞机，其座位宽畅、乘坐舒适、活动自如等是汽车和飞机无法比拟的，高速列车甚至可以提供会议、娱乐、观光等条件。

10. **效益好**

高速公路的交通拥堵和事故给各国国民经济带来的巨大经济损失已成为一个世界性的难题。欧共体国家每年用于处理高速公路堵塞和交通事故的费用分别占国民生产总值的 2.9%和 2.5%。而修建高速铁路的直接经济效益却非常明显。据统计，日本东海道新干线 1964 年投入运营，1966 年开始赢利，到 1971 年仅用 7 年的时间就收回了全部投资，自 1985 年以后，每年纯利润达 2 000 亿日元（1 日元约 0.06 元人民币）。法国 TGV 东南线 1983 年全线开通，1984 年开始赢利，运营 10 年收回全部投资。在法国，一条高速铁路的效益是一条 6 车道高速公路的 3 倍。此外，由于旅行时间的缩短，高速铁路沿线经济发展加快，车站所在城市的进一步发展，都会带来巨大的经济效益。同时，高速铁路对促进国民经济发展、提高国家综合科技水平也起着巨大的推动作用。

1.1.4 高速铁路线路特点

高平顺性是高速铁路线路与普通铁路的最大区别,为了保证高速列车按规定的最高速度，安全、平稳和不间断地运行，高速铁路要求线路的空间曲线平滑，路基、轨道、桥梁各组成部分都具有高精度、高坚固性和稳定性。

1. **线路标准**

1）曲线外轨超高

列车在曲线上运行时，车辆和旅客都要经受离心力的作用。离心力不但增加了列车与线路之间的轮轨相互作用力，而且影响旅客的乘车舒适度。为了减少列车通过曲线线路时旅客经受的离心力和轮轨之间的相互作用力，通常采取在曲线线路上设置超高的办法，即把曲线路段外轨抬高，而内轨保持原来的高度不变。

曲线线路外轨超高与曲线半径和列车平均速度有关。最大超高的选择应保证在曲线上停车而又遇到大风时，不致使列车倾覆，并考虑不同速度的列车所产生的未平衡离心加速度不致过大。

目前，除日本东海道新干线规定最大超高为 200 mm 外，其余各线及各国高速铁路干线最大超高均为 180 mm。

2）最小曲线半径

几个主要国家高速铁路最小曲线半径因地理条件不同而有差别，见表 1.2。

表 1.2 几个主要国家高速铁路最小曲线半径值 m

法国		德国	意大利	日本			
TGV 东南线	TGV 大西洋线			东海道	山阳	东北	上越
4 000 （3 200）	6 000 （4 000）	7 000 （5 100）	3 000	2 500	4 000	4 000	4 000

我国设计速度 350 km/h 的高速铁路最小曲线半径为 7 000 m，在特殊困难路段最小曲线半径可采用 5 500 m，见表 1.3。

表 1.3 我国铁路区间线路最小曲线半径

路段设计行车速度/（km/h）		最小曲线半径/m	
200	客运专线	一般	2 200
		困难	2 000
250	有砟轨道	一般	3 500
		困难	3 000
	无砟轨道	一般	3 200
		困难	2 800
300	有砟轨道	一般	5 000
		困难	4 500
	无砟轨道	一般	5 000
		困难	4 000
350	有砟轨道	一般	7 000
		困难	6 000
	无砟轨道	一般	7 000
		困难	5 500

3）缓和曲线

为了保证列车安全，使列车安全、平顺、舒适地由直线过渡到圆曲线或由圆曲线过渡到直线，以避免离心力的突然增加或消除，需要在直线与圆曲线之间设置一条曲率半径逐渐变化的曲线，这条曲线称为缓和曲线，如图 1.1 所示。

缓和曲线的线形力求简单，便于钢轨铺设和养护。缓和曲线应尽量短些，以减少工程量和投资费用，其长度应根据设计行车速度、曲线半径和地形条件等因素确定，如设计行车速度为 350 km/h、曲线半径为 12 000 m 时，缓和曲线长度达舒适度优秀条件值时（舒适度条件值分为优秀、良好、一般 3 种情况）为 370 m。

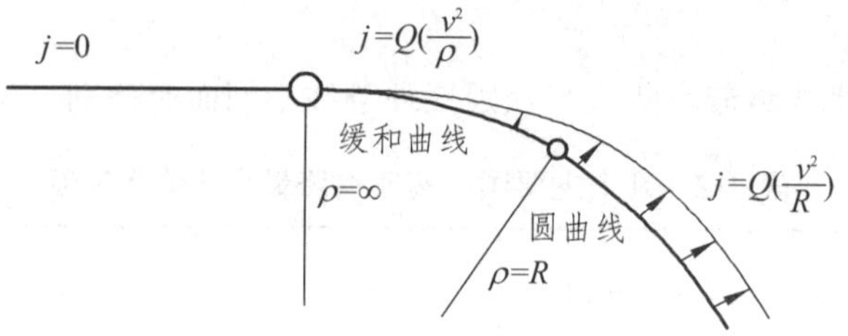

图 1.1　缓和曲线示意图

4）夹直线

列车通过同向或反向曲线时，受力情况极为复杂，除因外轨超高使列车绕线路纵轴转动外，还有缓和曲线起点和终点处的冲击以及未平衡离心加速度变化的影响等。因此，必须在同向曲线或反向曲线之间加入一段直线段即夹直线。夹直线应尽量长些，特别是反向曲线时的夹直线更应长些，这对运营安全是有利的。因为列车通过反向曲线时，其曲线单位附加阻力比单个曲线大，影响运行中列车的稳定性与安全性。

法国高速铁路规定，相邻曲线的夹直线最小长度为 0.5 v（m），德国高速铁路的夹直线最小长度按 0.4 v（m）计算。我国拟建高速铁路最小夹直线按下式确定：

一般条件下：$l_{min}=0.8v_{max}$

困难条件下：$l_{min}=0.6v_{max}$

式中，v_{max} 为列车最高运行速度。

5）线间距

相邻两线路中心线间的距离，简称线间距。在高速复线铁路上，两列列车交会时将产生巨大的会车压力波，引起列车横向摇晃，直接影响列车运行性能。因此，需要根据具体情况选择适当的线间距。我国高速铁路区间及站内线间距见表 1.4。

表 1.4　铁路线间距

序号	名称		线间最小距离/mm
1	区间双线	v=160 km/h	4 200
		160 km/h<v≤200 km/h	4 400
		200 km/h<v≤250 km/h	4 600
		250 km/h<v≤300 km/h	4 800
		300 km/h<v≤350 km/h	5 000
2	三线及四线区间的第二线与第三线		5 300
3	站内正线	v≤250 km/h	4 600
		250 km/h<v≤300 km/h	4 800
		300 km/h<v≤350 km/h	5 000
4	站内正线与相邻到发线		5 000
5	到发线与相邻到发线		5 000
6	安全线与其他线路		5 000

6）限制坡度

限制坡度的大小对运营和工程两方面均有影响。在运营方面，坡度增大，牵引质量减少，列车速度降低；而工程方面，可以适应地形，减少建设线路的工程量。

高速线路的最大坡度除与地形条件有关外，还与高速动车组的牵引功率、牵引特性和制动性能有直接关系。高速列车质量较小，牵引功率较大，可在较大坡度线路上高速运行。如日本东海道新干线的最大坡度为 20‰，法国 TGV 东南线限制坡度采用 35‰。我国拟建高速铁路区间正线的最大坡度不宜大于 20‰，困难条件下经技术经济比较，不应大于 30‰。

7）竖曲线半径

在线路纵断面上，以变坡点为交点连接两相邻坡段的曲线，称为竖曲线。高速铁路线路正线相邻两坡度差大于或等于 1‰时应设置竖曲线。竖曲线一般采用圆曲线形，其最小长度不得小于 25 m。

竖曲线半径的大小，除应保证列车经过变坡点时车钩不脱钩、车轮不脱轨外，还应考虑在竖曲线上产生竖向离心加速度和离心力对旅客舒适度的影响。竖曲线半径与行车速度有关，行车速度越高，竖曲线半径应越大。由于竖曲线半径增大到一定程度，施工及养护维修量会加大。因此，我国规定了高速铁路竖曲线半径不应大于 30 000 m，最小竖曲线半径应根据所处区段的设计行车速度选用，如设计行车速度 350 km/h 时，最小竖曲线半径为 25 000 m。

2. 路　基

路基是铁路轨下基础的重要组成部分，是保证列车高速、安全、舒适运行的关键，路基的稳定性和坚固性直接关系到线路的质量、列车的正常运行及安全。路基结构应具有足够的强度、稳定性和耐久性。

路基面的断面宽度，应考虑设计速度、轨道类型、线间距、电缆槽、接触网支柱、路肩宽度等因素的影响，需根据不同条件及要求确定。对有砟轨道的路肩宽度来说，线路设计速度为 200 km/h 区段的路肩宽度不应小于 1.0 m；250 km/h 及以上区段双线不应小于 1.4 m，单线不应小于 1.5 m。无砟轨道路肩宽度，应根据无砟轨道形式、电缆槽和接触网基础类型等确定，以保证高速列车良好的运行条件及行车安全。

3. 轨道结构

高速铁路轨道结构分为有砟轨道和无砟轨道两种类型，以无砟轨道为主。

1）有砟轨道

在整体结构上仍为有砟轨道，但对轨道部件进行了改进和加强。有砟轨道具有结构简单、工程费用低、施工铺设速度快和易于整修轨道变形等优点，所以在高速铁路上也大量采用，如法国、德国均采用有砟轨道结构。

2）无砟轨道

无砟轨道是在混凝土整体道床的基础上发展起来的新型轨下基础。这种轨道形式一经筑成，线路就能保持稳定、平顺，且维修工作量少。但造价高，刚性大、列车振动和噪声较大，行车噪声比有砟轨道高 3 ~ 8 dB。

我国高速铁路的《铁路技术管理规程》规定，新建 300 km/h 及以上铁路、长度超过 1 km

的隧道及隧道群地段，可采用无砟轨道。正线钢轨应采用 100 m 长定尺的 60 kg/m 钢轨，正线及到发线轨道采用一次铺设跨区间无缝线路，绝缘接头应采用胶接绝缘接头。

1.2 世界主要国家高速铁路发展概况

目前，世界上已有很多国家拥有高速铁路，其中运营时间较长的国家主要有日本、法国和德国等。

1.2.1 日本高速铁路

日本是世界上第一个建成实用性高速铁路的国家。1964 年 10 月 1 日，日本东海道新干线东京—新大阪高速铁路正式开通并投入商业运营，这是世界上第一条完全按照高速行车技术条件建造的铁路，东海道新干线的建成通车不仅为日本铁路，而且也为世界铁路开创了新纪元。

东京—新大阪新干线全长 515.4 km，采用 0 系高速动车组，最高运行速度达 210 km/h，直达旅行时间 3 h，旅行时间比原来缩短了 21%。每天列车运行对数从开通时的 30 对增长到 1976 年的 137.5 对，年运送旅客从 1964 年的 1 100 万人次增长到 1976 年的 8 500 万人次。东海道新干线通车后取得了非常好的经济效益和社会效益。随后，日本大力发展新干线，并不断进行技术升级，山阳新干线和东海道新干线的运行速度分别提高到目前的 300 km/h 和 270 km/h，东北新干线的运行速度提高到 320 km/h。如今，新干线的主干线和支线已覆盖日本本土，总里程约 2 452 km。新干线被誉为“日本经济起飞的脊梁”。

1.2.2 法国高速铁路

法国也是世界上从事提高列车速度研究较早的国家，1955 年即利用电力机车牵引创造了车速 331 km/h 的世界纪录。1971 年，法国政府批准修建巴黎—里昂 TGV 东南线（TGV 是法文 train à grande vitesse 的缩写，意为高速列车），全长 417 km，1976 年 10 月正式开工，1981 年 9 月全线建成通车。巴黎—里昂的旅行时间由原来的约 4 h 缩短到 2 h，列车最高运行速度 270 km/h（经改造后目前为 300 km/h），客运量迅速增长，经济效益良好。TGV 东南线的成功运营，证明高速铁路是一种具有竞争力的现代交通工具。1989 年和 1990 年，法国又建成巴黎至勒芒、图尔的大西洋线，列车最高运行速度可达 300 km/h。1993 年，法国第三条高速铁路 TGV 北方线开通运营。北方线也称北欧线，由巴黎经里尔，穿过英吉利海峡隧道通往伦敦，并与欧洲北部比利时的布鲁塞尔、德国的科隆、荷兰的阿姆斯特丹相连，是一条重要的国际通道。目前，法国高速铁路形成了以巴黎为中心，辐射全国的 TGV 高速铁路干线，并与周边国家连接.法国高速铁路新线里程约 2 000 km，而高速列车 TGV 可以提供服务的路网范围达 6 000 km 以上，列车最高运行速度可达 320 km/h。

法国高速铁路一直对速度目标值有着极致的追求。1981 年，法国第一代高速动车组——

东南线高速动车组（简称 TGV-PSE）试验纪录达到 380 km/h，商业运行速度达到 270 km/h，打破了传统铁路运行速度的概念。1990 年 5 月，第二代高速动车组——大西洋线高速动车组（TGV-A）创造的 515.3 km/h 的世界纪录，更令世界瞩目。2007 年 4 月 3 日，V150 高速动车组创造 574.8 km/h 的轮轨最高试验纪录。图 1.2 所示为法国 V150 试验列车。

图 1.2　法国 V150 试验列车

1.2.3　德国高速铁路

德国发展高速铁路有坚实的技术基础，1988 年其电力牵引试验速度就突破 400 km/h 大关，达到 406.9 km/h。但由于各种原因，直到 20 世纪 90 年代，德国的高速铁路才陆续开通运营。目前，ICE 高速列车可通达德国国境内多数大城市，包括德国的汉堡、慕尼黑、柏林、法兰克福、斯图加特、科隆、杜塞尔多夫等，总里程约 1 000 km，ICE 列车可通行的范围达 6 300 km 以上，列车最高运行速度可达 300 km/h。

1.2.4　中国高速铁路

我国高速铁路的发展虽然比发达国家晚 20 ~ 30 年，但自 21 世纪以来发展迅速，其发展速度之快、建设规模之大、运输能力之巨，堪称世界第一。中国铁路在既有线六次大提速、客运专线建设的基础上发展形成的高速铁路技术已跻身世界先进行列。

1. 中国铁路六次大提速

20 世纪 90 年代中期，我国铁路面临速度慢、运输能力严重不足的局面。截至 1996 年年末，我国铁路旅客列车的运行速度仅为 110 km/h，旅行速度仅为 49.5 km/h，无法满足广大旅客的需要。

自 1997 年 4 月 1 日至 2007 年 4 月 18 日的 10 年间，我国铁路实施了六次大规模提速，取得了巨大的成就。其中第六次大提速范围包括京哈、京广、浙赣、沪杭、京沪、陇海、胶济等干线，覆盖全国17个省、直辖市、自治区。提速干线旅客列车最高运行速度达200 km/h以上。京哈、京沪、京广、胶济等提速干线部分区段运行速度可达 250 km/h，这标志着我国铁路既有线提速已经迈入世界先进行列。这次提速的特点是速度为200 km/h及以上的国产化动车组投入使用。提速后，开行200 km/h及以上线路达6 003 km，客运能力增长18%以上。

中国铁路的六次大提速，建立了既有线200 km/h及以上等级提速完整的技术理论体系，提出了成套技术措施，为我国高速铁路建设和运营管理提供了强有力的技术支撑。

2. **我国高速铁路的发展**

随着铁路运行速度的不断提高，铁路提出跨越式发展思路。2004年年初，国务院批准了《铁路中长期发展规划》(简称《规划》)，确定了我国铁路发展的蓝图。为实施好《规划》，根据《纪要》精神，原铁道部按照“先进、成熟、经济、适用、可靠”的方针，利用2004年和2005年两次采购，组织引进速度200 km/h及以上动车组先进技术，全面展开对先进技术的消化吸收和增强自主创新的工作，提升我国机车车辆装备制造业水平，以适应铁路客运发展和扩大运能的需要，缓解铁路运输对国民经济的“瓶颈”制约。

2004年10月，原铁道部组织完成了140列速度200 km/h动车组的采购项目合同签订，成功引进了川崎重工、庞巴迪、阿尔斯通的动车组先进技术。

2005年11月，原铁道部又组织完成了60列速度300 km/h动车组的采购项目合同签订，成功引进了西门子的高速动车组先进技术。同时，四方股份在2004年引进技术的基础上，也进行了动车组向速度300 km/h的提升。

2007年，国产化系列速度250 km/h的和谐号动车组批量下线并投入使用，标志着中国铁路迈入高速化时代。

2008年8月1日，京津城际铁路开通运营，最高运行速度达到350 km/h，创造了世界商业运行最高速度纪录，标志着我国已掌握350 km/h速度级高速列车核心技术。

2009年12月26日，世界上一次建成里程最长、工程类型最复杂的武广高速铁路开通运营，创造了速度350 km/h隧道内会车、两列重联条件下双弓受流等一系列世界新纪录，标志着我国能够建设工程类型齐全、大规模、长距离世界一流的高速铁路。

2010年9月28日，在沪杭高铁运行试验中，拥有自主知识产权的和谐号CRH380A型高速列车，最高速度达416.6 km/h，创造了世界运营铁路运行试验最高速度。

2010年12月3日，在京沪高速铁路徐州—蚌埠区间，CRH380A型高速列车，最高速度达486.1 km/h，再次刷新了世界运营铁路运行试验最高速度。

2011年8月底，京沪高速铁路正式通车，最高运营速度为300 km/h。

2017年9月21日，中国自主研发的标准动车组“复兴号”在京沪高铁率先实现350 km/h速度运营，使中国再次成为世界上高铁商业运营速度最高的国家。

2018年6月7日，中国铁路总公司在京沈高铁启动高速动车组自动驾驶系统（CTCS3 + ATO列控系统）现场试验，这标志着中国铁路在智能高铁关键核心技术自主创新上取得重要阶段成果，中国高铁整体技术持续领跑世界。

按照我国中长期铁路发展规划要求，我国已建成京津、沪宁、京沪、京广、哈大等一批设计速度350 km/h、具有世界先进水平的高速铁路。截至2012年年底，我国高速铁路营业里程达 9 356 km，跃居世界第一。到 2017 年年底，我国高速铁路营业里程突破 2.5 万千米，占世界高铁总里程的 66.3%，稳居世界第一。

通过自主创新，我国依靠自己的力量进行高速铁路的勘测设计、工程施工，系统掌握了复杂路基处理、长大桥梁工程、大断面隧道工程、轨道工程、牵引供电、通信信号、客运枢纽等高速铁路建设技术和运营管理维修技术，形成了我国完善的高速列车设计技术、制造技术、试验技术及评估技术平台、掌握了高速列车系列核心关键技术，形成自主知识产权的技术体系和标准体系，促进了我国社会经济快速发展。

到 2020 年，中国高速铁路总里程将达到 3 万千米，覆盖 80%以上的大城市；到 2025 年，将达到 3.8 万千米以上。届时，北京到全国主要省会城市的旅行时间都将在 8 h 以内。

1.3 动车组的技术特点及组成

1.3.1 动车组的定义及分类

1. 动车组的基本概念

动车组是由若干动力车和拖车或全部由动力车长期固定连挂在一起组成的车组。动车组中带有动力的车辆称为动车（用 M 表示），不带动力的车辆称为拖车（用 T 表示）。动车组两端都带有司机室，可在线路上往复运行。除高速铁路、城际客运、市郊客运运用的动车组外，城市中的地铁列车和轻轨列车也属于动车组的范畴。

2. 动车组的分类

按照不同的标准和方式，动车组有不同的分类，主要可归纳为以下几种。

1）按速度等级分类

（1）准高速动车组：运行速度为 160 ~ 200 km/h。

（2）高速动车组：运行速度为 200 ~ 400 km/h。

（3）超高速动车组：运行速度为 400 km/h 以上。

2）按牵引动力分类

（1）电力动车组。

电力牵引具有牵引功率大、轴重小、经济性好、利于环保等特点，目前 80%以上的高速动车组都采用电力牵引。

（2）内燃动车组。

内燃牵引具有投资少、见效快、灵活性好等特点，常用于尚未电气化的高速铁路区段，或者作为发展高速铁路建设的一种过渡牵引形式。

（3）磁悬浮动车组。

磁悬浮列车与传统列车相比有着截然不同的特点，它是利用电磁系统产生的吸引力（或排斥力）将列车托起（或抬起），使列车悬浮于导轨上，并利用电磁力进行导向，利用直线电机将电能转换成推进力，推动列车高速前进。磁悬浮列车由于轮轨不接触，没有轮轨摩擦阻力，因而适于超高速运行，速度可达 500 km/h 以上。图 1.3 所示为磁悬浮列车。

图 1.3　磁悬浮列车

3）按动力配置方式分类

（1）动力集中型动车组。

动力集中型动车组是指动力车挂在两端，中间是拖车所编组的动车组，如德国的 ICE-1，ICE-2。

（2）动力分散型动车组。

动力分散型动车组是指一定数量的动力车和拖车组成单元，若干单元再编组而成的动车组。

4）按转向架连接方式分类

（1）独立式动车组。

独立式动车组即为传统的车辆与转向架的连接方式，每节车辆的车体都置于两台转向架上，车辆间用密接式车钩相连接，列车解体后车辆可独立行走。

（2）铰接式动车组。

铰接式动车组是将车辆的车体之间用弹性铰相连接，铰接点放置在一个共同的转向架上，车辆不能从列车上分解下来独立行走。

按照动力配置和转向架连接方式相结合，可将动车组分为图 1.4 所示的 4 种类型。

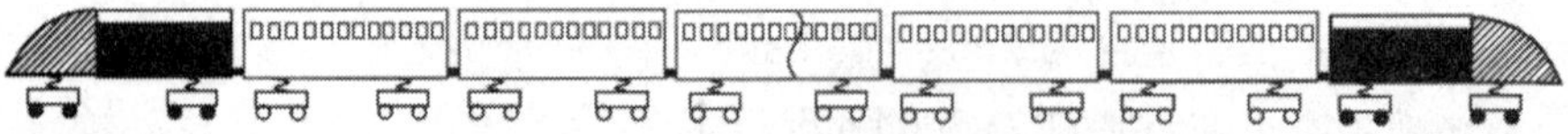

（a）独立式动力集中型

（b）铰接式动力集中型

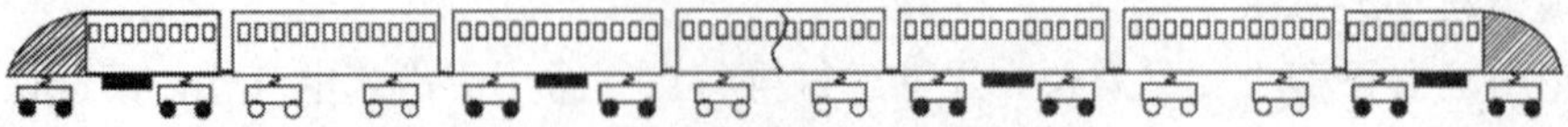

（c）独立式动力分散型

（b）铰接式动力分散型

图 1.4　动车组动力配置及转向架连接方式示意图

1.3.2　动车组对牵引功率的需求

动车组对牵引功率的需求是根据动车组的总质量、最高运行速度和在该速度下的列车单位阻力来确定的，动车组需要的牵引功率 N 为

$$N=\frac{Q\cdot\omega\cdot v_{\max}\cdot k}{3\,600}\ (\mathrm{kW}) \tag{1.1}$$

式中　Q——动车组总质量，t；

ω——列车的单位阻力，N/t；

$v_{\max}$——列车的最高运行速度，km/h；

k——裕量系数。

列车运行时的阻力包括列车运行基本阻力和各种附加阻力。

列车运行基本阻力由列车的空气阻力和机械阻力组成。机械阻力由轴承摩擦、轮轨滚动摩擦、滑动摩擦、振动和冲击等引起。

附加阻力包括坡道阻力、曲线阻力、隧道空气附加阻力、起动阻力等。

列车的基本阻力随运行速度的不同而异。列车低速运行时，以机械摩擦阻力为主；运行速度达到 200 km/h 时，空气阻力占运行基本阻力的 70%；如果运行速度进一步提高，空气阻力所占的比例还将增大。空气阻力与列车运行速度的平方成正比，列车之所以需要很大的牵引功率，是因为列车运行速度越高，空气阻力越大，而这一随运行速度提高而迅速增大的空气阻力就成为动车组运行时的主要阻力。为了克服列车运行阻力，必须具备大功率的牵引动力，而且功率与列车最高运速度是三次函数关系。

1.3.3　动车组的动力配置特点

如前所述，动车组动力配置有两种方式，即动力集中型配置和动力分散型配置。

动力集中型动车组中的一辆动车就是一个完整的动力单元，与传统的机车相似，它将电气设备和动力装置集中安装在动力车上，仅有动力车的轮对受电机驱动，如图 1.5 所示。由动力车牵引列车，动力车只牵引不载客，拖车只载客不牵引。

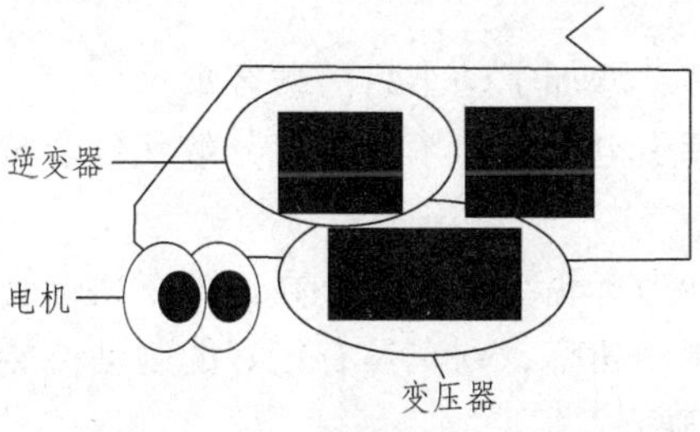

图 1.5　动力集中型动力配置

法国大西洋线高速列车（TGV-A）就是采用动力集中型配置方式，12 辆编组中两端是动力车，中间是拖车，即 2 动 + 10 拖（简称 2M + 10T）。

动力分散型动车组通常由 2 辆或 2 辆以上车辆组成一个动力单元，将由电机驱动的动力

轮对分散在所有或多组轮对上，将主要电气设备吊挂在车辆下部，使列车轴重相对均衡，全部车辆均可载客，如图 1.6 所示。我国和谐号动车组均采用动力分散型动力配置。

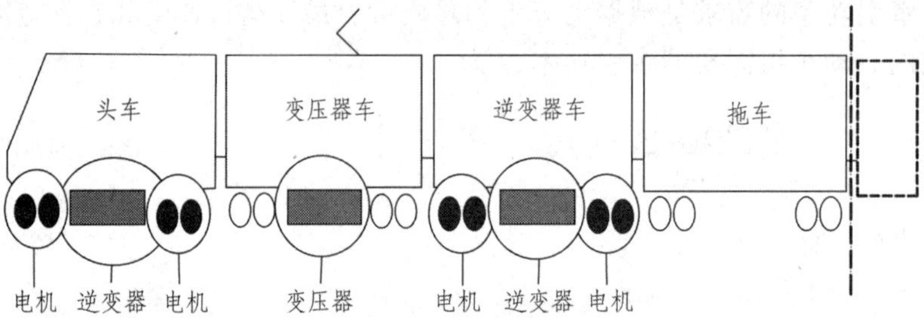

图 1.6　动力分散型动力配置

两种类型的动车组都具有自身的特点和发展过程，从其产生和发展历程来看，某个国家或某条高速铁路采用什么类型的动车组，可能与它们的运用条件、运用经验和传统技术有关。因此在选择、比较它们的优劣时不能一概而论，只有详细分析它们的技术特性，结合具体的运用要求和使用条件才能得出比较明确的结论和选型方案。

1. 动力集中型动车组的特点

1）动力集中型动车组的优点

（1）与传统列车相似，便于按习惯进行运行管理和维修管理。

（2）机械、电器设备在运用中便于监测和进行技术保养。

（3）载客车厢内噪声、振动较小，舒适度较高。

（4）牵引头车可以摘挂，方便列车进入既有线。甚至可更换内燃机车，使列车直接进入非电气化铁路运行。

2）动力集中型动车组的缺点

（1）动力车不能载客，相对减少了载客量。

（2）动力车轴重难以降低。

（3）动力车大的黏着牵引力与车轮的轴重要求形成难以克服的矛盾。

（4）动力车的制动能力受到黏着的限制，列车的制动性能欠佳。

2. 动力分散型动车组的特点

1）动力分散型动车组的优点

（1）动力车同时可以载客，增加了动车组的载客量。

（2）将牵引动力设备和牵引电机的功率及质量分散到各个车辆，较易实现高速列车减轻轴重的要求。

（3）牵引力分散在各个动力车轮上，可解决高速列车大牵引力与轴重限制之间的矛盾。

（4）可以充分利用动力制动功率，列车具有较好的制动性能。

2）动力分散型动车组的缺点

（1）车辆下部吊装动力设备，其产生的振动和噪声会影响车厢内的舒适度。

（2）分散的动力设备故障率相对较高。

（3）列车只能分单元编组，不能驶入非电气化铁路运行。

（4）与传统运营、维修管理体制和习惯不同，必须建立一套新的维修、保养体系。

1.3.4 动车组的组成

动车组作为一个整体，通常由以下 7 个部分组成。

1. 车　体

动车组车体分为带司机室车体和不带司机室车体两种。它是容纳乘客和司机驾驶的地方，同时又是安装与连接其他设备和部件的基础。

2. 转向架

动车组转向架分动力转向架和非动力转向架两种。动力转向架的车轴可以是全动轴，也可以是部分动轴。转向架置于车体和轨道之间，用来牵引和引导车辆沿轨道行驶，同时承受和传递来自车体及线路的各种载荷，并缓和冲击和振动，是保证列车运行品质和安全的关键部件。转向架一般由轮对轴箱装置、构架、弹簧悬挂装置、车体支承装置和制动装置等组成。动力转向架，还包括牵引电动机及传动装置。

3. 车辆连接缓冲装置

车辆编组成列车运行必须借助连接缓冲装置。其中，机械连接包括车钩缓冲装置和风挡等，同时还有车辆之间的电气和空气管路的连接、高压电器连接、辅助系统和列车供电连接以及控制系统连接等。

4. 制动装置

制动装置是保证列车减速或准确停车及安全运行所必需的装置。动车组通常采用动力制动与空气制动的复合制动模式。动车组制动系统包括动力制动系统（如再生制动）、空气制动系统（包括风源）、电子防滑器及基础制动装置等。

5. 车辆内部设备

车辆内部设备是指服务于乘客的车内固定附属装置，如车内电气、供水、通风、取暖、空调、座席、车窗、车门、行李架、旅客信息服务系统等。

旅客信息服务系统包括以下 3 个不同的子系统：

1）广播系统

广播系统作为一个单独的子系统工作，如有必要，可通过娱乐系统控制公共广播。

2）显示系统

显示系统作为一个单独的子系统，从列车计算机获取信息。

3）娱乐系统

娱乐系统包括单独的传输系统和接收系统。传输系统控制着列车的信息系统，接收系统控制着听筒控制板和视频监测网络。

6. 牵引传动系统

牵引传动系统为动车组提供牵引动力，它主要包括主电路、高压设备、受电弓、主断路器、其他高压设备、主变压器、牵引变流器、牵引电机及电传动系统的保护等。

7. 辅助供电系统

辅助供电系统指除为牵引动力系统之外的所有需要用电力的负载设备提供电能的系统。

辅助供电系统主要由辅助变流器、蓄电池、充电机等组成。

辅助供电系统供电的设备包括空气压缩机、冷却通风机、油泵/水泵电机、空气调节系统、采暖设备、照明设备、旅客服务设备、应急通风装置及维修用电等。另外，辅助供电系统还具备应急供电功能，应急用电包括客室应急通风、应急照明、应急显示、维修用电、通信及其控制等。

1.3.5 动车组的主要技术特点

1. 优良的空气动力学外形

随着列车运行速度的提高，空气的动力作用一方面对列车和列车运行性能产生影响；另一方面，列车高速运行引起的气动现象对周围环境也产生影响。如图 1.7 所示，对于高速动车组来说，车体及头形的流线型设计非常重要。车体及头形流线化设计具以下优点：

（1）有效地减少列车表面压力、空气阻力。

（2）有效地减少会车压力波和隧道内列车表面压力及列车风等。

（3）保证列车运行稳定。

图 1.7 CRH380A 型动车组流线形头形

2. 车体结构轻量化设计

车体结构轻量化的优点：

（1）节省牵引功率。

（2）最大限度地减小高速动车组的轴重。

（3）降低高速所引起的动力作用对线路结构、机车车辆结构产生的损伤。

（4）提高旅客乘坐舒适度。

目前，世界各国高速列车车体的主要材料采用铝合金和不锈钢，从发展趋势看，铝合金将成为动车组车体的主导材料。

3. 高性能转向架技术

转向架是动车组的关键部件，可以说，提高列车运行速度的过程也是高速转向架发展的过程。提高列车运行速度，首先要设计制造高性能转向架来解决其高速运行时的稳定性、平稳性和良好的曲线通过性能等问题，以保证高速列车安全行驶、乘坐舒适、减少维修。稳定性也称安全性，即保证列车在设计规定的最高速度范围内，在规定的线路条件下，不会脱轨、倾覆和对轨道产生破坏的基本性能。平稳性是列车在规定的线路条件下、在设计最高速度范围内运行时，设备能平稳工作、乘客感到舒适的基本性能。列车通过曲线时，将产生过大的侧压力，造成轮轨的剧烈磨损，因此良好的曲线通过性能是保证列车安全的基本性能。

4. 复合制动技术

高速列车对制动技术提出了严峻的挑战，由于列车的制动能量与速度的平方成正比，速度 200 ~ 300 km/h 高速列车的制动能量是常速列车的 4 ~ 9 倍，传统的空气制动能力已远远不能满足高速列车的需要。因此，高速列车必须采用能提供强大制动力并更好利用黏着的复合制动系统。

复合制动系统主要由制动控制系统、电气动力制动系统、空气制动系统、计算机控制的防滑器和非黏着制动装置等组成。空气制动指的是通常列车上采用的踏面制动和盘形制动。电气动力制动包括再生制动、电阻制动、涡流制动及磁轨制动等。高速动车组制动时，以电气动力制动为主，空气制动作为制动不足时的补充。

高速动车组制动系统应满足以下性能要求：

（1）满足制动能力的要求。高速列车的制动包括调速制动和停车制动，要求制动能力强、响应速度快。

（2）满足舒适性要求。采用计算机控制，在提高平均速度的同时尽量减少速度的变化率，制动冲击力小，提高了乘客的舒适度。

（3）满足安全可靠的要求。优化制动方式设计，实现多级制动控制，确保在正常条件下复合系统的各种制动方式合理分级分担制动能量。

（4）设计制动能力的冗余量。确保一旦其中的某种制动方式发生故障时，其他制动方式应能补充。

为满足以上性能要求，高速动车组需要采用一系列新技术：大功率盘形制动机；复合制动方式，即空气盘形制动 + 电气动力制动（再生制动）+ 非黏着制动（涡流制动和磁轨制动）；按速度控制制动力的大小以充分利用黏着力；高性能的防滑装置以及计算机控制等。因此，电气动力制动技术和制动控制技术将成为复合制动技术的关键。

5. 密接式车钩缓冲装置

车钩缓冲装置在列车中起传递纵向力的作用，直接影响列车纵向冲击的大小、旅客的舒适性和列车的安全性。高速列车对车钩缓冲装置的安全可靠性提出了更高的要求。

目前，世界各国高速列车普遍采用密接式车钩缓冲装置，该装置两车钩连接面的纵向间隙一般都小于 2 mm，上下、左右偏移也很小，对提高列车的运行平稳性和电气线路、风管的自动对接提供了保证。

6. 交流传动技术

交流传动系统的变流装置是将单相交流电转变为调频调压的三相交流电。高速列车的交流传动技术经历了从直流传动到交流传动的发展过程。对于要求功率大、轴重小、黏着利用较好、整车利用率很高的高速列车，交流传动技术具有显著优势。

早期的电力牵引传动系统均采用交-直传动，用直流电动机驱动。由于直流电动机的单位功率质量较大，使高速列车既要求大功率驱动又要求减轻轴重，特别是减轻簧下部分质量的矛盾难以克服。因此直流牵引电动机功率一般不超过 500 kW。

在交流传动系统中，常使用两种不同的牵引电动机，即交流同步电动机和交流异步电动机，如法国选择了自换相三相同步牵引电动机，把单台电机功率提高到 1 100 kW。交流牵引电动机与传统的直流牵引电动机相比具有以下优点：

（1）结构简单、运行可靠。

（2）体积小、质量小。

（3）额定输出功率大。

（4）造价低、易维修、效率高等。

逆变器技术和交流电机控制技术的进步为采用异步牵引电动机驱动提供了条件。因此交-直-交传动并采用异步电机驱动是高速列车牵引传动系统的发展主流。

7. 列车自动控制系统及故障诊断技术

列车自动控制系统对保证高速列车安全运行有十分重要的作用。世界各国在发展高速铁路时都十分重视列车自动控制系统的研究和开发，研制了多种基础技术设备，例如列车超速防护系统、卫星定位系统、车载智能控制系统、车载计算机自动监测和诊断系统等。目前，世界高速铁路上的自动控制方式主要分为两类：一类是以设备控制为主、人控为辅的控制方式，以日本新干线采用的 ATC（列车自动控制）方式为代表；另一类是人机共用、人控为主的方式，主要代表有法国高速列车（TGV）采用的 TVM300 型安全防护系统及改进的 TVM430 型安全防护系统，德国 ICE 高速列车采用的 FRS 速差式机车信号和 LZB 型双轨交叉电缆传输式列车控制设备等。

8. 车厢密封隔声与集便处理技术

车体具有良好的密封性能也是高速列车必须要解决好的一项关键技术。动车组高速运行时，特别是两动车组在隧道交会时，头、尾车外面的气流压力变化很大，车外压力的波动会传递到车厢内，使旅客感到不舒服，轻者压迫耳膜，重则头晕恶心，甚至造成耳膜破裂。许多国家先后在压力波对旅客舒适性的影响方面进行了研究。

随着动车组运行速度的提高，所产生的噪声也将增大。噪声传到车内，将影响旅客的舒适度，同时造成铁路沿线的噪声污染。因此，削弱噪声源、提高车体的隔声性能也是高速动车组必须解决的关键技术。

随着动车组运行速度的提高，采用密闭式集便装置，实行污物集中处理势在必行。另外，车厢气体密封性问题也非常突出。因此，高速动车组必须采用密封性能良好的给排水系统及集便处理系统。

全封闭式厕所，在欧、美、日本等高速列车上已有很长的使用历史，形式也各有不同。

全封闭式厕所大致有以下 4 种形式：循环式厕所、真空式厕所、喷射式厕所、带有生物作用处理箱的净水冲刷厕所（半开放）系统。

9. 高性能受电弓

接触网-受电弓受流系统的受流过程是受电弓在接触网下，以列车行驶的速度在接触网之间滑动完成的，是一个动态过程，这一动态过程包括多种机械运动形式的电气状态变化。高速铁路中接触网-受电弓受流具有新的特点，受流系统的电流容量、适用速度、安全性能有了相当大的变化。因此，高速动车组应使用高性能的受电弓以满足高速受流的要求。

高速动车组受电弓必须符合以下基本要求：

（1）受电弓的滑板与接触导线之间要保持恒定的接触压力。

（2）尽可能减小受电运动部分的质量，以保证与接触网有可靠的电接触。

（3）在结构设计上要充分考虑空气阻力，以减小甚至消除空气制动力对滑板与接触导线间接触压力的影响。

（4）滑板的材料、形状和尺寸应适应高速时的接触状态及拥有足够的耐磨性。

（5）受电弓升降时，初始动作迅速，终了动作较为缓慢，以确保在降弓时快速断弧，并防止升降弓时受电弓对接触网和底架有过大的冲击载荷。

10. 摆式车体技术

列车通过曲线时，未被平衡的离心加速度超过允许限度时会使乘客产生不舒适感。这种未被平衡的离心加速度与列车运行速度的平方成正比，因此限制了列车通过曲线时的速度。

为了提高列车通过曲线的速度，国外发展了各种形式的摆式列车，也即通过各种措施，使列车车体在通过曲线时，可以向曲线内侧倾摆，使车体相对轨道平面转动一个角度，车体转动角和轨道超高角的转动方向一致，在车内的旅客感受到的超高角是线路实设超高和车体倾角之和，如图 1.8 所示。因此，旅客感受到的重力加速度的横向分量显著增加，可以大幅度抵消列车的离心加速度，使旅客感受到的未被平衡的离心加速度保持在容许范围之内。采用摆式列车可提高曲线限速 30%～40%，提高旅行速度 15%～20%。图 1.9 所示为瑞典摆式列车。

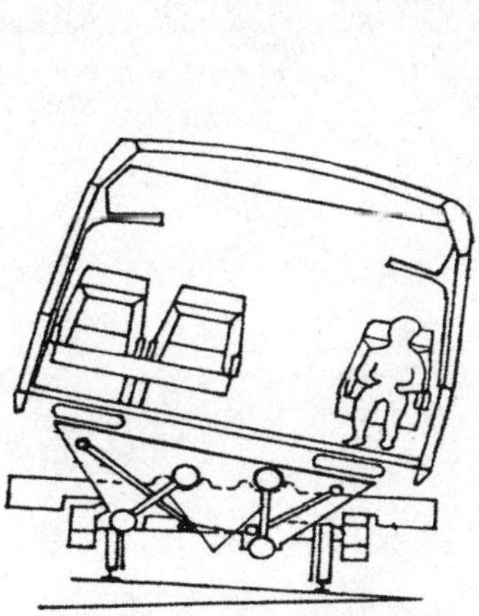

图 1.8　倾摆式车体示意图

图 1.9　瑞典摆式列车

复习思考题

1. 简述高速铁路的定义。
2. 高速铁路客运特点有哪些？
3. 简述高速铁路主要的线路标准。
4. 有砟轨道和无砟轨道各有何优缺点？高速铁路主要采用哪一种轨道结构？
5. 简述中国铁路发展概况。
6. 什么是动车组？动车组如何分类？
7. 动车组的动力配置有哪两种方式？分别说明两种方式的优缺点。
8. 动车组由哪几部分组成？
9. 动车组的主要技术特点有哪些？

第 2 章　动车组车体技术

动车组车体是容纳旅客和司乘人员的地方，又是安装或连接车辆其他组成部分的基础。为使车体轻量化，高速动车组车体通常采用铝合金或不锈钢材料制造，且有合理的空气动力学外形，并满足密封、减振降噪和防火等方面的要求。为了满足气密性要求，列车的车窗是不能被开启的，因此，高速动车组必须设置空气调节装置。此外，还设有座椅、电茶炉等设备。

2.1　车体结构的空气动力学设计

2.1.1　车体结构空气动力学设计的必要性

说起高速列车，我们印象最深的就是它“子弹头”形状的流线型头形，与方方正正的“绿皮车”有明显的区别。高速列车采用流线型头形，目的是优化其空气动力学性能，降低空气阻力、压力波、噪声等，提高运行速度。列车正常运行时，行驶阻力一般包括轮轨滚动阻力、空气阻力、坡道阻力和加速时的惯性力。在低速运行时，轮轨阻力占主要部分，但随着列车运行速度的提高，空气阻力将增加，当列车速度超过 200 km/h 后，其将成为列车运行阻力的主要部分。

研究表明，空气阻力与速度的平方成正比，机械阻力则与速度成正比。速度为 100 km/h 时，空气阻力和机械阻力各占一半；当速度提高到 200 km/h 时，空气阻力占 70%，机械阻力只占 30%；当以 250 km/h 平稳运行时，空气阻力占列车总阻力的 80%甚至 90%以上。因此，设计者通常需要利用空气动力学原理，通过流线化车头、车身、车体附属部分来尽量减小空气阻力。

空气阻力由三部分组成：一是列车车头迎风受到的正面压力，列车尾部由于空气尾流引起空气稀薄而产生的向后的拉力，这样由于头部及尾部压力差形成的阻力称为压差阻力；二是由于空气黏性而引起的作用于车体表面的摩擦阻力；三是由车辆转向架、车顶设备、门窗、车厢间连接风挡等车辆表面凹凸结构引起的干扰阻力。高速列车车头设计成流线型的主要目的是为了减小压差阻力。然而，流线型也有很多类型，设计人员需要根据空气动力学原理，进行计算机仿真模拟和模型实验，测试车体周围的气流、列车表面压力、气动力等参数，来决定最佳的车头流线型。高速列车车体有很多和普通列车不一样的地方：车体侧壁几乎没有凹凸不平的地方，车厢底部的各种装置全被光滑平整的“车裙”——裙板罩住，车厢顶部的受电弓也用专门为它制作的导流罩保护起来。这一切的努力，主要是为了减小由空气引起的摩擦阻力和干扰阻力。

降低列车运行时的空气阻力是高速列车气动设计时重要的优化方向，但不是全部。列车以高速运行，原本在中、低速时没有表现出来的问题往往会显现出来，如压力波问题、气动噪声问题等。

1. **动车组运行中列车的表面压力（见图 2.1）**

（1）头车鼻尖部位正对来流方向为正压区。

（2）头部附近的高负压区：从鼻尖向上及向两侧，正压逐渐减小，最后变为负压，在接近与车身连接处的顶部与侧面处，负压达到最大值。

（3）头车车身、拖车和尾车车身为低负压区。

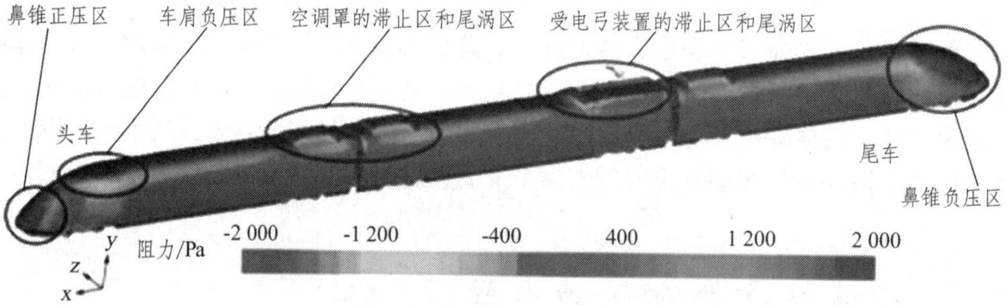

图 2.1　运行中列车的表面压力

2. **动车组会车时列车的表面压力（见图 2.2）**

乘坐高速动车组列车时，原本平稳运行的列车，在对面列车疾驰而过时伴随着一声呼啸发生了短暂而较强的横向晃动。这种横向晃动就是由列车的交会压力波引起的。列车会车时，相对运动的列车车头对空气形成挤压，便会在列车交会内侧的侧壁上产生交替的高压区和低压区。列车速度越高，会车产生的压力波强度也就越大。两列车相向交会运行时产生的会车压力波作用在车体上会对列车侧壁和侧窗强度、列车运行稳定性和旅客乘坐舒适性产生不利影响，甚至可能导致运行安全问题，如车体侧窗破碎、车辆蛇形运动、轮缘与轨道因侧向冲击造成磨损等。压力波传入车内则会引起乘客耳感不舒适，以及影响周围环境等。我国铁路客运提速至 160 km/h，就曾多次发生会车引起的列车侧窗玻璃破碎事故。例如，广深线准高速列车开通后，运行不到 1 年时间，由于在列车交会时气压突变，造成机车前窗玻璃震坏 2 次、客车侧窗玻璃损坏 81 块。如今列车的运行速度都在 200 km/h 以上甚至 350 km/h，会车压力波的变化幅值和最大正、负压力极值都会急剧增大，有可能带来更大的负面效应。在列车气动外形设计方面，加长列车流线型头部长度，采用扁宽型头形，可以有效减小交会压力波幅值。

图 2.2　列车相向交会运行时产生的会车压力波

2.1.2 动车组头形设计

CRH380A 型动车组是我国高速动车组自主研发的里程碑,CRH380A 型动车组是在 CRH2 型动车组的基础上完全由我国自主设计而来的第二代高速动车组列车，最高运行速度为 380 km/h，持续运营速度为 350 km/h。为了让列车最高运行速度达到 380 km/h，解决因速度提升带来的安全性、舒适性以及节能环保性影响，如何通过合理的头形设计，减小列车运行阻力、抑制运行噪声、减小列车高速交会时的气动压力波幅值、保证司机视角、兼顾中国文化因素等，都是设计者们煞费苦心的事情。CRH380A 型动车组头形为旋转抛物体特征的楔形结构，纵断面线形为双拱形，水平断面线形为长扁形（见图 2.3）。与 CHR2 型动车组相比，CRH380A 型动车组的车头长度由 9.4 m 增加到 12 m，长细比增加了 30%左右；车头截面面积由 11.2 m^2 减小到 11.12 m^2;为了降低交会压力波,提高列车运行时的横向稳定性,CRH380A 型动车组加大了车体的侧顶弧度。正是通过这些技术努力，CRH380A 型动车组头形在综合气动性能方面较 CRH2C 型动车组有了明显的提升。

图 2.3　CRH380A 型动车组头形结构

2.1.3 动车组车身外形设计

（1）整个车身断面呈鼓形，即车顶为圆弧形，侧墙下部向内倾斜（5°左右）并以圆弧过渡到底架，侧墙上部向内倾斜（3°左右）并以圆弧过渡到车顶（见图 2.4）。

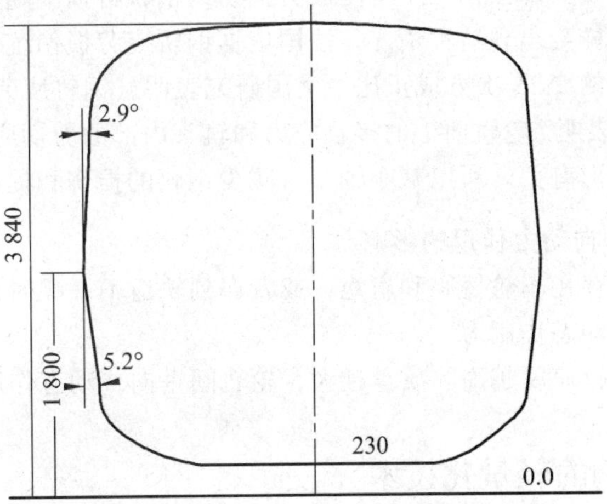

图 2.4　德国 ICE 动车组车身断面形状

（2）车辆底部形状对空气阻力的影响很大，为了避免地板下部设备的外露，采用与车身横断面形状相吻合的安装裙板遮住车下设备，以减少空气阻力，也可防止高速运行带来的砂石击打车下设备。

（3）车体表面光滑平整。尽量减少突出物，如侧门采用塞拉门，扶手为内置式，脚蹬做成翻板式侧门关闭时可以将其包住。

（4）两车辆连接处采用橡胶大风挡，与车身保持平齐，避免形成空气涡流。

高速列车外形固然漂亮，但它们绝不是单纯的美术品。列车优美的线条都饱含空气动力学的原理，保证列车高速、安全、舒适地运行。经过空气动力学优化的车体结构，具有气动性能更佳优异的头部外形、更高的强度、更光滑的车身和更好的气密性。

2.2 车体的轻量化设计

为了节省牵引功率，降低高速运动所引起的动力作用对线路结构、机车车辆结构产生的损伤，以及提高旅客乘坐舒适度，需要最大限度地减小高速动车组的轴重。动车组在保证车体强度和刚度的基础上，充分利用等强度理论和结构有限元分析程序，对车体结构进行优化设计，减轻车辆自重。实现结构轻量化的主要途径：一是采用新材料，二是合理优化结构设计。

2.2.1 车体轻量化设计的必要性

1. 轴重对轨道损伤的影响

轴重是指按车轴形式及在某个运行速度范围内该轴允许负担的包括轮对自身在内的最大总质量，即车辆总质量除以全车轴数。

随着轴重的增加，钢轨承受轮载而产生的轮轨接触应力、轨头内部的剪切应力、局部应力和弯曲应力将相应增加，同时疲劳荷载作用下的应力水平也将随之提高，从而大大缩短了钢轨的使用寿命。

研究结果表明，钢轨头部损伤几乎全是疲劳损伤，钢轨折损率随轴重的增加而增加。

其他轨道部件也同样会出现这种情况。法国依据钢轨疲劳损伤统计资料的分析得出，钢轨疲劳折损率与轴载荷的 2.25 次方成正比。美国研究表明，钢轨疲劳折损率与轴载荷的 3.8 次方成正比。接触理论表明，轮轨面上的接触应力和轨头内部的剪切应力都与轴载荷成正比，且与车轮直径及踏面外形有关。所以减小轴重可减少钢轨的损伤和提高其使用寿命。

2. 速度对轮轨间垂向动力作用的影响

列车运行中，如果存在车轮偏心和扁疤，或者遇到轨道不平顺时，将产生轮轨间的冲击载荷，这种载荷属于“动态作用力”。

研究表明，列车运行速度越高、质量越大，轮轨间垂向“动态作用力”就越大。

2.2.2 车体结构的轻量化技术

1. 车体轻量化材料

目前，国内外高速车辆的车体材料主要有不锈钢、高强度耐候钢、铝合金。

1）耐候钢

在国家标准中，“高耐候性结构钢”是具有较高耐大气腐蚀性能的钢种。在铁道车辆行业通常又将其简称为“耐候钢”。研究表明，在耐候钢中，如果 Cu、P、Cr、Si 等元素含量适当，其耐大气腐蚀性能将显著提高。

1965 年左右，我国开始发展耐候钢。通过各大钢铁企业的大规模研究，逐步形成了有我国自己矿藏与经济环境特点的耐候钢系列。特别是我国独有特殊矿藏稀土族元素对碳钢耐大气腐蚀性能的研究很有成效。我国铁道车辆所用的国产铜磷系耐候钢的抗腐蚀性能，一般相当于普通碳素钢的 2 倍左右，铜磷铬镍系耐候钢的抗腐蚀性能，则相当于普通碳素钢的 2 ~ 3 倍。我国铁道车辆用耐候钢牌号有 Q295GNll，Q295GNHIJ 和 Q345GNH 等。

2）不锈钢

不锈钢材料具有优异的耐腐蚀性，可实现车体轻量化。由于普通碳素钢耐腐蚀性能差，造成车体结构的严重腐蚀，给设计部门带来很大的困难。为了延长车辆的使用寿命，设计中不得不加大断面尺寸，致使车体的自身质量增加。不锈钢具有优良的耐腐蚀性能，在强度、刚度及使用性能允许的前提下，能够降低板厚，实现车体的轻量化。使用不锈钢制造的车体结构与普通钢制车体结构相比，可减小质量 10% ~ 20%。质量的减小可降低能耗和提高运行速度，具有较高的经济效益。

一方面，由于耐腐蚀性能好，车体无须涂装，采用不锈钢材料的车体可减少制造工时。另一方面，当前车辆的维修工作主要是修复普通钢制车辆所产生的腐蚀，它占去了修理工时的大部分，严重影响了车辆的周转。不锈钢车体具有优异的耐腐蚀性能，不存在普通钢制车辆存在的腐蚀问题，日常的维修工作主要以清洗为主，减少了维修工作量，提高了车辆的运用率。

目前，车体用不锈钢材料主要有 SUS304，SUS301L。

总之，选择耐腐蚀性好、屈服极限高、疲劳强度高和焊接加工性能好的低碳奥氏体不锈钢作为车体材料，比耐候钢车体结构可减轻 15%。

3）铝合金

用铝合金制造车体的尝试早在 20 世纪上半期就已经开始，最早用于地铁和市郊列车，后来应用于普通列车上。进入 20 世纪 90 年代，与车体等长的多品种大型中空挤压型材的出现，使铝合金成为生产高速列车的主导材料。铝合金车体的优势有以下几点：

（1）制造工艺简单，节省加工费用。铝合金具有良好的塑性，挤压成型容易，可以根据车体结构优化设计的要求，挤压出各种复杂形状的铝型材，其宽度可达 600 ~ 800 mm，长度可达 30 m，并大幅度减少了焊接工作量，简化了车辆的制造工艺，总的制造工作量比钢质车体减少 40%左右。

（2）减重效果好。用大型挤压铝型材组装的车体，由于型材为薄壁、中空，又减少了很多横向构件，使铝合金车辆质量大幅度减小。钢制车体、不锈钢车体与铝合金车体的质量比达到了 10 : 7 : 5。另外，大型挤压铝型材组焊的车体，其当量弯曲刚度较高，刚度可以达到设计要求（参见表 2.1）。

（3）良好的运行品质。铝合金车辆自重小，可节省牵引功率，提高加速性能，降低制动功率，改善动力性能，且具有良好的密封和隔声性能，提高了舒适性。

（4）耐腐蚀，可降低维修费。铝合金具有良好的耐腐蚀性，从而延长了车辆的使用寿命，减小了检修工作量。

表 2.1　日本高速动车组车体结构材质及其质量

动车组型号	车体结构材质	车体结构质量/t
0 系	耐候钢（SPA）	10.5
100 系	耐候钢（SPA）	10.3
200 系	铝合金	7.5
300 系	铝合金（大型挤压型材）	6（6.5）

（5）铝合金车体还具有外表平滑美观的优点。

我国 2017 年投产的新型高速动车组——“复兴号”，其车体采用轻量化的铝合金材料制作，铝合金型材最薄处只有 1.5 mm，整个车体的质量约为 7 t，是目前世界上最轻的动车组，具有优越的节能、环保性能。

为了进一步减小质量，改善隔声性能，提高设计、制造便利性，国外已开始试用纤维增强塑料夹层结构代替金属制造车体。纤维增强塑料具有质轻、比强度高、抗疲劳强度高、裂纹扩展速率低、结构阻尼性好、隔热和耐蚀性能好等优点。其缺点是弹性模量低、抗弯扭刚度比金属差、价格贵。若用碳素纤维制造车体，又将比铝合金车体减重 30%，这是下一代高速列车的理想材料。

2. 铝合金车体结构形式

目前，世界各国的铝合金车体有以下 3 种结构：

（1）大型中空挤压铝型材焊接车体结构（见图 2.5）。

最早的铝合金车辆以 A5083 合金和 A6061 合金作为外板和小型骨架，形成外壳框架，与钢制车体结构相似，小部件通过焊接组装在一起，但车体结构的总装一般采用铆接。

（2）采用航空骨架式铝合金车体结构（见图 2.6）。

（3）大型中空挤压铝型材与开口型材的混合结构。

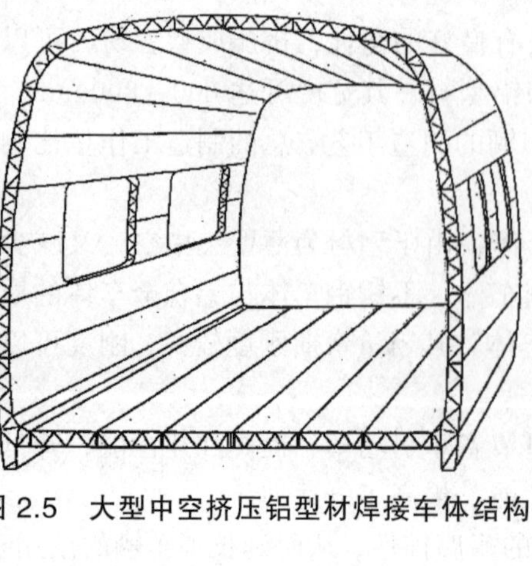

图 2.5　大型中空挤压铝型材焊接车体结构

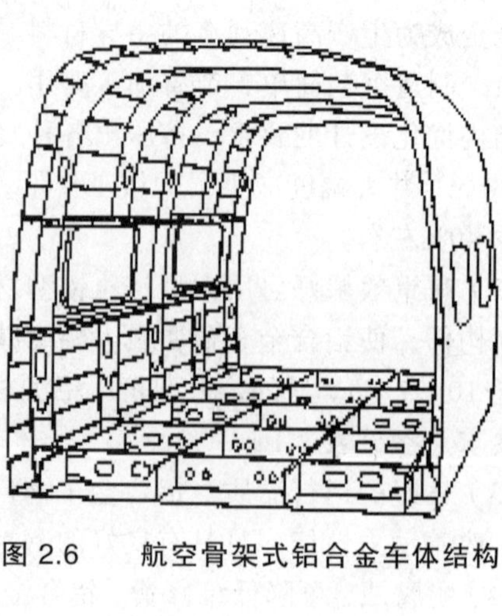

图 2.6　航空骨架式铝合金车体结构

2.2.3 车内设备的轻量化技术

（1）车内设备如门、窗、行李架、座椅、供水设备、卫生设备等，均可选用轻合金或高分子工程材料和复合材料，使设备质量大大减小。

（2）车内装饰板材广泛采用薄膜铝合金墙板、工程塑料顶板等。

（3）其他设备的轻量化。

2.2.4 转向架结构轻量化技术

（1）采用焊接构架。采用焊接构架可比铸造构架减重 50%左右。

（2）采用空心车轴和小直径 S 形薄辐板车轮。

（3）采用铝合金轴箱和齿轮箱。铝合金轴箱的质量只有钢制轴箱质量的 40%左右，铝合金齿轮箱的质量是钢制齿轮箱质量的 56%左右。

2.3 车体的密封隔声技术

2.3.1 车体密封和隔声性能的要求

1. 车体密封性能的要求

1）压力波对旅客舒适性的影响

高速列车在隧道内运行是最为复杂和恶劣的工况，在隧道内运行时列车的表面压力幅值要远远大于列车在明线运行时的表面压力。当列车进入隧道时，列车前方的空气受到挤压来不及从隧道口排除，压力急剧升高，在入口处产生一个压缩波，向隧道出口以音速传播；当列车的车尾进入隧道时，列车后方由于隧道内空气来不及补充，压力急剧降低，形成一个膨胀波，这一膨胀波将掠过车体以音速向隧道出口传播。在隧道出口压缩波和膨胀波的一部分会以微气压波的形式向外散射，另一部分发生相互转化后反射回来向隧道入口传播。如果隧道比较长，隧道内压力波会反复作用于列车，使得列车表面压力在短时间内发生剧烈变化。这种剧烈的压力变化考验着列车的气密性，如果列车气密性较差，车外的压力波动会传入车内，引起车内压力突变，造成乘客耳鸣，影响乘坐舒适性（压力变化对旅客舒适性的影响见表 2.2）。同时，受隧道压力波的影响，列车在隧道内所受的气动力会产生不平衡的现象。我国在高铁运营期间，发现在具有多个隧道的线路上运行时，轮轨之间的磨损比完全明线运行条件下要严重得多。日本还发现列车在隧道中运行时尾车出现横向摆动现象。一般来说，减小列车最大横截面面积与隧道横截面面积的比值（阻塞比），可以有效地减弱隧道压力波的强度，这也是高速列车一直在追求“苗条”和“瘦身”的原因之一。

高速列车进入隧道后，隧道内的空气受到挤压，形成压力波以音速向隧道出口方向快速推进，压力波到达出口时，一部分压力波以脉冲的形式向四周发射出去，同时产生爆破声，这种波被称为隧道微气压波。微气压波主要是能量低于 20 Hz 的次声波，可传递到 400 m 外的地方，对生活在隧道附近的居民来说，这是一个令人讨厌的噪声环境。微气压波的大小与到达隧道口的压力波波面的压力变化的程度成正比，与到出口的距离成反比。一般而言：在短隧道内，微气压波与列车进入隧道速度的 3 次方成正比；在长大隧道内，无砟轨道结构的微气压波比有砟轨道结构的微气压波要大。

表 2.2 压力变化对旅客舒适性的影响

压力变化/kPa	生理学现象
2	可忍受
3	开始不舒适的平均值
4	非常不舒服
5	不舒服的上限，开始有耳痛
8	很痛
>9	强烈疼痛
>13	耳膜可能有破裂
>23	几乎肯定耳膜有破裂

2）对车体密封性的要求

为了解决微气压波问题，在车体设计上要减小车体的横截面面积，使得列车横截面面积与隧道横截面面积的比值（阻塞比）减小，并对车头流线型进行优化设计，调整列车头部截面变化率，列车头部的截面呈线性变化，进隧道时形成的压力梯度较低，可以有效减小微气压波。

2. 车体隔声性能的要求

高速列车的噪声源主要有轮轨噪声（碰撞、摩擦声）、空气沿车体表面流动产生的摩擦声、受电弓与接触网导线的摩擦声、风挡等构件的撞击声、列车进出隧道产生的压缩波和反射波所产生的噪声等。

在空气中高速前行的列车引起空气流紊乱，从而产生的气动噪声又是一个影响列车乘坐舒适性的气动问题。

高速列车气动噪声能量与列车速度的 6.8 次方成正比，如果把列车速度从 200 km/h 提高到 300 km/h，气动噪声将提高约 10.14 dB。

根据空气动力学原理，设计人员把流线型车头设计得尖而长，把车辆断面面积尽量减小，同时让车体尽量平整光滑不要出现凹凸的部分。为了减小高速列车气动噪声，除车体外，还要减小车辆顶部受流系统引起的气动噪声，为此设计人员对受电弓及其周边装置进行优化设计。安装受电弓导流罩、开发低噪声受电弓、采用低噪声绝缘子等来减少车顶受流系统的气动噪声。

2.3.2 车体的密封技术措施

（1）车体结构采用连续焊缝以消除焊接气隙；对不能施焊的部位，必须用密封胶密封。

（2）采用固定式车窗，车窗的组装工艺要保证密封的可靠性和耐久性，同时保证在压力波造成的气动载荷下（我国《高速列车密封技术暂行规定》中规定组成后的车窗应能承受 ± 6 000 Pa 的气动载荷），不会造成变形和破坏。

（3）侧门采用密封性能良好的塞拉门；头、尾的端门要采用可充压缩空气的橡胶条；通过台风挡采用橡胶大风挡，并注意处理好渡板处的密封问题。

（4）空调环控设备设立压力控制，如在客室进排气风口安装压力保护阀，在排气风道中装设带节气阀的排风机，安装压力保护通风机等。这样做的主要目的是既保证正常的通风换气，又保证车内压力变化控制在限值之内。

（5）厕所、洗脸室的水不能采用直排式，而要通过密封装置排到车外。对直通车下的管路和电缆孔，应采取必要的密封措施。

（6）车辆出厂前都要通过整车气密性、水密性试验。

2.3.3 车内噪声控制技术措施

1. 削弱噪声源发出噪声强度的措施

（1）在车轮上安装消音器和开发弹性车轮，可有效降低轮轨噪声。

（2）车体外形设计成流线型，车体表面平整、光滑，都有利于减小空气与车体的摩擦声。

（3）采用橡胶风挡，可减小撞击声。

（4）在空调系统上安装消音器，降低牵引电机风扇的噪声、驱动装置等设备的振动噪声。

2. 提高车体隔声性能的措施

（1）采用双层墙结构，可增加隔声量 4 ~ 5 dB（A）。所谓双层墙，就是指地板、侧墙、车顶等采用多层结构，在层间采用橡胶垫隔开，一方面起隔振作用，另一方面使声波不能通过金属螺钉（声桥）传递，有效地提高了车体的隔声性能。

（2）在车体金属（如地板）表面涂刷防振阻尼层，使钢结构的声频振动转化为热能消散，减少了声波的辐射和声波振动的传递，从而减少车内噪声。

（3）采用双层车窗，减少从侧面传入车内的噪声。

（4）车内选用吸声效果好的高分子聚合材料。

（5）提高车体气密性的措施，同样可以起隔声作用。

2.4 动车组设备设施

高速动车组车内设备包括司机室及车门、车窗、座椅、厕所、盥洗室、小卖部、餐饮室、空调、照明等电气设备及防火防灾设备等。车下设备包括主变压器、整流箱、辅助电源、空调装置、换气装置、通信网络装置、水箱、污物箱、制动控制装置等。车内、车下设备设施如图 2.7 和图 2.8 所示。不同型号的动车组其设备的类型、材质等均有不同，现以我国的 CRH380A 型高速动车组为例做介绍。

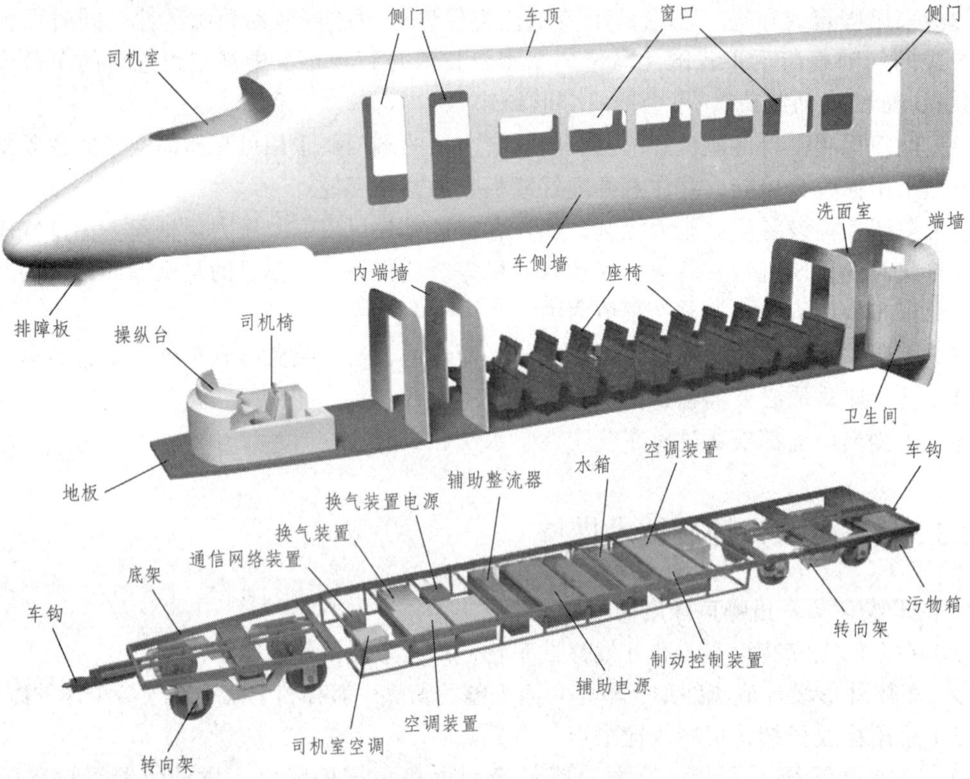

图 2.7　CRH2 型动车组头车车内、车下设备设施

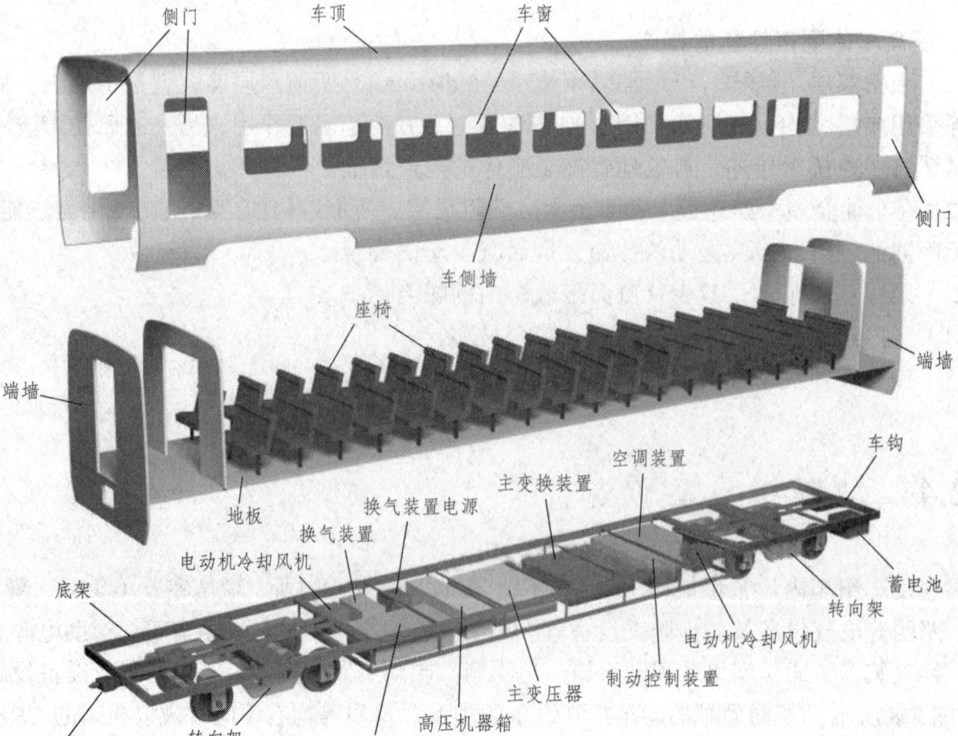

图 2.8　CRH2 型动车组中间车内、车下设备设施

CRH380A 型动车组全列 8 辆，定员 480 人，车内设有观光区、一等座包间、一等座车、二等座车、餐车等，可满足不同旅客的个性化出行需求（见图 2.9）。

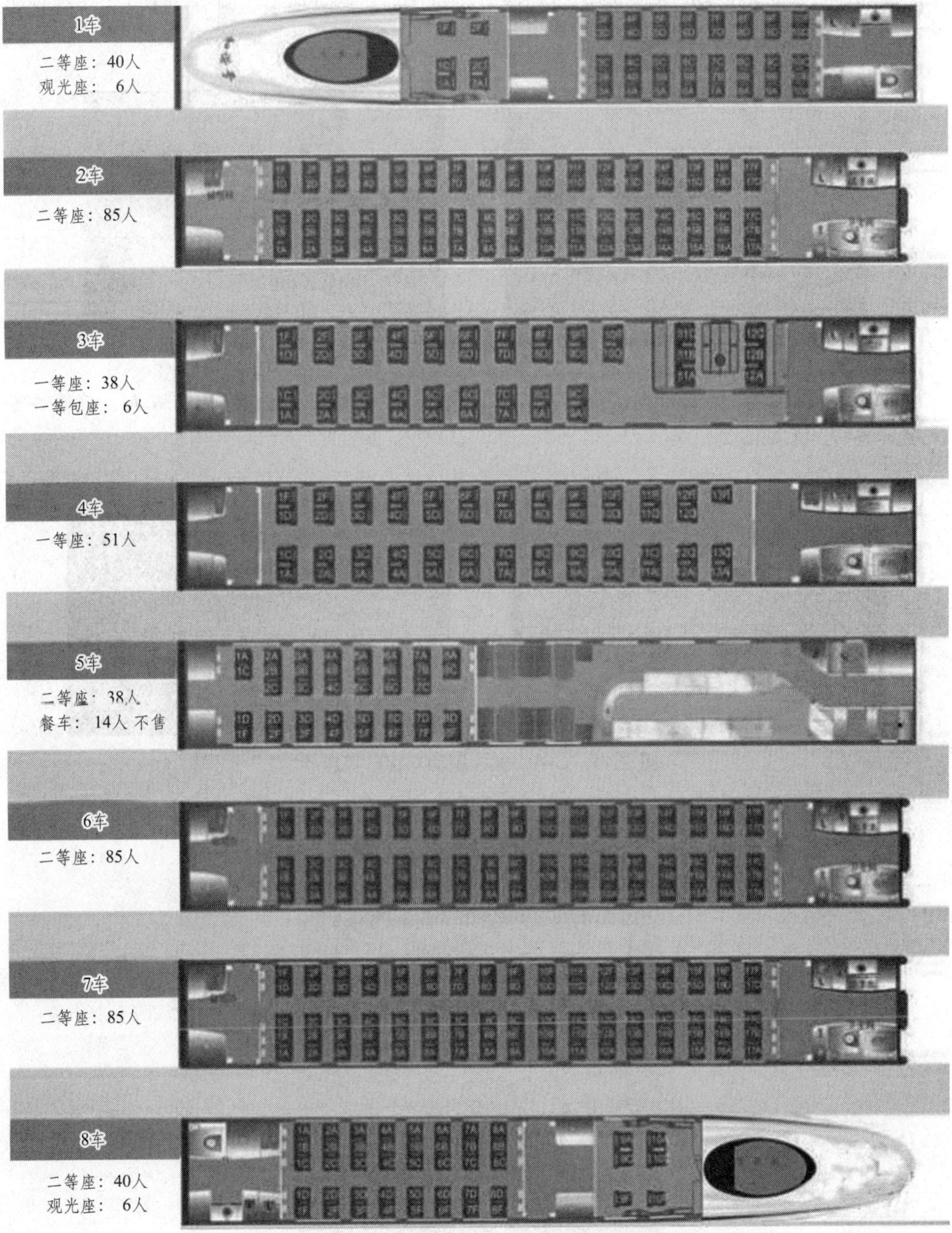

图 2.9　CRH380A 型动车组车内平面布置

1. 座　椅

列车观光座（VIP 座）定员 12 人，车头、车尾各设有 6 个座椅，观光座借用飞机头等舱座椅的功能，可进行旋转、躺、坐的自动调节，包括选择播放视频、调节广播音量等各种服务设施（见图 2.10）。

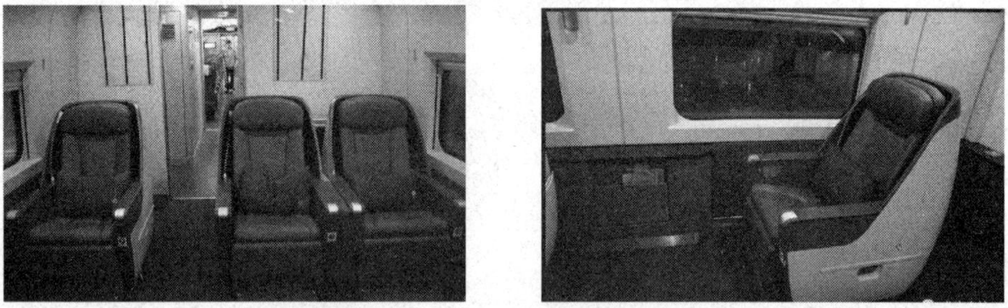

图 2.10　CRH380A 型动车组观光座

一等座采用 2 + 2 方式布置，全车一等座定员 95 人（其中一等包座定员 6 人，普通一等座定员 89 人）（见图 2.11）。

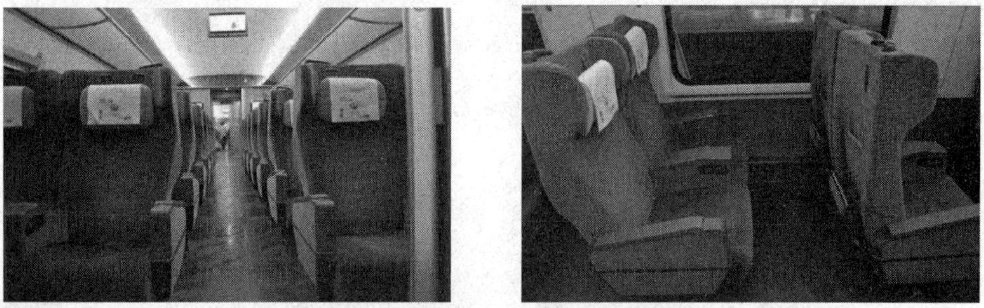

图 2.11　CRH380A 型动车组一等座椅

二等座采用 2 + 3 方式布置，全车二等座定员 373 人（见图 2.12）。

图 2.12　CRH380A 型动车组二等座车

2. **其　他**

（1）餐车。

餐车的内部布置如图 2.13 所示。

（2）卫生间。

卫生间分蹲式便器和坐式便器两种，均采用真空集便器（见图 2.14）。每个卫生间设有洗手盆、感应器、洗手液盒、干手器、芳香盒、烟雾感应装置（顶棚上）、电源插座、扶手、垃圾箱、触摸式冲水按键及卷纸/抽纸/坐便垫储放位置等设施，卫生间门设有“有无人”显示装置。

图 2.13　CRH380A 型动车组餐车

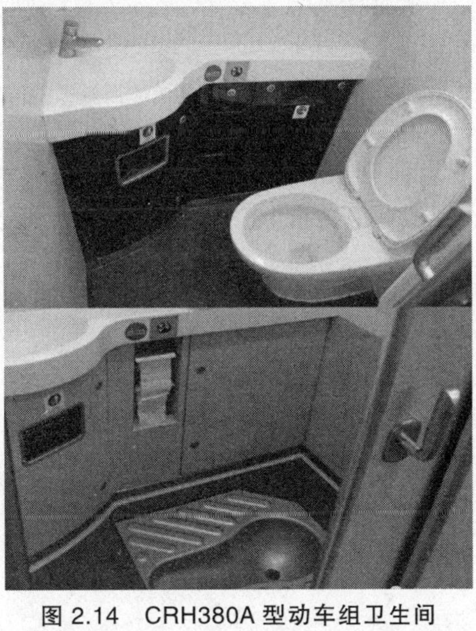

图 2.14　CRH380A 型动车组卫生间

（3）盥洗室。

盥洗室采用感应式水龙头，如图 2.15 所示。

（4）残疾人服务设施。

残疾人服务设施包括残疾人专用区域、残疾人卫生间及残疾人弯道。残疾人卫生间设有内外触摸式门锁、残疾人紧急呼叫按钮、婴儿护理台（见图 2.16）。

图 2.15　CRH380A 型动车组盥洗室

图 2.16　CRH380A 型动车组残疾人卫生间

复习思考题

1. 动车组车体有何用途？
2. 动车组运行中列车的表面压力有哪些？
3. 动车组车体材料有哪些轻量化要求？
4. 动车组车体的密封技术措施有哪些？
5. 动车组车内噪声控制技术措施有哪些？
6. 动车组的设备设施主要有哪些？
7. 动车组的轻量化技术有哪些？

第3章　动车组转向架

3.1　动车组转向架技术特点

3.1.1　动车组转向架的组成

转向架是高速动车组的走行装置，是负责完成整个车辆走行任务的部件。它相当于汽车的底盘和车轮，具有导向、承载、减振、牵引、制动等作用。动车组转向架主要由轮对轴箱装置、构架、一系弹簧悬挂装置、二系弹簧装置悬挂、驱动装置、基础制动装置、安全监测系统等七部分组成（见图3.1）。随着动车组运行速度的不断提高，对动车组转向架的综合性能要求也越来越高，高速动车组转向架的设计通过不断比选、优化论证，其综合性能也得到提升。

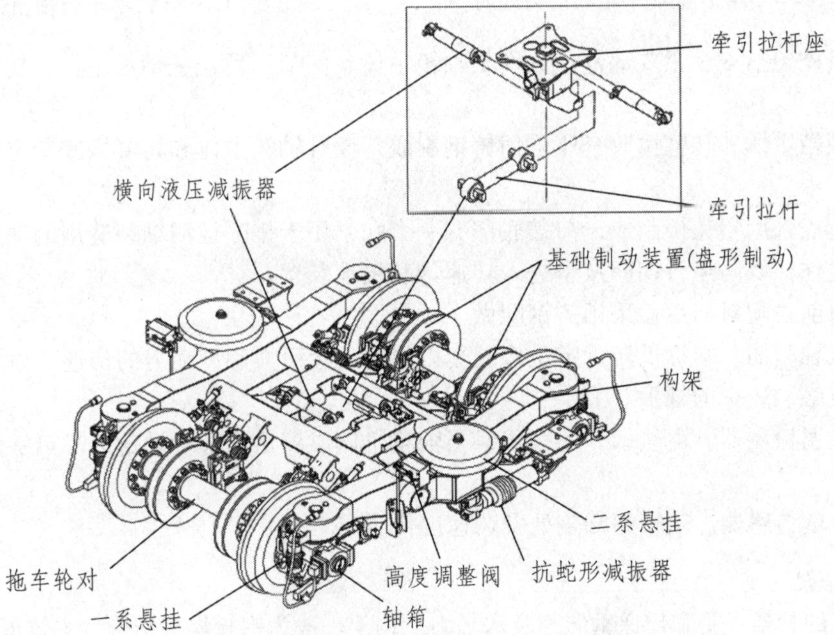

图3.1　CRH2型动车组拖车转向架组成

1. 轮对轴箱装置

轮对直接向钢轨传递车辆质量，通过轮轨间的黏着产生牵引力或制动力，并通过轮对的回转实现车辆在钢轨上的运行。为检修探伤操作方便及减轻质量，采用了合金钢空心车轴，车轮直径为 860 mm。制动采用盘式制动，动车转向架采用轮盘方式，拖车转向架采用轮盘和轴盘并用方式。轮对轴箱装置如图3.2～图3.5所示。

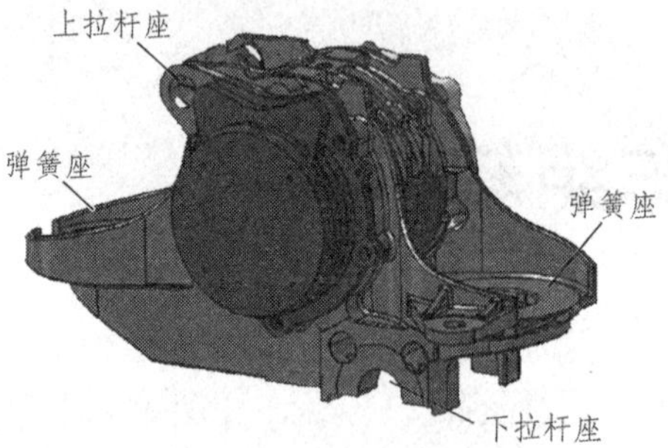

图 3.2　CRH5 型动车组轴箱组成

图 3.3　CRH5 型动车组动力轮对

图 3.4　CRH5 型动车组非动力轮对

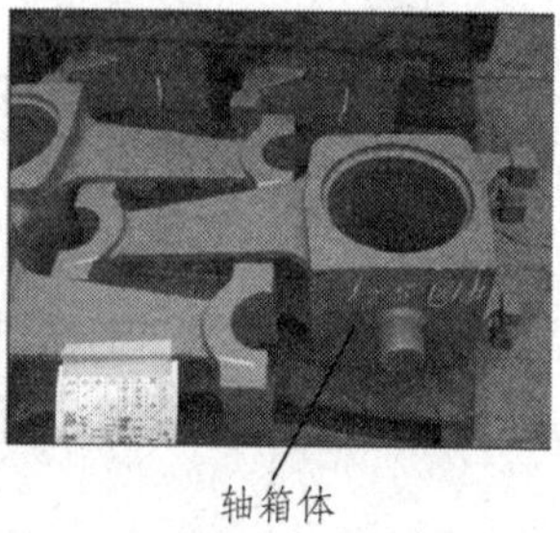

图 3.5　CRH2 型动车组轴箱体和转臂

轴箱组件包括 6 个主要部件，分别是轴箱主体、前盖、后盖、轴承组件、转臂衬套的密封环和盖。

（1）轴箱主体和转臂橡胶套座采用铸钢制成，而且轴箱主体和转臂橡胶套座配做并有对应标记。

（2）前盖采用铝铸件制成，前盖底部有一个孔，用于排除检测轴裂缝用的油。拖车前盖孔用螺栓塞住，以防运行期间灰尘进入转速计和接地装置。

（3）与前盖配对的后盖采用铸钢配做。

（4）在轴箱的一端提供转臂定位橡胶套以便实现牵引力和制动力的传递，以及车轮和轨道的平滑接触和较少的维护。

（5）轴温检测器。由热敏开关构成，当轴箱主体温度达到某一设定值时热敏开关激活报警电路。

（6）速度传感器。轴箱的端盖处安装速度传感器。

2. 构　架

转向架的骨架承受和传递垂向力及水平力。构架一般为钢板焊接结构，主体框架呈 H 形，由两侧梁、横梁、纵向连接梁、空气弹簧支承梁及其他焊接附件构成（见图 3.6）。侧梁为箱形断面，横梁采用无缝钢管型材。

3. 一、二系弹簧悬挂装置

一、二系弹簧悬挂装置用来保证一定的轴重分配，缓和线路不平顺对车辆的冲击并保证车辆的运行平稳性，其主要部件有非线性空簧、抗侧滚扭杆、半主动横向减振器、单侧双抗蛇形减振器（见图 3.7 和图 3.8）。

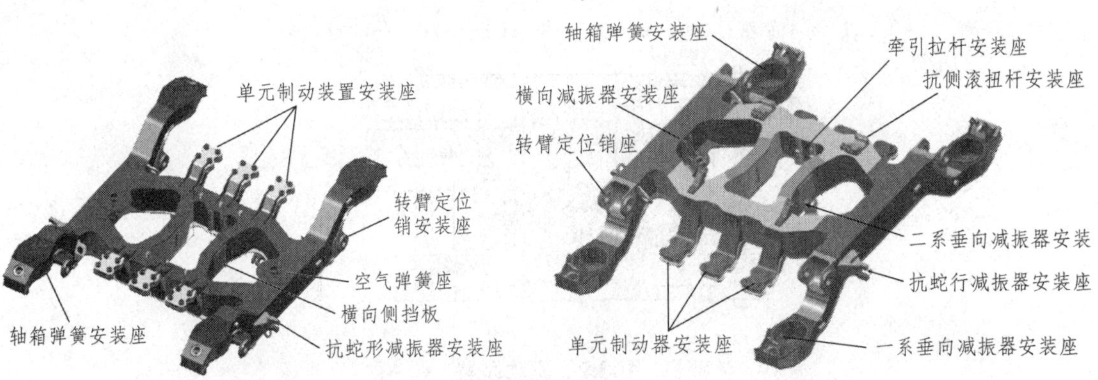

图 3.6　CRH1 型动车组拖车转向架构架——H 形

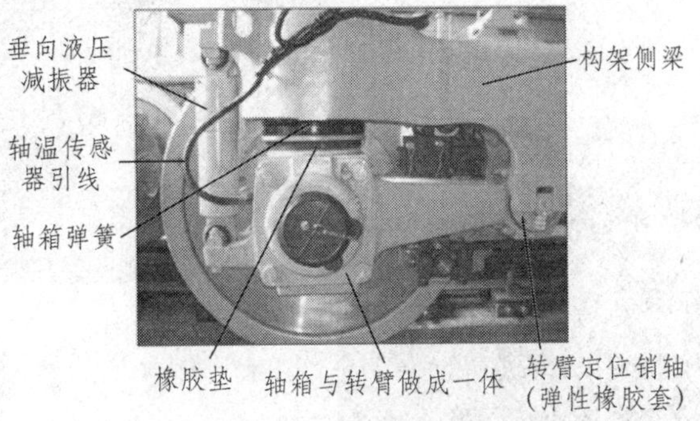

图 3.7　CRH2 型动车组一系悬挂

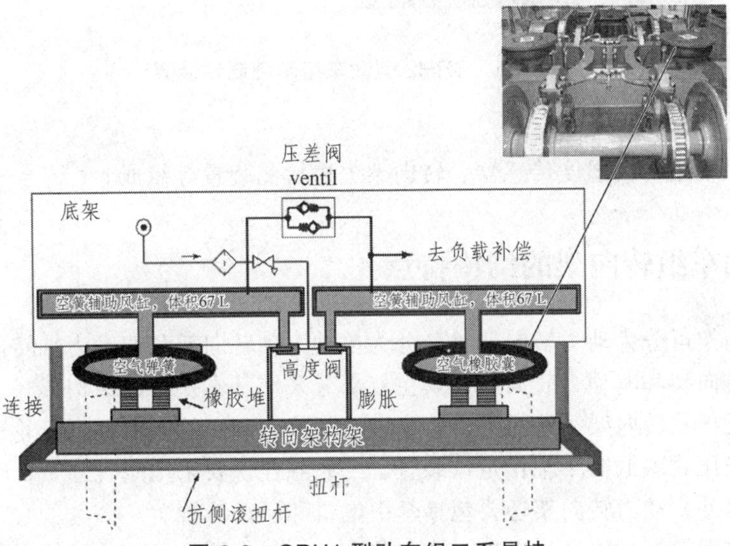

图 3.8　CRH1 型动车组二系悬挂

4.　驱动装置

驱动装置将动力装置的功率最后传递给轮对，其主要部件有铝合金箱体、联轴节（见图 3.9）。

5. 基础制动装置

基础制动装置将制动缸传来的力增大若干倍后传给执行机构进行制动，其主要部件有高热容制动盘、气动夹钳、浮动式闸片（见图 3.10）。

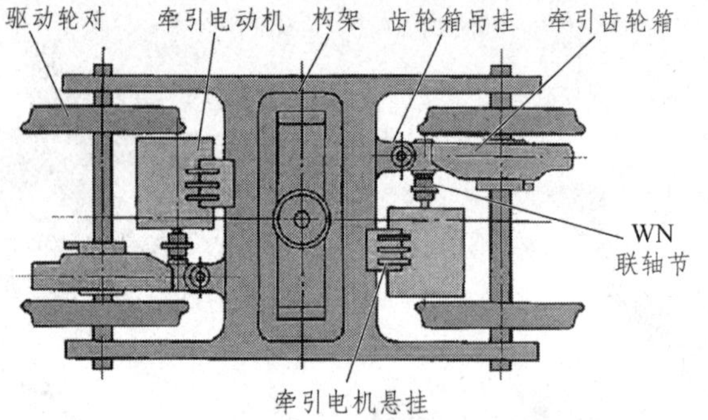

图 3.9　驱动装置

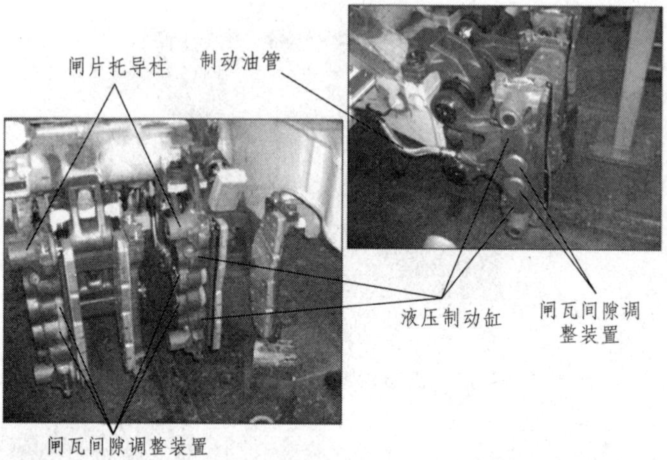

图 3.10　CRH2 型动车组基础制动装置

6.　**安全监测系统**

安全监测系统主要由温度传感器、转向架失稳检测装置等组成。

3.1.2　动车组转向架的结构特点

动车组转向架可分为动力转向架（又分为单动力轴转向架和双动力轴转向架）和非动力转向架。动力转向架和非动力转向架，其主要部分采用基本一致的结构形式。绝大多数动车组转向架均为无摇枕转向架，轮对为空心车轴 + 整体轧制车轮 + 磨耗型车轮踏面，一系悬挂采用钢弹簧 + 液压式减振器 + 轴箱定位装置，二系悬挂主要采用空气弹簧，牵引装置主要采用拉杆方式。另外，动力转向架还要包括牵引电机和驱动装置。

牵引电机采用架悬或体悬或半架半体安装方式。其中体悬式可降低簧下质量。驱动装置（齿轮减速装置和联轴节）、齿轮减速装置通过轴承安装在车轴上，牵引电机与齿轮减速装置通过联轴节传递驱动力。

1. 轮对轴箱装置

轮对分为动车转向架用和拖车转向架用。动车转向架用轮对由车轴、车轮（带有制动盘，简称轮盘）齿轮装置及轴承构成。拖车转向架用轮对由车轴、车轮（带有制动盘简称轮盘）及轴承构成。轮盘以外的车轮、大齿轮、轴盘及轴承等为确保安全性和可靠性采用冷压法压装到车轴上。轮对组装主要包括车轮、车轴、制动盘（轮盘和轴盘）齿轮箱及轴承等。轮对分为动力轮对和拖车轮对，动车轮对一侧安装齿轮箱装置，而拖车轮对则代之以两套轴盘。此外，拖车轮对因轴端安装不同速度传感器齿轮而略显差异。轮对组成后，需逐个进行动平衡试验，超出 50 kg · cm 限度时，需对两侧车轮及制动盘的组装相位角进行调整。

约束轮对与构架之间相对运动的机构被称为轴箱定位装置，要求它在纵向和横向都具有适宜的弹性定位刚度，其值是该装置的主要参数。轴箱定位装置的结构形式应能保证良好地实现弹性定位作用，性能稳定，结构简单可靠，无磨耗或少磨耗，制造检修方便，质量轻，成本低。常见的轴箱定位方式主要有：① 板弹簧式定位；② 拉板式（支撑板）定位；③ 拉杆式（轴梁式）定位；④ 轴箱导框式定位；⑤ 转臂式定位。

转臂式定位又称弹性铰定位。定位转臂一端与圆筒形的轴箱体固接，另一端以橡胶弹性节点与焊接在构架上的安装座相连。橡胶弹性节点允许轴箱相对构架有较大的上下方位位移，但它里边的橡胶件使轴箱纵向和横向位移的定位刚度有所不同，以适应纵向和横向两方向的不同弹性定位刚度要求。

我国 CRH 系列动车组转向架均采用转臂式轴箱定位方式，其主要特点有：① 便于轴箱定位刚度的选择（可以在上下、前后、左右方向独立选择），能够同时兼顾高速运行的稳定性、乘坐舒适度以及曲线通过性能；② 实现轻量化；③ 部件数量较少；④ 便于轴箱定位装置的分解和组装；⑤ 无滑动部分，免于维护。

2. 构　架

构架是钢板焊接结构，主体框架呈 H 形，由两侧梁、横梁、纵向连接梁、空气弹簧支承梁及其他焊接附件构成。侧梁为箱形断面，横梁采用无缝钢管型材。

侧梁动车转向架和拖车转向架的构架侧梁为同一结构，其材质一般为用于焊接结构的耐候钢板。侧梁端部轴箱弹簧筒，使与侧梁主体相连接的断面形成柔滑面，达到减缓应力集中的目的。

横梁采用与侧梁相同牌号的耐候管材。侧面设有空气弹簧座，其内腔为空气弹簧用的辅助空气室。横梁只有辅助空气室部分为密封结构。动车转向架的横梁上焊有用焊接结构压形钢板制成的牵引电机吊座、齿轮箱吊座、轮盘制动吊座等。靠车端方向的牵引电机座还兼作牵引装置的单牵引拉杆座。用于拖车转向架的横梁上焊有用压形钢板制成的制动吊座、轮盘制动吊座等。与动车转向架一样，近车端处为单拉杆座。动车转向架制动吊座仅有轮盘制动吊座，拖车转向架制动吊座除用于轮盘的制动吊座外，还有轴盘制动吊座。动车转向架、拖车转向架靠近车端的横梁上焊有由压形钢板制成的抗侧滚扭杆安装座。

3. 一系悬挂

一系悬挂也称轴箱弹簧装置，采用转臂式定位方式，含轴箱体、轴箱弹簧、一系垂向减振器、防振橡胶和转臂定位橡胶套等。轴箱弹簧装置被安装在轴箱和转向构架之间。轴箱弹簧装置在将车体质量分配给各车轮的同时缓冲车轮/轴箱的各种振动，该弹簧参数是经过优化选定的，主要是为了改善车体的乘坐舒适性。

4. 二系悬挂

二系悬挂装置主要包括空气弹簧、单侧双抗蛇行减振器、抗侧滚扭杆装置、横向减振器（半主动横向普通油压减振器）、横向止挡、高度阀、差压阀。空气弹簧采用自由膜式气囊，其特点是：① 垂向变形由空气弹簧本体（即气囊）和下面的层叠橡胶堆共同承担，确保垂向大变形量；② 在水平方向，一方面利用层叠橡胶堆进一步降低刚性，另一方面通过改变气囊形状，可以产生一定的阻尼，改善乘坐舒适性。每台转向架的两个气囊（即左右横梁）都通过差动阀相连，如果气囊突然破裂或毁坏，差动阀将运行使转向架的两个气囊压力保持平衡。这样可以防止客车由于一个气囊充气而另一个气囊没有充气而向一边严重倾斜。

5. 驱动装置

驱动装置的功能是将动力装置的功率传递给轮对，其主要包含齿轮装置、联轴节。齿轮装置的作用是对主电动机的高速旋转进行减速然后传动给车轴，它由齿轮箱、大齿轮、小齿轮、轴承、悬吊装置、通气装置、接地装置、油位表构成。为了使齿轮箱轻量化，采用了铝合金材质，因此在组装、分解及搬运时尤其要特别小心处理。

6. 基础制动装置

基础制动装置主要由气动式制动单元、浮动式闸片、高热容量制动盘组成。采用浮动式闸片使得制动力更为均匀，有效地减少热斑、颤振。

7. 安全监测系统

动车组安装转向架失稳检测装置，失稳检测装置实时进行运行稳定性监测，在列车发生异常情况时能够立即发出警报，以提醒动车组司机按要求进行减速，从而保障高速动车组安全平稳顺利运行。

3.1.3 动车组转向架的技术特点

1. 构　架

构架是安装各种零部件的载体，承受和传递垂向力、水平力和扭矩等。

2. 轮　对

轮对直接向钢轨传递列车质量的动作用力，通过轮对的回转实现列车在钢轨上的运行。有些转向架的制动力也通过轮对实现。

3. 弹簧悬挂装置

弹簧悬挂装置用来保证一定的轴重分配、缓和轮轨冲击作用，是保证车辆运行平稳性等动力学性能的重要装置。

4. 牵引装置

牵引装置是车体与转向架的连接装置，用以传递车体与转向架之间的水平力等，同时保证车体与转向架之间的回转运动。

5. 轴箱定位装置

轴箱定位装置是联系构架和轮对的活动“关节”，除了保证轮对能自由回转外，还能在构架与轴箱之间产生相对运动时由它传递纵向力和横向力，并实现弹性定位作用。目前，高速转向架的轴箱定位装置有单（双）拉板式、拉杆式、转臂式以及采用橡胶弹簧等多种结构形式。

6. 回转阻尼装置

回转阻尼也是抑制高速转向架蛇行运动的一个有效措施，一般采用以下两种装置：全旁承支重结构和抗蛇行减振器。

全旁承支重结构由摇枕上的旁承装置承受全部载荷，当转向架相对车体转动时，上下旁承之间由摩擦力形成的摩擦力矩阻止转向架相对车体转动，以提供足够的回转阻尼。旁承支重具有结构简单，可减轻车体摇枕梁和摇枕质量等优点，但需选择适当的摩擦副材质。

车体与构架之间（或摇枕与构架之间）安装抗蛇行减振器，也可提供足够的回转阻尼，有效地抑制转向架的蛇行运动。例如，MD52 型转向架在采用磨耗形踏面的情况下，速度只能达到 160 km/h，而装用抗蛇行减振器后，速度可提高到 250 km/h。因此，在日、法的 200 km/h 以上转向架上都安装有抗蛇行减振器。

7. 抗侧滚装置

为了使高速客车具有良好的垂直振动性能，车体悬挂装置的总静挠度至少需要 200 mm 以上，其中 80%左右分配在中央弹簧上。而在垂向悬挂比较柔软的情况下，为防止通过曲线时车体的侧滚角过大，一般在高速转向架上设置抗侧滚扭杆。

此外，加大中央弹簧的横向间距也可以起到同样的作用，如 MD52-350 型转向架将中央弹簧的横向间距加大到 2 500 ~ 2 600 mm，取消了抗侧滚扭杆装置。

8. 主动和半主动悬挂系统的开发、应用

采用主动或半主动控制方法来控制车辆系统的振动、车体倾斜、曲线通过以及轮对位置等，就可用更经济的手段实现更高的速度，或达到更好的运行性能。这是新一代转向架发展的主要特点之一。

如 SGP400 型转向架在回转阻尼系统、中央悬挂的横向弹性系统以及轮对导向系统三方面，应用主动或半主动控制系统。

3.2 高速动车组转向架动力学性能

在设计制造高速转向架时，必须解决其高速运行时的稳定性、平稳性和良好的曲线通过性等关键技术问题，以保证高速列车安全行驶、乘坐舒适、减少维修。

3.2.1 高速转向架的动力学性能包含内容

1. 高速运行稳定性

它主要是指当列车因直线高速运行时，可能出现的横向自激振动问题，通常被称为蛇行稳定性。它不但影响列车的平稳性，而且也会导致脱轨，危及运行安全。

2. 走行安全性

一般出现在列车通过曲线时，轮轨作用力不当将产生脱轨的可能性。当列车在直线上出现蛇行失稳现象时，也会引起脱轨。

3. 舒适性

即走行部振动平稳性对车辆内旅客的反映。它将反映在列车运行中所有线路和速度之中。

4. 曲线通过性能

曲线通过性能是指列车通过曲线时，对轨道和转向架产生不利的静态和动态作用力。

3.2.2 高速列车运行安全性和平稳性及其评价

当铁道车辆在某一速度以下运行时，即使有一定的线路扰动使车辆在横向偏离线路中心位置，但扰动消失后，车辆的横向振动会逐渐衰弱，最后回到线路中间位置，因此车辆运动是稳定的。

而当车辆在某一速度以上运行时，蛇行运动的振幅将会越来越大，直至车轮轮缘碰撞钢轨，损伤车辆及线路，甚至造成车辆脱轨、倾覆等行车安全事故。这时列车运行是不稳定的，这一速度称为蛇行稳定性临界速度，简称临界速度。

一般把安全性、平稳性统称为动力学性能。对安全性和平稳性的定量评价各国有所不同，从历史来看，随着测量技术和数据处理技术的发展，有关安全性与平稳性的认识也在不断研究和更新。

1. 运行安全性及其评价

高速列车走行部是决定列车能否在高速运行时保证安全和平稳的关键部件。运行安全性（也称运行稳定性），是指为保证列车在设计规定的最高速度范围内，在规定的线路条件下，不会产生脱轨、颠覆和对轨道产生破坏的基本性能。运行安全（稳定）性通常以脱轨系数、轮重减载率及倾覆系数来衡量。

2. 运行舒适性及其评价标准

运行舒适性（或称运行平稳性）是列车在规定的线路条件，以设计最高速度范围运行，不会产生过大的振动，并尽量使乘客感到舒适，设备能平稳工作的基本性能。影响舒适性的因素很多，如车内设备、通风、照明、温度、湿度、噪声、瞭望和振动等。其中振动是车辆整个运行中始终存在的一直起作用的主要因素。

一般均以测量车辆指定部位的振动加速度及其计算值作为平稳性或振动舒适度标准的评价值。测量位置首先是在车体的地板上或底架上。为了评价车厢内旅客的舒适性，还需用规定的测量方法和设备测量座椅的振动加速度。

3.2.3 动车组转向架基本要求、性能与轻量化措施

动车组转向架是保证列车在 200 km/h 及以上速度安全平稳运行的关键部件。随着列车

速度的不断提高，对转向架性能的要求也越来越高。同传统转向架相比，保持高速运行稳定性、充分利用轮轨之间的黏着和减轻轮轨相互作用力是动车组转向架特有的任务和技术关键。因此，有必要从动力学、结构疲劳可靠性等多角度分析理解动车组转向架的结构形式和参数等。

1. 高速转向架的基本要求与理念

1）良好的运行稳定性和舒适感（动力学）

（1）柔软的一系轴箱弹簧。

（2）最优化的轴箱定位支撑刚度。

（3）无滑动部件和摇动结构（可靠维修性）。

（4）转向架弹簧组（系）的最佳设计。

2）简单的结构和轻量化（可靠性）

（1）转臂式轴箱支撑定位装置。

（2）无摇枕式构架及车体支撑装置。

（3）单联杆式牵引装置。

（4）轻量化和强度与可靠性相结合的转向架构架。

3）方便出色的维修保养性

（1）便于组装、拆开的转向架结构。

（2）方便轮对更换的二分割式轴箱结构。

（3）无滑动部分，能够长期免维修。

4）防止脱轨的安全性（动力学）

（1）空气弹簧前后刚度的柔软化，减少旋转力矩。

（2）轴弹簧上下弹簧系数的柔软化。出色的轮重变动特性、便利的轮重平衡调整和便捷的转向架上弹簧、减振器及橡胶元件刚度调整。

2. 转向架轻量化技术主要措施

（1）无摇枕结构。

（2）H 形构架。

（3）空心车轴。

（4）车轮小型化。

（5）铝合金轴箱，齿轮箱。

（6）交流异步牵引电机。

（7）制动盘轻量化。

3.3 国内外动车组转向架

目前运行速度超过 250 km/h 的高速客车转向架的典型代表有法国 TGV 列车的 Y231、Y237，德国 ICE 列车的 MD530、SGP400 和 SF500，日本新干线 300 系的 TDT203、TR7001，500 系的 WDT205 和 700 系的 TDT204、TR7002。几种高速动车转向架参数对比见表 3.1。

表 3.1　主要高速动车转向架主要参数对比

转向架型号	动车 TDT204 拖车 TR7002	WDT205	SF500	Y237A
使用车辆	日本 700 系	日本 500 系	德国 ICE3	法国 TGV-2N
最高速度/（km/h）	285	300	330（设计速度）	300
使用年份	2000	1997	1999	1995
轴重/kN	113	112	160/150	170
自重/t		6.5	动 9.2/拖 7.5	7.0
轴距/mm	2 500	2 500	2 500	3 000
轮对直径/mm	ϕ860/ϕ790	ϕ860/ϕ790	ϕ920	ϕ920/ϕ850
踏面形式	圆弧踏面	圆弧踏面	圆弧踏面	锥形踏面
轴箱定位	圆导筒式（螺旋弹簧+圆筒橡胶）	转臂式	转臂式	转臂式
车体支持方式	无摇枕，自由膜式空气弹簧与车体直接连接	无摇枕，自由膜式空气弹簧与车体直接连接	无摇枕，自由膜式空气弹簧与车体直接连接	无摇枕，空气弹簧与车体端部直接连接
二系横向跨距/mm	2 600	2 600	2 000	
牵引装置	单拉杆牵引	单拉杆牵引	双拉杆牵引	双拉杆牵引
制动方式	再生、盘形、盘式涡流	再生、盘形	再生、盘形、磁轨	盘形

3.3.1　国外高速动车组转向架的发展

20 世纪 60 年代，日本开发了第一代 0 系新干线动车组用的 TDT200 型动力转向架，其一系悬挂采用 IS 拉板双圆簧模式，中央悬挂由空气弹簧、液压减振器等组成。随着研究的不断深入，又先后开发了 300 系动车组用 TDT203 型（动力型，见图 3.11）和 TTR7001 型（非动力型）无摇枕转向架、500 系 WDT205 型（见图 3.12）和 700 系 TFT204 型（动力型）及 TTR7002 型（非动力型）高速转向架。这些转向架结构不断简化，通过采用轻量化焊接结构、铝合金轴箱、铸铝齿轮箱和空心车轴等技术使转向架质量和簧下质量得到降低。驱动单元除采用常规的牵引电机架悬、通过齿式联轴节补偿相对位移的模式外，还在试验转向架上对牵引电机半体悬、平行万向轴驱动、牵引电机体悬、纵向万向轴-锥齿轮传动等模式进行了试验。对于轴箱定位方式，新干线动车组则通过多方案对比确定最优模式，500 系、N700 系等动车组分别采用了半主动控制横向减振器、主动控制空气弹簧等新技术，以改善车辆动力学性能，提高车辆运行速度。

图 3.11　TDT203 型转向架（300 系）

图 3.12　WDT205 型动车转向架（500 系）

欧洲早期高速动车组采用动力集中模式，其动力转向架模式与现代动力分散型动车组转向架有较大区别（见图 3.13），而其拖车转向架则由常规客车转向架演化而来。近年来，欧洲国家开发的动力分散型动车组所用动力转向架模式与日本新干线动车组转向架模式基本相同，一般采用无摇枕无摇动台结构，构架为轻量化焊接结构。轴箱定位采用转臂式定位或橡胶弹簧定位。中央悬挂装置由空气弹簧、横向油压减振器、抗蛇行油压减振器和抗侧滚扭杆等部件组成。驱动单元采用牵引电机架悬或体悬、齿轮箱抱轴悬挂的形式。采用轴装或轮装盘型制动。牵引机构则采用单拉杆或 Z 形拉杆牵引。此外，部分欧洲国家还通过采用摆动式列车技术实现在既有线上的高速运行。

图 3.13　法国 TGV Y237 型转向架

3.3.2 日本动车组转向架

自 1964 年日本新干线投入运营以来，50 多年过去了。日本共研制出了 10 多种系列的高速列车和近 40 种转向架（其高速转向架型号见表 3.2）。与欧洲国家不同，日本一直致力于发展动力分散模式的高速列车。日本在高速转向架的发展方面，可分为 3 个阶段：

第 1 阶段开发出第 1 代 DT200 型高速转向架，其最高运行速度为 220 km/h。该转向架一系悬挂采用双圆簧及双侧板簧式定位，中央悬挂由空气弹簧、横向液压减振器、垂向液压减振器、抗侧滚扭杆及摇枕等组成。

第 2 阶段成功开发出 300 系 DT203 型新干线高速转向架，其最高运营速度为 270 km/h。该转向架一系悬挂为双圆簧加橡胶导柱定位，为减轻簧下质量，采用了铝合金轴箱和空心车轴。中央悬挂为无摇枕结构，由空气弹簧、横向液压减振器、垂向液压减振器、低位单牵引拉杆及中心销等组成。

近年来，日本又开发出第 3 代高速转向架，其目标运营速度为 300 ~ 350 km/h。另外，日本还研制出了独立旋转车轮转向架和带主动悬挂的转向架。西日本铁路客运公司开发的山阳新干线 500 系“希望”号高速列车，该车采用了 WDT 系列转向架，其最高运营速度为 300 km/h 该转向架的一系悬挂采用转臂式定位。与此同时，日本铁路东海客运公司开发了 300X 高速车。300X 采用了 DT205 型转向架，其结构与 300 系相似，最高运营速度为 350 km/h。随后，又开发出 700 系高速车。700 系转向架以 500 系为基础，并加装了变阻尼孔的非线性空气弹簧。

表 3.2 日本新干线高速转向架型号

转向架类型	轴距/mm	客车车辆类型
DT200 转向架	2 500	0 系列、100 系列、200 系列
无摇枕转向架	2 500	300 系列、500 系列、700 系列、E1 系列、E2 系列、E4 系列
山形线、秋田线用无摇枕转向架	2 250	400 系列、E3 系列

1. DT200 型转向架

该转向架的设计要点是避免轮对和转向架产生蛇行运动，防止转向架构架、轮对、车轴、轴承及弹簧等主要部件出现故障。该转向架具有一个枕梁，在其上面装配有空气弹簧。这些弹簧直接支撑车辆的车体。DT200 型转向架外形见图 3.14，其主要技术特性见表 3.3。现简述其轴箱悬挂装置、摇枕系统、转向架构架、轮对及驱动齿轮箱等主要部件。

图 3.14 DT200 型转向架（0 系）

表 3.3 DT200 型转向架的主要技术参数

转向架轴距	2 500 mm
轮径	910 mm
转向架质量	10 100 kg（簧下质量 4 660 kg）用于 0 系，9 870 kg（簧下质量 4 630 kg）用于 100 系
牵引电机	DC 180 kW 型用于 0 系，DC 230 kW 型用于 100 系、200 系

1）轴箱悬挂装置

经试验比较后，DT200 型转向架选用 IS 型轴箱悬挂系统。该轴箱前后方都连有一块拉板簧，拉板簧的两端均装有橡胶衬垫，以确保轮对与轴箱的刚性定位。该悬挂系统的优点是轴箱弹簧的垂向运动不受阻碍，各零件不会窜动擦伤与磨耗。其不足之处是因拉簧板依次串联安装，转向架长度稍超出标准长度。

2）摇枕系统

该系统的主要部件有摇枕、空气弹簧、横向减振器、旁承、摇枕拉杆及中心销等。摇枕采用 9 mm 钢板压制并焊接成箱形。转向架上安装有特殊的约束式空气弹簧，这种弹簧具有良好的横向刚性。

3）转向架构架

DT200 型转向架构架由左右侧梁、中央一根横梁及两端梁组成。这些梁由 9 mm SS400 轧制钢板压制而成，并焊接成箱形。

4）轮对和驱动齿轮

DT200 型转向架车轴采用高频淬火热处理后的 S38C 钢制作。该工艺可使车轴表面为淬硬马氏体，并产生残余挤压应力，从而有效地提高了材料的表面疲劳强度。转向架用车轮为整体碾轧车轮，其材料为 STY-80 钢。驱动系统采用了并行的万向轴系统。

5）主要特点

（1）取消摇动台，利用空气弹簧的横向刚度。

（2）采用 IS 式轴箱定位装置，利用橡胶衬套使前后左右有适当的弹性。

（3）车体采用全旁承支重。

（4）装有车轮踏面清扫装置等

6）结构特点

（1）构架材料为 SS41P，采用压型焊接的箱形断面，侧梁和横梁的钢板厚 9 mm，端梁钢板厚 6 mm，摇枕梁也采用 9 mm 钢板焊成。在构架和摇枕上焊有各种安装座。摇枕同时作为空气弹簧的附加空气室，容积 50 L。

（2）轴箱定位装置为 IS 式，利用弹簧拉板和橡胶衬套的组合。

（3）摇枕弹簧装置采用特殊模式空气弹簧，辅助空气箱的容积为 50 L，节流孔直径 15 mm。

（4）车体的支承方式为车体-空气弹簧-摇枕-构架。空气弹簧的支承面高度为 1 170 mm。摇枕与构架之间为旁承支重，旁承跨距为 1 300 mm。

（5）纵向拉杆连接于车体与摇枕之间，其端部由两半球形橡胶组成。

（6）车轮直径 910 mm，整体辗轧钢轮踏面锥度为 1/40，轮缘角 70°（旧车上则为 1/20

与 60°）。车轮直径差的要求：一台转向架的车轮直径差不超过 0.5 mm，一根轴的左右车轮直径差不超过 0.2 mm。

（7）轴承和轴箱采用滚柱轴承加端面滚珠止推轴承，稀油润滑。盘形制动装置为油压制动。

2. 无摇枕转向架

为了满足列车 270 ~ 300 km/h 的运行速度要求，在 DT200 型转向架的基础上，又进行了改进，开发了新干线无摇枕转向架。TDT203 型转向架与 DT200 型转向架相比，做了大量的改进，质量减小 2.1 t，长度减小 0.8 m，属于新一代即第二代无摇枕转向架。与老式转向架不同的是，其空气弹簧不是由摇枕来支撑的，而是直接安装在转向架构架的上平面。TDT203 型转向架外形见图 3.15，其基本技术参数见表 3.4。

图 3.15 TDT203 型转向架（300 系）

表 3.4 300 系新干线无摇枕转向架主要技术参数

转向架轴距	2 500 mm
轮　径	860 mm
转向架质量	6 600 kg（簧下质量 3 500 kg）
牵引电机	AC 300 kW

1）垂向弹簧和轴箱定位

DTD203 型转向架的轴箱垂向弹簧采用翼形布置的螺旋弹簧和圆柱形层叠橡胶簧结构。其垂向弹簧上的垂直负荷由螺旋弹簧承载，而纵向与横向负荷由圆柱形层叠橡胶簧承载，同时还起支承和制导轴箱的作用。因圆柱形层叠橡胶簧在纵向与横向支承刚度上的优化配置，在列车通过弯道时可降低横向作用力；加之轴箱垂向减振器在两个方向都起作用，使阻尼力增大，可降低转向架上的垂直振动，从而保证了列车高速平稳地运行。

2）车体支承系统

DTD203 型转向架车体支承系统没有摇枕，靠空气弹簧直接支撑，因此有较大的位移量。当通过弯道时，转向架出现相对于车体的转动，角位移可通过空气弹簧的横向变形而被抵消。转向架相对于车体的转动由抗蛇行减振器来抑制。该减振器安装在车体和转向架之间，位于转向架构架的外侧，并与侧梁平行。抗蛇行减振器的阻尼力和其两端的橡胶衬垫的阻尼，均有效改善了转向架高速运行的稳定性。

3）转向架构架

该转向架构架为 H 形，两根侧梁为 8 mm 轧制钢板，并被焊接到由 12 mm 厚的无缝钢管制作的横梁上。横梁是密封的，使其成为空气弹簧的一个辅助气缸。该构架取消了端梁，采用了新开发的制动夹钳，并安装在转向架中央的横梁上。对比 DT200 转向架，该转向架缩短了 80cm，质量减小了约 3.3 t，而轴距则保持一样（2 500 mm）。

4）轮对及驱动齿轮

无摇枕转向架的车轮直径从原来的 910 mm 减小到 850 mm，车轴中镗有一个 60 mm 的纵向直孔，以尽量减轻簧下质量。在制作与装配中，还将轮对的动态不平衡质量的矢量总和控制在 5 kg · cm 以下，以确保车轮在高速运转时，不会引起车体高频振动而影响乘坐的舒适性。

5）设计特点

（1）轴距、驱动方式、轴箱配置等与 DT202 型基本相同。

（2）减轻了簧下重量，降低了对轨道的破坏，提高了高速运行的稳定性。

（3）取消了摇枕、牵引拉杆、心盘和旁承，减小簧间质量。

（4）取消了的滑动部位，使其运行性能不会随运行时间而恶化，维修简便。

（5）采用螺旋弹簧、圆筒橡胶组合的轴箱定位方式，取代过去的 IS 式轴箱定位。兼顾并确保高速运行稳定性和曲线通过性能。

（6）采用了抗蛇行减振器。

6）结构特点

（1）TDT203 型动车转向架侧梁上平面平直，横梁使用无缝管材，齿轮装置为小型结构。

（2）内径 60 mm 的平直型空心车轴。

（3）车轮直径从 910 mm 改为 810 mm。与 100 系相同，踏面采用圆弧形踏面。

（4）轴箱定位采用螺旋弹簧和圆筒橡胶并用的方式。轴箱体采用铝合金（锻造），以减小质量。

（5）螺旋弹簧是按定员乘车时在静弹簧高度下承受全部垂直载荷配置的，此时圆筒橡胶承载为零。从定员弹簧高度位置开始的变动载荷部分，由螺旋弹簧、圆筒橡胶并列承受。

（6）为了增加衰减力，轴箱减振器做成双向的，以降低高频振动。轴承采用带凸缘的圆柱滚子轴承，用凸缘承受轴向力，由于省略了球轴承，减小了质量，实现了小型化。

（7）构架结构采用无端梁的 H 形结构。侧梁板厚 8 mm，材质为 SM50YB。横梁使用厚 9 mm 的无缝管材，材质为 STKM18B。横梁贯通侧梁，其连接部位进行多层焊接。取消了摇枕，由牵引装置取代了摇枕的功能。

（8）空气弹簧采用膜式空气弹簧。采用了板阀式可变空气节流孔，适应较大的横向变位，具有足够准确的复原力，提高隔绝垂直振动的性能。附加空气室布置在构架横梁内，其容量的给定与构架强度也有关系，这是设计舒适度较高的 300 系转向架及其空气弹簧的关键。

（9）转向架取消了端梁，采用钳夹式单元制动器。

（10）齿轮箱用铝合金铸造，质量由 100 系转向架的每台 477 kg 减小到每台 261 kg，即成功地减小了 45%。

无摇枕转向架车轴轴箱的设计与 DT200 型转向架相比，也有所不同。它采用的是带有止推环的滚柱轴承。这种轴承可同时承受推压负荷，且能最大限度地限制横向窜动。

DT200 型转向架的轴箱和齿轮箱是铸钢件，而无摇枕转向架的轴箱和齿轮箱是由铝合金制作而成。这样，有效地减小了转向架的簧下质量。

无摇枕转向架现已广泛应用于长野和东北新干线 300 系、500 系、700 系、E2 系等列车。

500 系采用 WDT205 型新型无摇枕转向架（见图 3.16）。该型转向架采用了许多新技术，如主动悬挂控制、铝合金制动盘等。500 系全部采用动力转向架，转向架质量减到 6.5 t。WDT205 型转向架轴距 2 500 mm，中央空气弹簧横向跨距 2 600 mm，轮径 860 mm/790 mm，轴箱悬挂采用铝制转臂式，转向架轴重 11.2 t，采用空心轴。

图 3.16　WDT205 型动车转向架（500 系）

700 系的转向架 TDT204 型（动力型）及 TTR7002 型（非动力型）（见图 3.17），采用半主动控制减振器控制车体的左右振动，转向架的二系悬挂为无摇枕结构，其轴箱定位装置为螺旋弹簧 + 圆柱叠层橡胶，与 300 系相同。500 系和 700 系均采用主动或半主动悬挂控制系统，这也是第三代高速转向架的一大特色。半有源悬挂装置即控制系统控制液压阻尼器使其改变阻尼特性和阻尼力，对振动加以抑制。有源悬挂是采用反馈控制，从外部提供能量（气压），积极地抵消车辆的随机振动。半有源悬挂比有源悬挂控制技术在结构、装置上更简单，可靠性高，但对振动的抑制作用有一定局限。

图 3.17　TDT204 型（动力型）及 TTR7002 型（非动力型）转向架（700 系）

纵观日本在高速转向架方面的研究，其开发出的转向架品种、数量和采用的新技术，是其他国家无法比拟的。在转向架构架方面，无论是其结构还是制造工艺，都与欧洲都有所不同。日本是最早采用空气弹簧和无摇枕转向架的国家，并首创利用调节空气弹簧中的阻尼孔的大小来替代二系垂向液压减振器。高速转向架的轻量化一直是开发新型转向架所追求的目标，至今，日本在高速转向架及车体减轻自重方面，始终处于世界领先地位。

3.3.3 法国 TGV 高速转向架

1981 年，TGV 高速列车在东南线南段部分投入运营，试验纪录达到 380 km/h，打破了传统铁路运行速度。20 多年来，它从未停止过为实现更高的速度目标而进行的努力，1990 年 5 月，TGV 列车在大西洋线上创造的 515.3 km/h 的世界纪录，更令世界瞩目。1990 年建成并投入运营的地中海高速线，列车运行速度可达 350 km/h，与此同时，速度为 300 km/h 的高速双层列车也已问世。现已研制出性能更高、速度达 350 km/h 的第四代动力分散式 AGV 型高速列车。

TGV 列车采用铰接式动力集中配置方式，列车编组始终保持两端为动力车，拖车之间铰接式连接，整个动车组不可分解独立运行。法国铁路认为这种结构方式具有一系列优点。

（1）动力学性能好，利于安全运行。这种列车具有优良的整体性，对列车蛇行运动加强了约束，有利于列车安全运行。最明显的例子是 1993 年 12 月 21 日，一列 TGV-R 动车组以 300 km/h 的速度在北方线路上高速运行时，由于暴雨造成 7 km 长的路基塌陷，引起尾部车辆脱轨，列车向前冲了 2 km 才停下来，令人惊奇的是，列车竟没有一辆倾覆，仅有 3 名旅客轻伤。

（2）转向架数量少，空气阻力小。由于两个车辆共用一个转向架，因此使用的转向架少；又由于车辆之间没有车钩，采用铰接式连接，使车辆之间纵向间隙小，可平滑过渡，空气阻力小，列车整体空气动力学性能好。

（3）振动小、噪声低。由于铰接式转向架二系悬挂支点高，车辆重心低，从而改善了侧滚振动；同时转向架位于两辆拖车之间，使得旅客座位处振动小、噪声低，提高了旅客乘坐的舒适性。

（4）转向架轴距大，高速稳定性好。铰接式转向架便于加大轴距，从而可以提高转向架高速时的运行稳定性。

（5）提高双层客车的载客量。由于采用铰接式转向架，可以将双层客车的通道设在上层，从而减少了楼梯占用面积，增加了座席面积，为列车增加载客量提供了最佳结构。

第一代高速列车 TGV-PSE 的动力转向架 Y230（见图 3.18）是在法国燃气轮动车组转向架 Y226 型的基础上发展而来的，并被法国所有的第二代、第三代高速列车用作动力转向架。Y230 型转向架为无摇枕式转向架，它最明显的优点是结构简单，便于组装和拆卸，可靠地实现了牵引电机体悬和较好的驱动动力学性能，是典型的动力集中式高速列车体悬式动力转向架。

图 3.18　Y230 型转向架

Y230 型动力转向架的主要技术参数：

1. 转向架轻量化

Y230 型转向架自重 7.263 t，采取以下措施减小转向架的质量：

（1）采用无摇枕式转向架，取消了摇枕，由螺旋型圆弹簧直接支承车体，为防止车体相对于转向架横移过量，在枕梁中部装有两个刚度递增的横向橡胶止挡。

（2）构架由箱型的鱼腹形侧梁和横梁组成，采用 H 形焊接结构。

（3）齿轮箱体采用铝合金铸造。

2. 牵引电机悬挂与驱动系统

（1）牵引电机悬挂。

Y230 型转向架的牵引电机与其输出端相连的三级变速齿轮箱构成一个整体单元，通过三点支撑在车体上。

（2）驱动系统。

Y230 型转向架驱动系统中的牵引电机的输出扭矩通过“三爪伸缩方式万向轴”传给轮对齿轮箱，带动轮对转动。

① 牵引电机变速箱。

体悬的牵引电机变速箱为带中间齿轮的三级传动齿轮箱，采用斜齿轮传动，齿轮箱体由铝合金铸造而成。

② 三爪伸缩式万向轴。

三爪伸缩式万向轴与电机轴和轮对轴平行，将牵引电机输出扭矩传给轮对齿轮箱，它的中部是带有 3 凹槽的销套，带有 3 个滚动轴承的万向轴轴杆嵌在凹槽中，万向轴可以在销套内自由伸缩 ± 120 mm。

③ 轮对齿轮箱。

轮对齿轮箱是二级齿轮箱，采用直齿轮传动，齿轮箱体也是由铝合金铸造而成。

3. 一系悬挂和轴箱定位

Y230 型转向架的一系悬挂和轴箱定位方式采用钢螺旋圆簧和圆柱形橡胶金属叠层弹簧的复合结构方式，每轴箱各配一个垂向液压减振器。一系悬挂的静挠度为 59 mm/70 mm，单侧纵向刚度为 120 MN/m，单侧垂向刚度为 131 MN/m，等效横向刚度与 400 mm 长轴箱定位拉杆的等效横向刚度相当。

4. 二系悬挂

二系悬挂采用高挠度圆簧 2 组，每组 2 个，两端加橡胶垫，以缓解弹簧横向变形的应力，并降低噪声。同时，还加装了 2 个垂向液压减振器、1 个横向液压减振器和 2 个抗蛇行液压减振器。二系悬挂静挠度为 87 mm/105 mm，纵向刚度为 0.35 MN/m，垂向刚度 1.63 MN/m。

5. 轴箱与轮对

Y230 型转向架固定轴距为 3 000 mm，车轮直径为 920 mm（磨损到限 850 mm），车轮踏面采用 1/40 锥形踏面，簧下质量为 4.3 t。每台转向架轴箱轮对总质量为（3 086 + 880）kg（传动装置部分），轴径为 150 mm。轴承采用 TIMKEN-AP 型双排锥形滚柱轴承。

6. 中心销牵引装置

由于 Y230 型转向架构架为 H 形结构，空间较小，因此采用带橡胶球铰的 T 形中心销牵引。中心销位置较低，牵引点距轨面 460 mm，以减小轴重转移。T 形中心销的一端用 2 个橡胶弹性球铰连接在心盘上，心盘座用螺栓连接在车体底架的枕梁上；另一端插在 1 个带橡胶弹性球铰的牵引销套中，此销套焊接在构架枕梁上。上下 3 个橡胶弹性球铰转动不受约束，配有自润滑衬套。它们在纵向可缓冲牵引制动时的冲击，在横向可减轻轮轨的横向作用力减少轮缘与钢轨的磨损。

法国 TGV 动车组代表性转向架结构形式与参数见表 3.5。

表 3.5　法国 TGV 动车组代表性转向架结构形式与参数表

车型			TGV-PSE	TGV-A	TGV-2N
车种			2M8T	2M10T	2M8T
最高运行速度/（km/h）			270	300	300
动车转向架	转向架型号		Y230	Y230	Y230
	转向架质量/t		7.26	7.2	7.2
	轴式		B0-B0	B0-B0	B0-B0
	固定轴距/mm		3 000	3 000	3 000
	车轮直径/mm		920	920	920
	踏面形式		1/40 锥形	1/40 锥形	磨耗型
	结构形式	车体悬挂	无摇枕	无摇枕	无摇枕
		轴向定位方式	叠层橡胶	转臂式	转臂式
		牵引电机悬挂方式	体悬	体悬	体悬
		驱动方式	平行万向轴	平行万向轴	平行万向轴
		变速装置	两级	两级	两级

3.3.4 德国 ICE 高速动车组转向架

1. ICE 用 MD530 型转向架

1982 年德国决定研制城间试验列车 ICE，编组为 2M + 3T，设计速度为 350 km/h。在 ICE 试验列车的基础上于 1986 年开始研制 ICE（或称 ICE1）高速动车组，设计速度 280 km/h，采用 MD530 型有摇枕转向架。

MD530 型转向架（见图 3.19）是在性能良好的 MD52 型转向架的基础上发展而来的。固定轴距为 2.5 m，速度可达 300 km/h，每台转向架质量 7.5 t，车轮踏面采用 DIN5573（UIC/ORES1002）磨耗型踏面。由两平行配置的弹性拉板构成无磨耗的轴箱定位，在轮对轴箱与弹性拉板之间设有纵向弹性铰，该弹性铰由金属橡胶元件构成。由螺旋弹簧和与其平行配置的液压减振器组成二系弹簧减振装置。

图 3.19 MD530 型转向架

2. ICE3 用 SF500 型无摇枕转向架

由于采用动力分散模式，ICE3 动车组的转向架，不论是动力还是非动力转向架均要求具备高的运行品质，并要求整个寿命周期内成本最低。为此，SGP 公司和 Adtranz 公司联合设计制成了 SF500 型无摇枕转向架（见图 3.20）。动力转向架和非动力转向架均采用相同的形式。转向架构架为箱形焊接结构，由两根中间为凹形的侧梁组成，一系悬挂是螺旋弹簧加垂直减振器。二系悬挂为加有橡胶堆的空气弹簧，并装有抗侧滚装置和抗蛇行减振器。

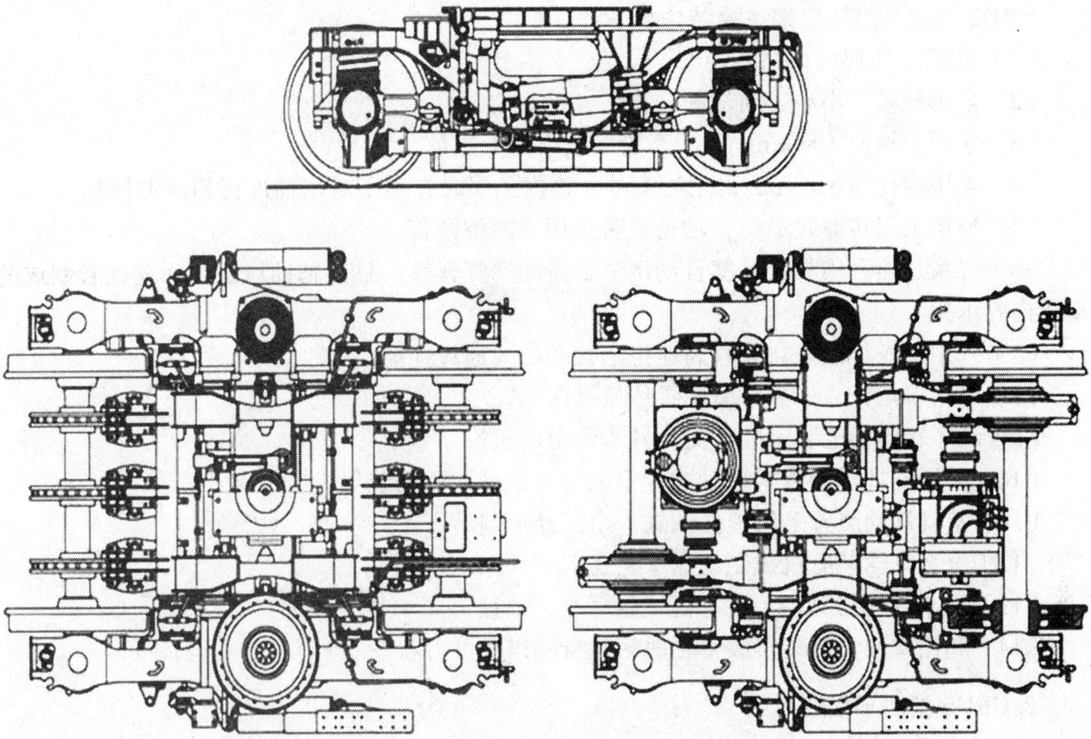

图 3.20　德国 SF500 型动车组转向架

3.3.5　中国高速动车组转向架

1.　CRH2 型动车组转向架

CRH2 型动车组的转向架是以 E2 系列新干线车辆用转向架为基础，充分利用新干线用转向架的设计基准和经验设计的。同时考虑到 CRH-200 EMU 的特定使用条件（乘客质量、车轮形状、线路条件等）、提高可靠性（采用有实际成绩的零件、构成零件数量的减少化、工装夹具作业的缩小化）以及容易国际化（以技术转让为前提的国内采购）等因素，采用了转臂式轴箱定位方式、无摇枕转向架（见图 3.21）。

图 3.21　CRH2 型动车组动力转向架

CRH2 型动车组转向架主要结构如下：

（1）无摇枕 H 形构架之转向架。

（2）采用轻量、小型、简洁的结构。

（3）采用小轮径（860 mm）的车轮以减小簧下质量。

（4）采用内孔为ϕ60 mm 的空心车轴，该内孔同时有利于对车轴进行超声波探伤。

（5）轴箱采用转臂式定位，轴箱弹簧采用双圈钢圆簧。

（6）二系悬挂采用具有高度自动调节装置的空气弹簧，且其辅助风缸由无缝钢管制成的横梁内腔承担。

（7）采用抗蛇行减振器兼顾高速稳定性和曲线通过性能。

（8）采用单拉杆式中央牵引装置传递纵向力。

（9）动车转向架上装用轻型交流异步牵引电机。

（10）采用挠性浮动齿式联轴式牵引电动机架悬式驱动装置。

（11）基础制动装置采用液压油缸卡钳式盘形制动。

（12）全部车轮装有机械制动盘（轮盘）。

（13）拖车转向架车轴上装有机械制动盘（轴盘）。

（14）利用踏面清扫装置改善轮轨间运行噪声和黏着状态。

2. CRH5 型动车组转向架

CRH5 型动车组转向架的结构特点：

（1）采用无摇枕“Ⅱ”字形构架的转向架。

（2）动力转向架仅有一根轴为动轴，另一根轴为从轴。

（3）采用内孔为ϕ65 mm 的空心车轴减少簧下质量，该内孔同时有利于对车轴进行超声波探伤。

（4）驱动装置采用牵引电动机体悬式结构，由悬挂在车底架上的牵引电机通过垂直万向轴将扭矩传给直角锥齿轮，进而驱动车轮（轮对），这样在减小簧下质量的同时也使簧间质量得以减小。

（5）轴箱采用上、下双拉杆定位结构，但上、下拉杆结构完全不同，且上拉杆仅传递部分纵向力，下拉杆除传递纵向力外，还传递部分垂向力和横向力。

（6）采用抗蛇行减振器兼顾高速稳定性和曲线通过性能。

（7）基础制动装置采用单元式空气盘形制动（轴盘），但单元制动装置通过专门的制动梁安装到构架侧梁和横梁上，且动轴上安装有两个制动轴盘，从轴上安装有 3 个制动轴盘。

（8）二系悬挂采用具有高度自动调节装置的空气弹簧，且其辅助风缸由枕梁内部空腔承担。

（9）与空气弹簧并列安装 2 个二系垂向液压减振器用来衰减垂向振动，采用两套抗侧滚扭杆装置配合空气弹簧来抑制车体的侧滚。

（10）车体与转向架间采用“Z”字形布置的牵引拉杆（双拉杆）配合中央牵引销传递纵向力，而横向力通过构架侧梁中心内侧的横向弹性侧挡（橡胶）与枕梁两侧配合来传递。

（11）整个转向架首先通过二系悬挂装置与枕梁连接在一起，再利用枕梁与车体刚性连接起来（利于落车）。

CRH5 型动车组动力转向架如图 3.22 所示。

3. CRH1 型动车组转向架

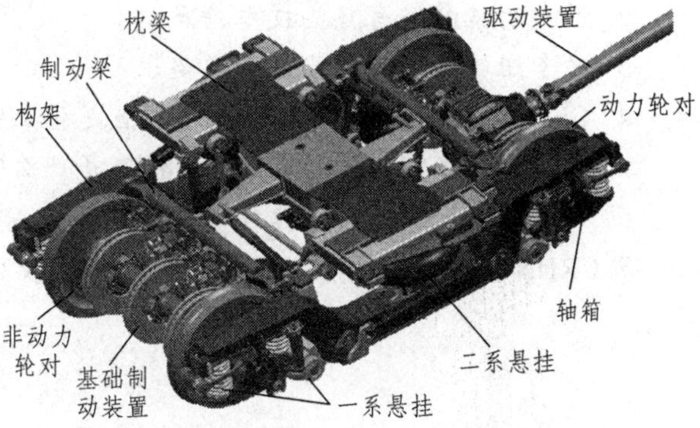

图 3.22　CRH5 型动车组动力转向架

CRH1 型动车组转向架结构特点：

（1）转向架采用无摇枕构架，其中动力转向架构架为“日”字形，非动力转向架构架为“H”形。

（2）采用内孔为 ϕ60 mm 的空心车轴减小簧下质量，该内孔同时有利于对车轴进行超声波探伤。

（3）轴箱采用转臂式定位，但转臂与弹簧座做成一体，可与轴箱分离，且轴箱弹簧采用双圈钢圆簧。

（4）二系悬挂采用具有高度自动调节装置的空气弹簧，但其辅助风缸独立设置在车底架上。

（5）与空气弹簧并列安装 2 个二系垂向液压减振器以衰减垂向振动，同时配有一套抗侧滚扭杆装置来辅助空气弹簧实现对车体侧滚的限制。

（6）采用抗蛇行减振器兼顾高速稳定性和曲线通过性能。

（7）采用单拉杆式中央牵引装置传递纵向力。

（8）采用挠性浮动齿式联轴式牵引电动机架悬式驱动装置。

（9）基础制动装置采用紧凑型单元式空气盘型制动，其中动轴采用轮盘方式，拖轴采用轴盘方式（3 个制动轴盘）。

（10）某些动力转向架中的单元式制动器带有弹簧储能停车制动功能。

CRH1 型动车组动力转向架如图 3.23 所示。

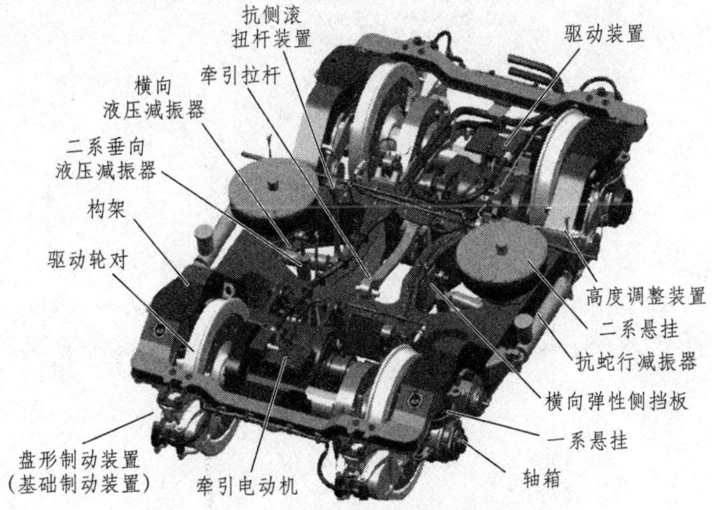

图 3.23　CRH1 型动车组动力转向架

复习思考题

1. 动车组转向架由哪些部分组成？
2. 动车组转向架有哪些技术特点？
3. 动车组转向架有哪些轻量化要求？
4. CRH1 型动车组转向架的结构特点是什么？
5. CRH2 型动车组转向架的结构特点是什么？
6. 日本、法国、德国高速转向架的主要区别是什么？
7. CRH5 型动车组转向架的结构特点是什么？

第4章　动车组车端连接装置

车端连接装置是指连接两车辆间或两列车列间的所有机械、电气和空气装置，它是保证列车运行安全，提高旅客舒适度的重要部件。

4.1　动车组车端连接装置的组成和作用

车端连接装置主要包括车钩、缓冲器、风挡、车体间减振器、空气管路连接器和电气连接器等。

车钩是用来保证车辆间彼此连接并保持一定的距离，传递拉伸/压缩力（牵引/制动力），并且保证相邻车辆相对转动的装置。

缓冲装置是用来传递和缓冲拉伸压/缩力（牵引/制动力）的装置。

风挡是用来在相邻连接车辆间建立一柔性通道的装置。风挡可以是单层风挡或双层风挡，也可以是由内外两个不同结构风挡组成的风挡系统，内风挡主要提供车内人员通道、保温、气密性、水密性等功能，外风挡则主要是为在两车间实现平滑连接过渡。

车体间减振器是用来抑制车辆间的相互摇动，提高车辆乘坐的舒适性的设备。

气管路连接器是用来传递制动系统和车辆设备以及车钩解钩需要的压缩空气的设备。

电气连接器是用来连接车辆间的高中低压电路，传输各种控制信号和网络通信信号的设备。

动车组车端连接装置的作用主要可分为5种：

（1）连接作用：将彼此独立的车辆连接成车列，并使其保持一定的距离，提供人员通行通道（旅客列车）。

（2）牵引作用：在运行过程中传递前后车辆间的牵引力、制动力。

（3）缓冲作用：当列车在变坡点附近前后车的速度发生变化，前后车制动力不一致，调车过程中两车发生碰撞时，缓和和衰减前后车钩间的冲击力。

（4）分解作用：当列车不需要连接时，能够迅速分解列车。

（5）制动信号传输功能：采用电空制动的列车，当司机给出制动信号后，能将制动信号传递到整列车。

除上述功能外，动车组车端连接装置还必须具有车厢间的密封功能，牵引动力、控制信息传输功能。通常情况下，动车组的电气与风管连接器与车钩组成整体部件，提供动车组车辆间低压电气与压缩空气的通路。

4.2　动车组车钩缓冲装置

动车组的车钩缓冲装置是用来连接列车中各车辆的部件，用于传递和缓和冲击力，并且使车辆之间保持一定距离的装置。按照牵引连接装置的连接方式，可分为自动车钩和非自动车钩。非自动车钩需由人工来完成车辆的连接。自动车钩不需要人参与就能实现连接，自动车钩又可分为非刚性车钩和刚性车钩。非刚性车钩允许两个相连接的车钩在铅垂面内有相对位移，刚性车钩不允许两相连接车钩在铅垂面有相对位移，但在水平面内允许有少许转角。刚性车钩可减小车钩间的间隙，降低列车运行中的纵向冲击，提高列车运行平稳性，降低车钩零件的磨耗和噪声，并能够同时实现车辆间的气路和电路的自动连接，所以刚性车钩又称为密接车钩。

按照车钩的位置和作用可分为用于动车组两端的自动车钩，用于动车组车车辆之间的中间车钩，以及紧急情况下用于动车组救援使用的过渡车钩。动车组车钩位置如图 4.1 所示，车钩连接如图 4.2 所示。

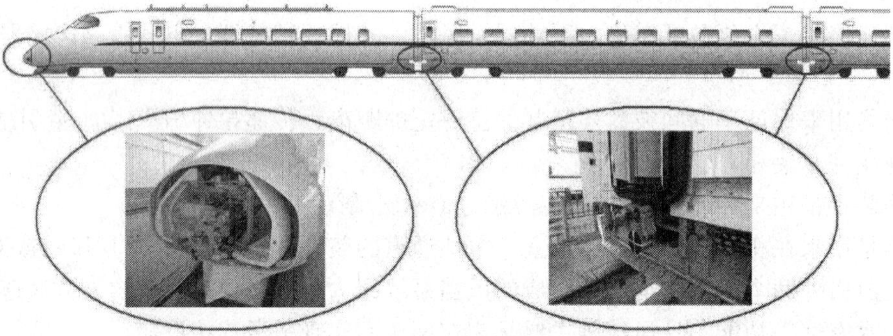

（a）自动车钩　　　　（b）中间车钩

图 4.1　动车组车钩位置

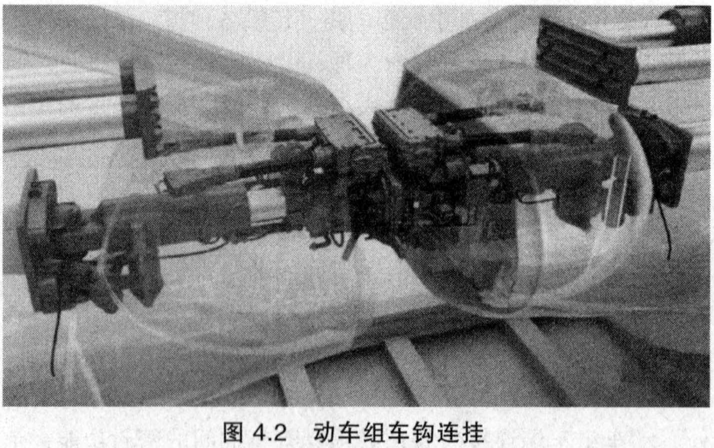

图 4.2　动车组车钩连挂

自动车钩安装于列车的头尾两端，采用 10 型全自动车钩缓冲装置，可以实现两列动车组的机械、气路和电气的自动连接和分解。

中间车钩缓冲装置安装于列车的中部，采用半自动车钩缓冲装置或半永久车钩，可以实现车辆之间机械、气路的自动连接和手动分解。

过渡车钩主要是在救援时使用，存放于动车组上，可以实现动车组与机车或者客车的车钩进行连挂。

4.2.1 自动车钩

自动车钩一般由钩头、钩体、电气连接器、风管连接器、尾部缓冲器、中心调整装置等。我国动车组常用的自动车钩主要为沙库车钩。

1. 沙库车钩缓冲装置的组成

沙库车钩具有自动及手动连挂功能、自动及手动分解功能。自动工况下，可仅由司机 1 人操作即可进行摘挂作业。

沙库车钩缓冲装置（见图 4.3）主要由机械钩头、钩体、电气连接器、风管连接器、尾部缓冲器、中心调整装置等部件组成。

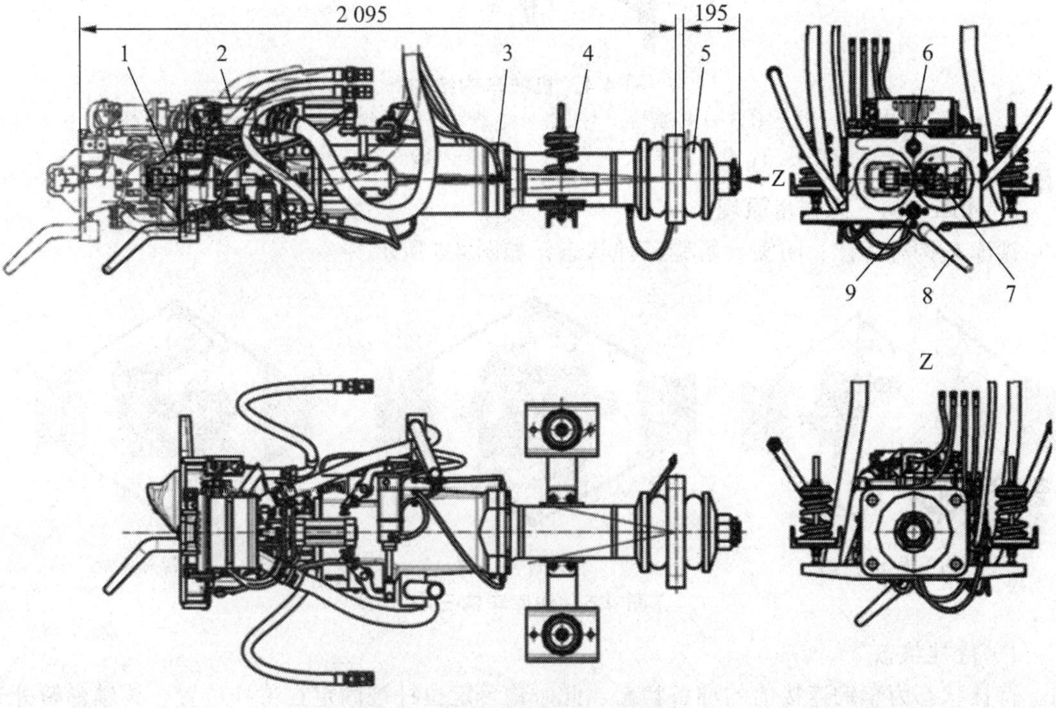

图 4.3 沙库车钩缓冲装置

1—机械钩头；2—电气连接器；3—车钩钩体与缓冲器；4—中心调整装置；5—尾部缓冲器；6—制动风管连接器；7—解钩风缸；8—导向杆；9—总风管连接器

钩头机械连接部分如图 4.4 所示，它由壳体、钩舌、中心轴、钩锁连杆、钩锁弹簧、钩舌定位杆、弹簧、定位杆顶块、解钩风缸等组成。壳体的前部，一半为凸锥体，一半为凹锥孔，两钩连挂时相邻车钩的凸锥体和凹锥孔互相插入。钩舌固定在中心轴上，钩舌绕中心轴转动时可带动钩锁连杆动作。钩舌呈不规则几何形状，设有供连接时定位和供解钩时解钩风缸活塞杆作用的凸舌，以及钩锁连杆的定位槽、钩嘴等，是车钩实现动作的关键零件。钩锁连杆在钩锁弹簧拉力作用下使车钩连接可靠。钩舌定位杆上设有两个定位凸缘，使钩舌定位在待挂或解钩状态。定位杆顶块可以在连挂时顶动钩舌定位杆实现两钩的闭锁。

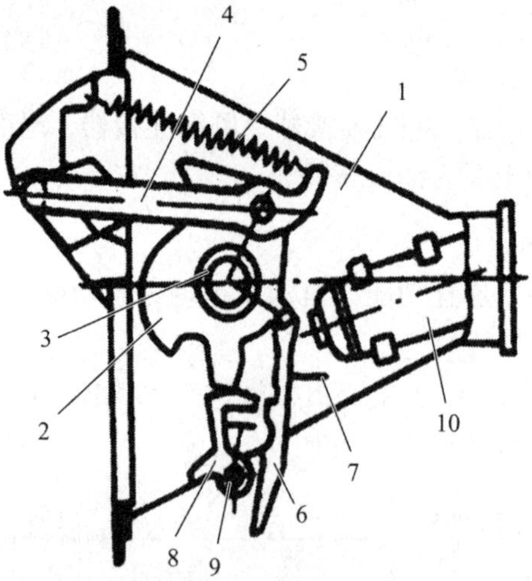

图 4.4　机械车钩结构

1—壳体；2—钩舌；3—中心轴；4—钩锁连杆；5—钩锁弹簧；6—钩舌定位杆；
7，9—弹簧；8—定位杆顶块；10—解钩风缸

2. 沙库车钩三态作用原理

沙库车钩有待挂、闭锁、解钩三种状态，如图 4.5 所示。

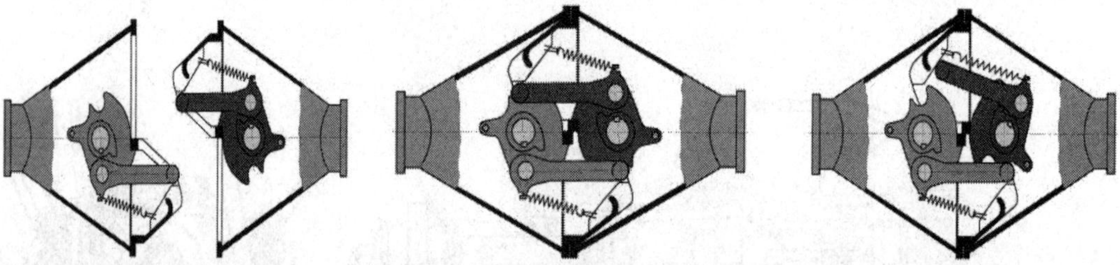

（a）待挂状态　　（b）闭锁状态　　（c）解钩状态

图 4.5　沙库车钩三态

1）待挂状态

待挂状态为车钩连接前的准备状态。此时钩舌定位杆被固定在待挂位置，钩锁弹簧处于最大拉伸状态，钩锁连杆退缩至钩头锥体内，钩舌上的钩嘴对着钩头正前方。

2）闭锁状态

闭锁状态时，相邻两钩的凸锥体伸入对方的凹锥孔并推动定位杆顶块，定位杆顶块摆动迫使钩舌定位杆离开待挂位置，这时钩锁弹簧的回复力使钩舌做逆时针转动，并带动钩锁连杆伸进相邻车钩钩舌的钩嘴，完成两钩的连接闭锁。这时两钩的钩锁连杆和钩舌形成平行四边形连杆机构，当车钩受牵拉时，拉力由两钩的钩锁连杆均匀分担，使钩舌始终处于锁紧状态，当车钩受冲击时，压力通过两车钩壳体凸缘传递。

3）解钩状态

司机操纵按钮，控制电磁阀使解钩风缸充气，风缸活塞杆推动钩舌顺时针转动，使两钩的钩锁连接杆脱开对方钩舌的钩嘴，同时使钩锁连接杆克服钩锁弹簧的拉力缩入钩头锥体内，这时定位杆顶块控制钩舌定位杆使钩舌处于解钩状态。两钩分离后，解钩风缸排气，定位杆

顶块由于弹簧作用复位，钩舌回至待挂位，车钩又恢复到待挂状态。

3. **电气连接器（电气车钩）**

电气车钩可以安装在承载装置上，用于实现列车之间的电气信号的连接，当机械车钩连挂完成后，承载装置带动电气车钩自动推出实现电气连挂，当机械车钩分解后，承载装置带动电气车钩被自动推回实现电气分解。

电气车钩承载装置安装在机械车钩的上部，由一个气缸推动杆系结构，使电气车钩实现伸出和回缩，见图 4.6 所示。

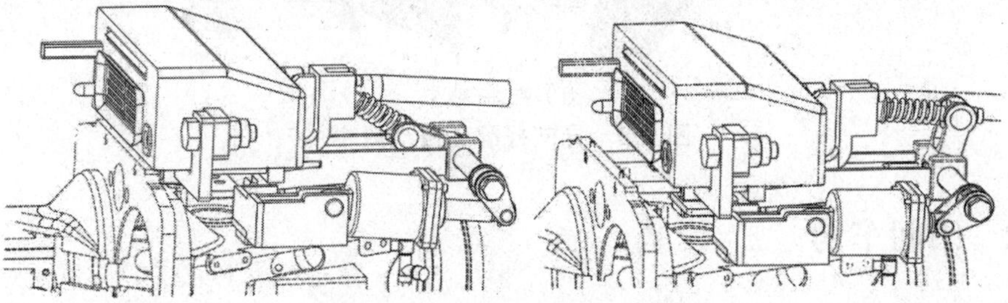

图 4.6　电气车钩伸出和缩回

当列车连挂时，机构连挂完成后，承载装置推送风缸充风带动电气车钩再伸出，在此过程中，电气车钩防雨盖开盖顶杆顶推对面电气车钩外壳端面，实现防雨盖的自动打开。承载装置杆系结构在气缸的推动下最终到达锁定位置，此时，如果推送气缸中的风压意外消失，由于锁定机构的机械锁定作用，使杆系结构无法反向旋转，即电气车钩被固定连挂位置，如图 4.7 所示。

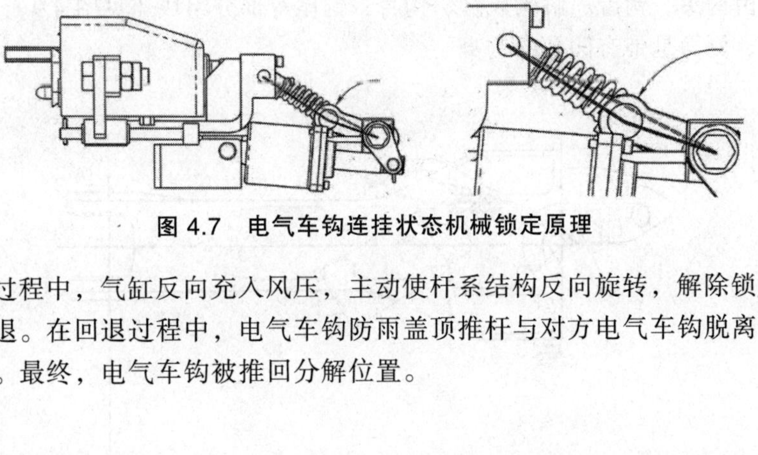

图 4.7　电气车钩连挂状态机械锁定原理

在解钩的过程中，气缸反向充入风压，主动使杆系结构反向旋转，解除锁定状态，并带动电气车钩回退。在回退过程中，电气车钩防雨盖顶推杆与对方电气车钩脱离顶推关系，防雨盖自动关闭。最终，电气车钩被推回分解位置。

4. **导向杆**

动车组与动车组连挂时，两车的车钩并不一定在同一个水平面上，同时由于生产时外形的差异，两车的车钩并不能完全对中。为解决对中问题，沙库车钩设有导向杆结构，配合凸锥和凹锥实现车钩自动对中。

上下与左右两种工况下，导向杆对中过程如图 4.8（a）中右侧车钩连挂前比左侧车钩位置高。随着两者的靠近，右侧导向杆与箭头所指左侧配合横杆互相推挤，左边的车钩被导向杆顶起，右边的车钩通过导向杆被横杆压下。两者基本持平后，通过凸锥凹锥的配合进一步找正，最终完成连挂。左右对中的情况则如图 4.8（b）所示，导向杆相互推动，形成初步对中，再通过凸锥凹锥的配合进一步对正，完成连挂。

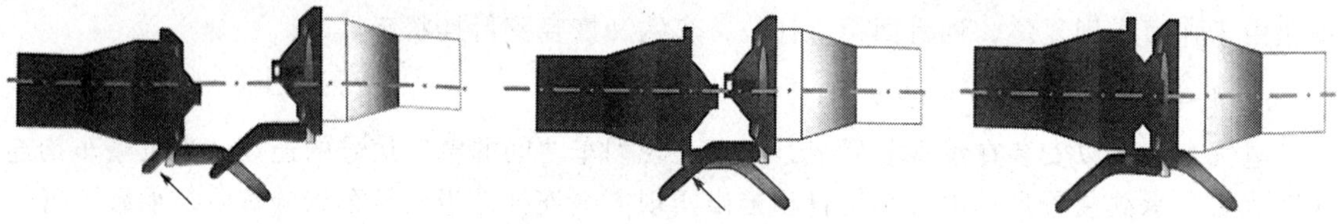

（a）上下对中

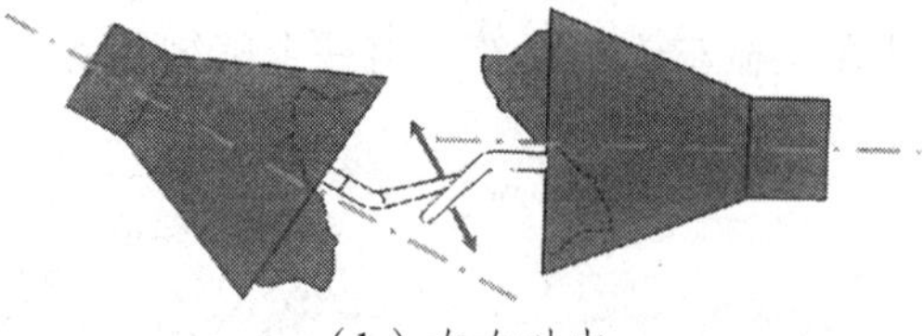

（b）左右对中

图 4.8 导向杆配合自动对中

4.2.2 中间车钩

中间车钩缓冲装置安装于列车的中部，采用半自动车钩或半永久车钩，可以实现车辆之间机械、气路的连接和分解。

1. 半自动车钩

动车组半自动车钩主要采用柴田车钩，可以实现机械、空气管路的自动连接和手动分解。

1）组 成

柴田车钩由钩头、钩舌、解钩风缸、钩身、钩尾等部分组成（见图 4.9）。钩头为带一平面的凸圆锥体，侧面是带有凹孔的钩身。

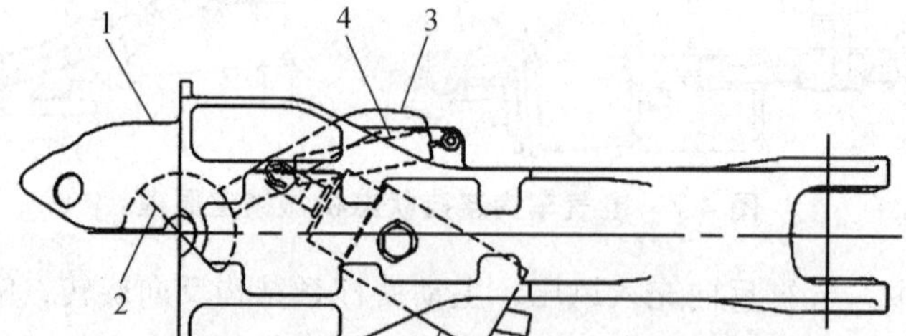

图 4.9 柴田密接式车钩结构

1—钩体；2—钩舌；3—解钩杆；4—拉力弹簧；5—解钩风缸；6—钩舌锁

2）柴田车钩连挂与解钩

（1）连挂过程。

两钩连挂时，凸锥插进对方相应的凹锥孔中，此时凸锥的内侧 面在前进中推压对方的钩舌使其转动，这时解钩风缸的弹簧受压缩，钩舌旋转，当两钩连接面接触后，凸锥的内侧面已不再压迫对方的钩舌，由于弹簧的作用，使钩舌向相反方向旋转恢复到原来的状态，此时处于闭锁位置，完成了两车连挂。

车钩连挂前的准备状态如图 4.10 所示，此时，解钩杆、钩舌和弹簧均处于自然状态。

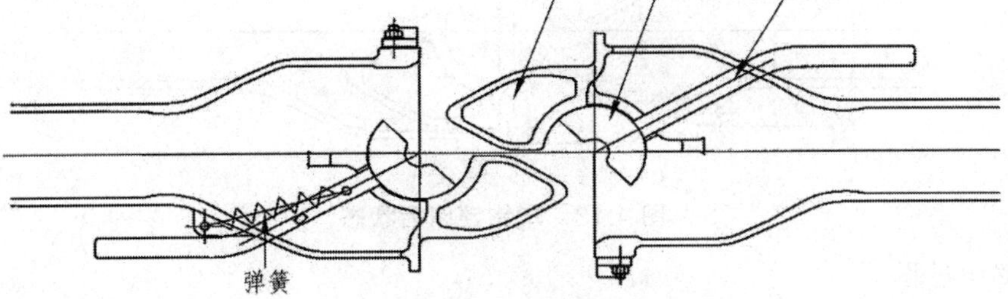

图 4.10　连挂准备

当需要连挂时，对应的两车辆相互靠近，或其中的某一车辆向另一车辆移动靠近，在车钩的钩头斜端面与另一车钩的钩舌接触的同时，推压钩舌使其逆时针方向转动，此时车钩的状态如图 4.11 所示。

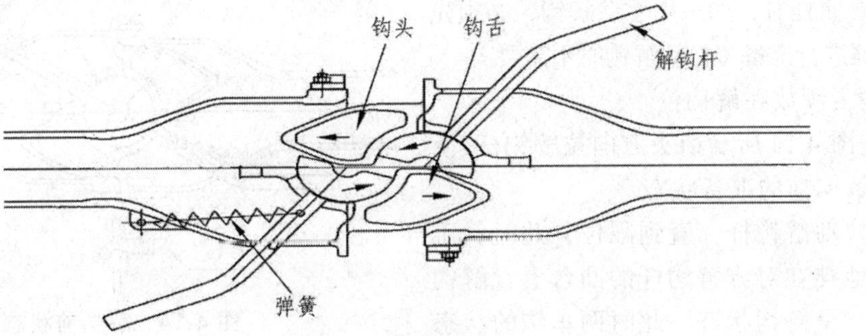

图 4.11　连挂中状态

车辆进一步移动，直至钩头完全进入钩舌腔内，此时两车钩的相对运动停止，车钩的状态如图 4.12 所示。

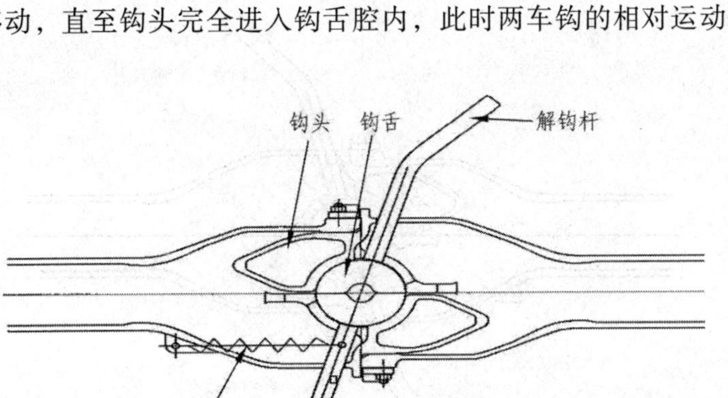

图 4.12　连挂后状态

钩头完全进入钩舌腔内的同时，弹簧拉动解钩杆并带动钩舌顺时针转动，待转动停止后，球形钩舌和钩舌腔相互嵌套，完成连挂。此时两车钩的状态如图 4.13 所示。并具有如下特点：

① 车钩连挂密接后，解钩杆在复位弹簧拉力作用下自动回到连挂位置。

② 半圆形钩舌与钩舌腔相互嵌套，两车钩完全密接。

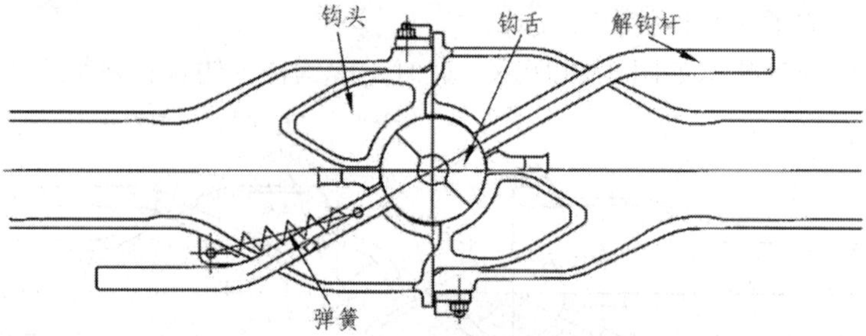

图 4.13 车钩锁闭后状态

（2）解钩过程。

解钩时，由司机操纵解钩阀，压缩空气由总风管进入本车的解钩风缸，同时经解钩风管连接器将压缩空气送入相连挂的另一辆车的解钩风缸，活塞杆向前推并带动解钩杆，使钩舌转动至开锁位置，此时两钩即可解开。当采用手动解钩时，只要用人力推动解钩杆，使钩舌转动至开锁位置，即可实现两钩的分解。

当需要摘挂时，如采用手动解钩，必须先按如下步骤进行准备（自动解钩时不需要）：

① 钩舌锁放在解钩位。

② 按图 4.14 所示箭头方向拉解钩杆，使车钩处于解钩前的准备状态。

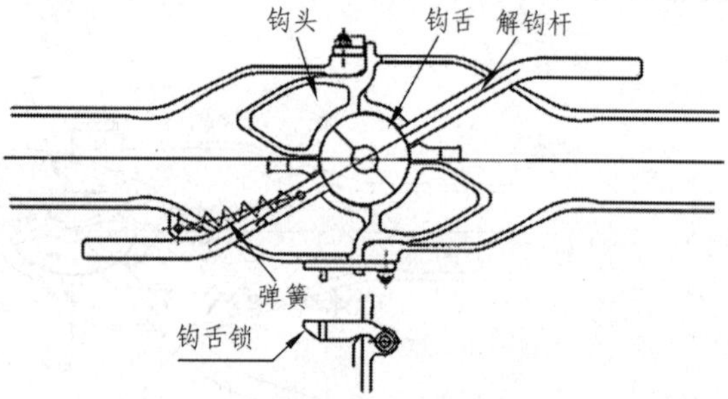

图 4.14 解钩前状态

继续拉动解钩杆，直到限位，此时钩舌锁会自然地挂在对方解钩杆的凸台上，解钩杆被固定，呈解钩状态。此时两车钩的状态如图 4.15 所示。

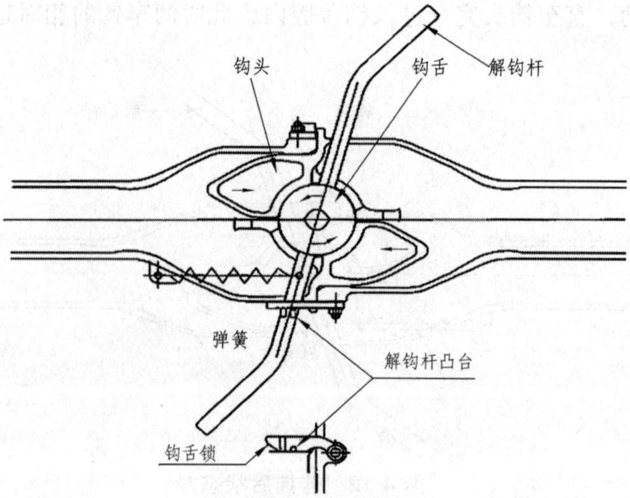

图 4.15 解钩状态

进一步按如下步骤进行操作：

① 让车辆后退，逐步释放车钩。

② 通过车辆的后退，钩舌锁从对方的解钩杆上自然分离。

③ 车辆不断地后退直到车钩完全脱开。

解钩过程中两车钩的状态如图 4.16 所示。

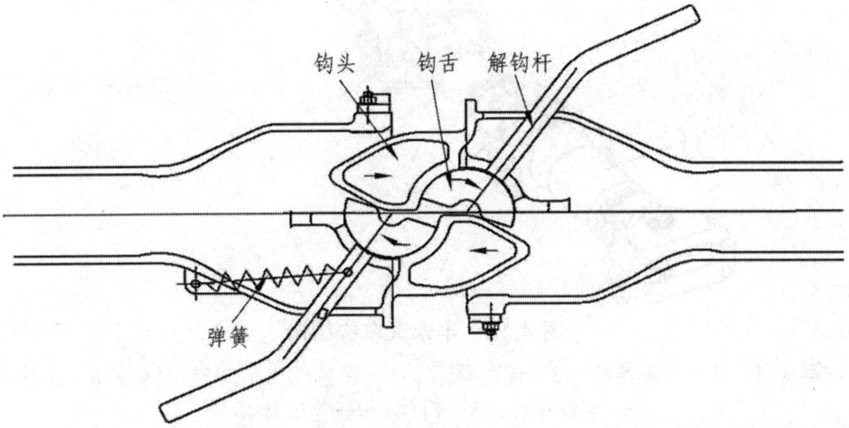

图 4.16　解钩过程

在车钩分离的过程中，拉力弹簧、解钩杆和钩舌会做如下运动。

① 解钩开始后，通过拉力弹簧的动作，拉动解钩杆自然向连挂准备位置运动。

② 解钩杆的运动同时带动了钩舌向顺时针方向回转，直至回到其自然连挂准备位置，解钩过程完成。

最后，两车钩完全分离。解钩后两车钩的状态如图 4.17 所示。

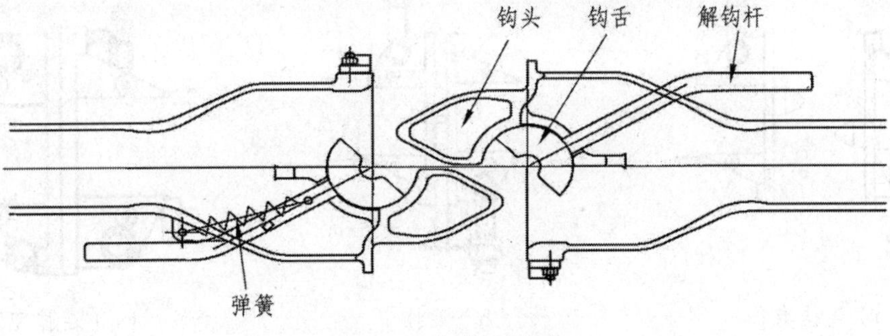

图 4.17　解钩后状态

2. **半永久车钩**

相比于自动车钩，半永久车钩连接时需要人工使用工具对其锁定装置进行操作才能完成连接及分解，没有电气、压缩空气自动连接功能。

半永久车钩是用于动车组组内车辆间的连挂，除车辆维修及钩体维修外，正常使用时基本没有分解与连挂的作业。半永久车钩的连挂与分解均需要人工辅助操作。半永久车钩组成如图 4.18 所示。

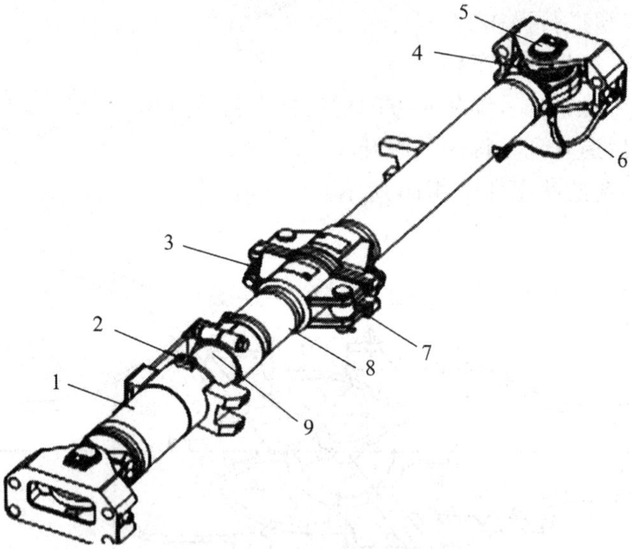

图 4.18　半永久车钩结构

1—缓冲器壳体；2—锁固螺栓；3—连接螺母；4—回转机构；5—钩尾销；6—接地电缆；
7—连接螺栓；8—钩体；9—气液缓冲器

半永久车钩在钩头两侧设有一对螺栓式套筒紧固件，该紧固件一端用销轴固定在车钩连接面上，可绕该固定面旋转，紧固件另一端装有螺栓。连挂时，将紧固螺母旋松至最大位置并将其旋至不妨碍钩头连挂的位置，车辆推进至两钩头连接面的距离小于 15 mm 时，再将螺栓旋至扣死位置并用扳手紧固。分解时则按照连挂程序的相反次序进行。连挂过程如图 4.19 所示。

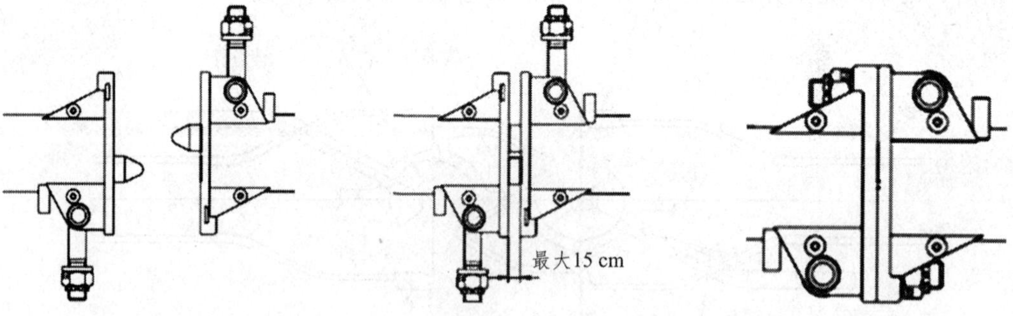

（a）连挂准备　　（b）连挂中　　（c）连挂完成

图 4.19　半永久车钩连挂

4.2.3　过渡车钩

如果动车组在运行过程中发生故障失去动力，需回检修库检修时，需要使用机车或其他动车组救援。由于机车和不同车型动车组的车钩差异较大，在救援和回送时需通过过渡车钩模块两两组合实现不同型式的动车组之间或机客车与动车组之间的连挂救援。过渡车钩的外形如图 4.20 所示。

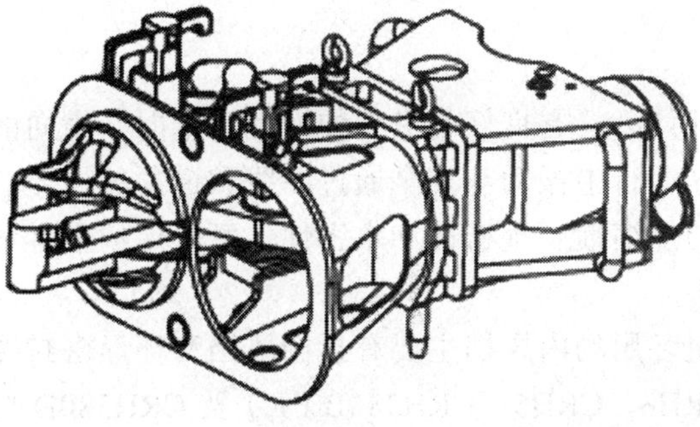

（a）沙库车钩模块与柴田车钩模块连挂用

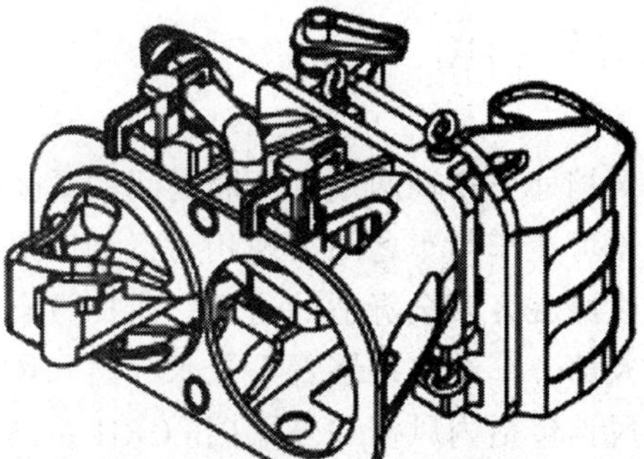

（b）沙库车钩模块与机车 15 号车钩模块连挂用

图 4.20　过渡车钩

4.2.4　缓冲器

缓冲器位于车钩缓冲装置的中部。缓冲器主要用来缓和列车在运行中由于起动、制动以及调车作业时车辆相互碰撞而引起的纵向冲击和振动，吸收冲击动能，耗散车辆之间冲击和振动。从而减轻对车体结构的破坏作用，提高列车运行的平稳性，提高车辆乘坐舒适度，保证安全的运营。

缓冲器一般是借助于压缩弹性元件来缓和冲击作用力，同时在弹性元件变形过程中利用摩擦和阻尼吸收冲击能量。目前在高速动车组上广泛使用的是橡胶缓冲器、液压缓冲器、气-液缓冲器及装弹性胶泥缓冲器等。

以某动车组为例，其缓冲系统组成如图 4.21 所示。该车采用复式橡胶缓冲器，主要由横销、纵销、接头托、缓冲器框体和橡胶缓冲器组成。

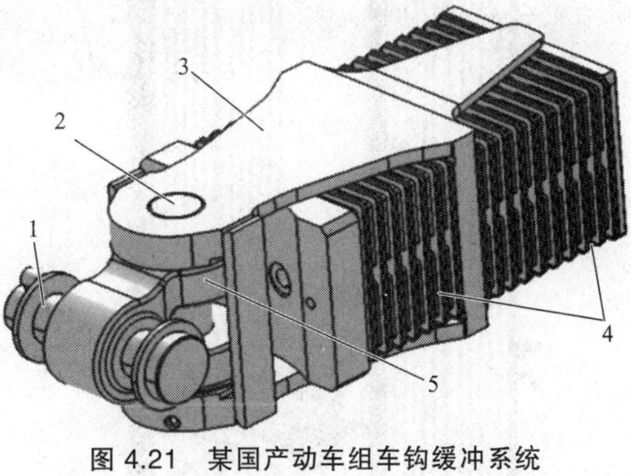

图 4.21　某国产动车组车钩缓冲系统

1—横销；2—纵销；3—缓冲器框体；4—橡胶缓冲器；5—接头托

这种缓冲装置的特点在于橡胶缓冲器位于钩尾框中央立壁两侧，以一定的初压力（约 50 kN）压缩，两组缓冲器在初压力作用下相互平衡。缓冲器安装在从板座内，当缓冲器受到拉伸力和压缩力时，立板分别压缩两侧的橡胶元件实现能量吸收，另一侧的缓冲器在初始压缩力的作用下，充满由于立板移动而产生的空间。避免了从板和从板座间因出现间隙而发生冲击，提高了车辆的乘坐舒适性。

4.3 风　挡

风挡处于车辆两端是车厢之间的柔性连接部件，具有良好的纵向伸缩性和垂向、横向的柔性，可在车与车之间实现相对运动以适应车辆运行中振动与安全通过曲线和道岔的需要，并提供给旅客安全舒适的通道。风挡具有良好的伸缩性、气密性和水密性，可以保护乘客和内装及部分车端连接装置不受水、雪和风的损害。

风挡包括内风挡和外风挡。CRH 系列动车组装用的内风挡主要有折棚风挡和环形密封橡胶风挡两种形式。折棚风挡主要用于 CRH1、CRH3、CRH5、CRH380B（L）及 CRH380D 型动车组上，主要优点是外观美观及密封性能好，缺点是车端阻尼小。环形密封橡胶风挡主要用在 CRH2、CRH380A（L）型动车组上，其优点是气密性好、内部美观，有一定的纵横向阻尼，缺点是隔热效果差。

4.3.1 折棚风挡

折棚式风挡主要由双层式折棚、渡板、踏板以及左右磨耗板几个部分组成结构如图 4.22 所示。

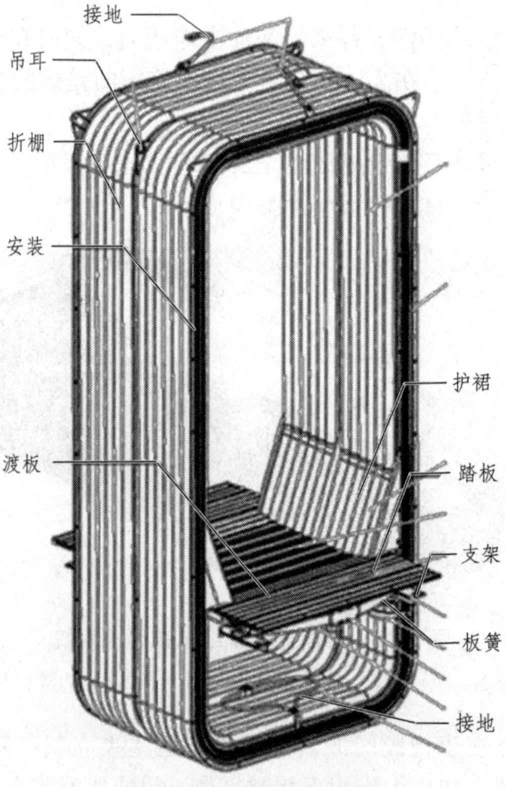

图 4.22　折棚风挡结构

折棚由内外两层折棚、连接框和地板覆盖（下裙边）组成。渡板装置主要由渡板和滑动托架组成。

内外折棚由棚布和轻合金框架构成。框架保证了弹性棚布构成的折棚具有波形形状。两层折棚与连接框连成一体。

裙边与内外折棚类似，是内部用铝型材构架外部用弹性棚布的结构。下部遮挡与内折棚、连接框连成一体。

连接框是由铝型材焊接而成，表面喷涂。连接框包含了风挡连接到车体上的锁紧装置。每个锁紧装置包含了锁杆，锁杆上的锁钩能够锁到车端的锁孔里。连接框含有一套对中装置（定位座）。当风挡连接时，首先要将连接框上的定位杆沿着车端面移动。连接框上的定位座和车体上的定位孔保证了风挡的准确安装。

4.3.2 环形密封橡胶风挡

环形密封橡胶风挡是由橡胶材料经模具硫化等工艺形成 U 形断面，辅以铝合金等型材制成的风挡。主要由安装框、活动渡板、胶囊、中间框架渡板、锁机构、内部装饰板等组成，如图 4.23 所示。

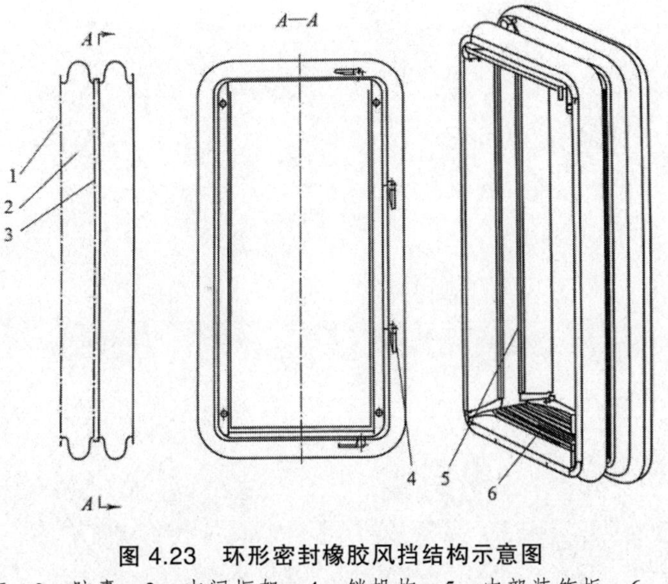

图 4.23　环形密封橡胶风挡结构示意图

1—安装框；2—胶囊；3—中间框架；4—锁机构；5—内部装饰板；6—活动渡板

胶囊内部安装有不同的功能橡胶型材部件来满足风挡的使用变形要求，胶囊一端与安装框压缘处连接，另一端与中间框架压缘处连接，通过安装框将风挡固定在车体端墙的装座上。中间框架的一侧设有暗销，另一侧设有暗孔，两车连挂时，保证中间框架对中，中间框两侧还设锁紧机构。在风挡内部的通道上，设有扶手和活动渡板。

复习思考题

1. 动车组车端连接装置由哪些部分组成？

2. 动车组车端连接装置的作用是什么?
3. 说明沙库车钩三态作用原理。
4. 过渡车钩有什么作用?
5. 说明半自动车钩的连挂解编过程。
6. 缓冲器的作用是什么?
7. 风挡的作用是什么?

第 5 章 动车组制动系统

5.1 动车组制动系统的基本组成

5.1.1 动车组制动系统的基本组成

由于动车组运行速度高，给列车的制动能力、运行平稳性等方面带来了一系列问题。因此，动车组必须装备高效率和高安全性的制动系统，为列车正常运行提供调速和停车的保证，并且在意外故障或其他必要情况下，还要有尽可能短的制动距离。此外，高速运行的动车组对制动系统的可靠性和制动时的舒适度也提出了更高的要求。

动车组制动系统的性能和组成与普通的旅客列车有很大区别，它是一个能提供强大制动力并能更好利用黏着的复合制动系统，包含多个子系统，主要由电制动系统、空气制动系统、防滑装置和制动控制系统等组成，如图 5.1 所示。制动时采用电制动与空气制动联合作用的方式，且以电制动为主。

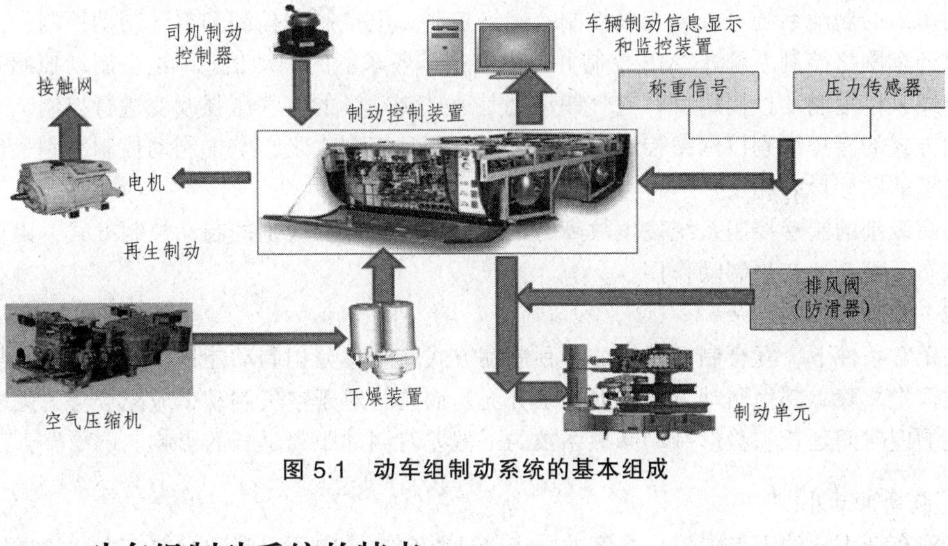

图 5.1 动车组制动系统的基本组成

5.1.2 动车组制动系统的特点

制动技术是动车组发展必须掌握的关键技术之一，动车组的制动系统具有如下 4 个方面的特点。

1. 制动能力强、响应速度快

动车组的制动作用包括调速制动和停车制动，其制动能力首先表现为停车制动作用时制动距离的控制。根据列车制动系统的结构特点和司机操纵作用（自动或人工控制），停车有不同的方式，在同样的制动装置、操纵方式和线路条件下，其制动距离基本上与列车制动初速度的平方成正比。所以，随着列车速度的提高，必须改进其制动装置和制动控制方式，使其制动能力强，反应速度快，才能满足缩短制动距离的要求，具体表现在以下两个方面：

（1）采用电、空联合制动模式，电制动优先，而且普遍装有防滑器。电制动与空气制动结合可保证列车从低速到高速的整个速度范围内都有充足的制动力，而防滑器的安装可使轮轨间的黏着力得到充分运用，进而有效地缩短制动距离。电制动由于操纵控制方便，且可大大减少空气制动系统零部件的磨耗，因而得以优先使用。

（2）操纵控制采用电控、直通或计算机控制电气指令式等灵敏而迅速的系统。这些装置使制动系统的反应更为迅速，进一步缩短了制动距离。

2. 制动力分配的准确性和一致性高

动车组的制动作用采用微型计算机控制，可为确保列车正点运行精确提供所需的制动力。动车组制动系统对制动力的计算精确，电制动和空气制动的分配合理，使不同的制动方式达到最佳的组合效果。同时，制动指令传递的同步性高，各车制动的一致性好。

3. 故障导向安全

制动系统作用的可靠性是列车行车安全的基本保证，特别是高速运行时，制动系统失灵的后果不堪设想。为此，动车组制动系统的可靠性主要涉及下列两个方面：

（1）多级制动控制方式。

动车组的制动系统可分成三级控制：网络控制、电空制动控制和空气制动控制。网络控制是以列车网络控制系统 TCMS 控制并传输全列车各车辆的制动信息；电空制动控制是以电气指令线来传输制动控制指令；空气制动则是通过制动管的空气压强改变进行控制。上述三种控制方式的指挥级别以网络控制为最高，电空制动控制次之，空气制动控制级别最低；而安全级别的顺序恰好相反。

当高级别的制动控制系统发生故障时，能自动转为低一级别的制动控制方式，以保证在不良状态下可靠地产生制动作用。

（2）制动能力的冗余。

在正常条件下，复合制动系统的各种制动方式应合理分担制动能量，一旦其中的某种制动方式发生故障，其他制动方式应能提供补充。而且，对于空气制动，应充分考虑失电情况下系统响应时间延长和盘形制动摩擦系数的下偏差对制动距离延长的影响。

4. 制动冲动小

从列车动力学的观点出发，旅客的乘坐舒适性包括横向、垂向和纵向三方面的指标，动车组制动作用的时间和减速度远大于普通的旅客列车。因此，动车组的制动系统采用微型计算机控制，实现制动过程的优化，在提高平均减速度的同时，限制制动减速度的变化率，减少动车组的纵向冲动，提高乘坐舒适性。

同时，动车组的制动采用电控，指令传输的同步性高，各车制动的一致性好，大大减少了动车组的纵向冲动。

5.1.3　动车组制动作用的种类

1. 常用制动

常用制动是正常情况下为调节、控制列车速度或进站停车所施行的制动。其特点是作用比较缓和，且制动力可以调节，通常只用到列车制动能力的 20% ~ 80%，多数情况下只用到 50%左右。

2. 非常制动

非常制动是紧急情况下为使列车尽快停住而施行的制动。其特点是把列车制动能力全部用上，且作用迅猛。

3. 紧急制动

紧急制动也是在紧急情况下采取的制动方式，特点与非常制动类似。它与非常制动的区别在于非常制动一般为电、空联合制动，也可以是空气制动；而紧急制动则只有空气制动作用。

4. 辅助制动

1）备用制动

当运营中的动车组制动控制装置或常用制动电路发生故障,无法实施正常的制动控制时,可启用备用制动设备进行制动。备用制动设备有两种控制方式：一种是利用备用制动指令线传递备用制动控制装置发出的电气制动指令，直接控制各车的电空转换阀产生制动作用；另一种则是启用动车组内备用的自动空气制动设备进行制动，即通过制动管的增减压来控制全列车的制动和缓解。

2）救援/回送制动

救援/回送制动是通过救援机车的制动管来控制动车组的制动作用。当救援机车制动管的增减压信号传递至动车组时，又可采取两种控制方式：一种是将机车制动管与动车组制动管直接相连，由救援机车直接控制动车组制动管内的压强；另一种则是在救援机车和动车组之间加装一个空电转换装置，由它将机车制动管内的空气压力信号转换为电气指令信号来控制动车组的电空转换阀，实现各车的制动和缓解。

3）停放制动

停放制动是为使动车组能够存放在一定坡度的坡道上不溜车而施行的制动作用。停放制动可利用专门的弹簧停放装置使机械制动装置动作，也可将铁靴放入车轮踏面下面阻止列车运动。停放制动有时也被称作驻车制动。

4）停车制动（保持制动）

停车制动是常用制动的一项辅助功能，当列车速度降低至 5 km/h 以下时自动减小列车的制动力以平稳停车。待列车停稳后，再将制动力升高并保持在一定的水平，以避免列车在坡度不超过 30‰的坡道上溜车。停车制动也被称为保持制动。

5）耐雪制动

耐雪制动是为了防止摩擦副之间进入冰雪导致制动作用难以迅速产生而采取的一种制动作用。它的作用形式是在列车牵引或惰行过程中，司机通过耐雪制动指令线让各车摩擦制动的摩擦副以较小的压力贴合。

5.2　动车组电制动系统

因为动车组的速度快，所以在制动时需要足够大的制动功率。空气制动的制动能力受到以下因素的影响：① 制动材料的摩擦性能对黏着利用的局限性；② 制动热容量和机械制动部件磨耗寿命的限制。所以只使用空气制动是不能满足其制动需要，还需要增加其他制动方式。

电气制动是利用电机的可逆性原理：在牵引工况时，牵引电机作电动机运行，将电网的电能转变为机械能，轴上输出牵引转矩以驱动列车运行；在电气制动时，列车的惯性力带动牵引电动机，此时牵引电机将作发电机运行，将列车动能转变为电能，输出制动电流的同时，在牵引电机轴上产生反转矩并作用于轮对，形成制动力使列车减速或在下坡道上以一定速度运行。

应用在动车组上的电制动有电阻制动和再生制动两种，它们都是让列车的动轮带动动力传动装置（牵引电动机），使其产生逆作用，将列车的动能转变为电能，再变成热能消耗掉或反馈回电网的制动方式。

电阻制动和再生制动习惯上也称为动力制动。

5.2.1　电阻制动

电阻制动电路的特点是主回路中有一个制动电阻。

1. 系统构成

电阻制动的系统构成如图 5.2 和图 5.3 所示。

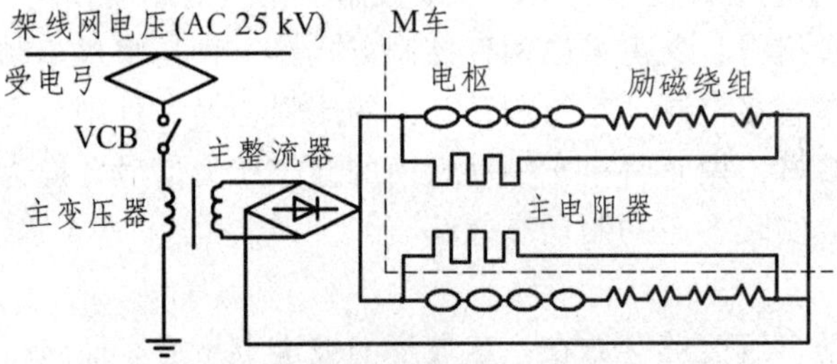

图 5.2　主电动机回路

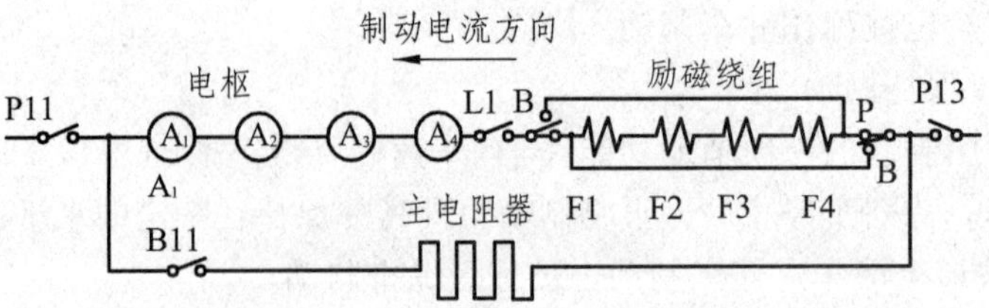

图 5.3　电阻制动主回路

2. 工作原理

司机室或 ATC 装置发出制动指令后，制动控制装置首先对列车运行速度进行判断。当速度大于一定值时，制动主回路构成（PB 转换器由牵引位置转为制动位置），然后制动接触器动作（B11 闭合、P11 打开、P13 打开），随后依次是励磁削弱接触器打开、预励磁接触器投入，最后，断路器投入（L1 闭合）。此时，由电枢绕组、励磁绕组和主电阻器构成电阻制动主回路，并使电流向增加原牵引剩磁的方向流动，再由主电阻器最终将电枢转动发出的电能变为热能耗散掉。

5.2.2 再生制动

1. 系统构成

再生制动系统的组成与牵引传动系统一致，包括受电弓、主变压器、变流器、逆变器和电动机等。再生制动的主回路如图 5.4 所示（新干线 700 系动车组，3 辆车为一个单元）。图中主变换器（C/I）包含主整流器和逆变器，整流器是将交流电变为直流电，逆变器则相反。

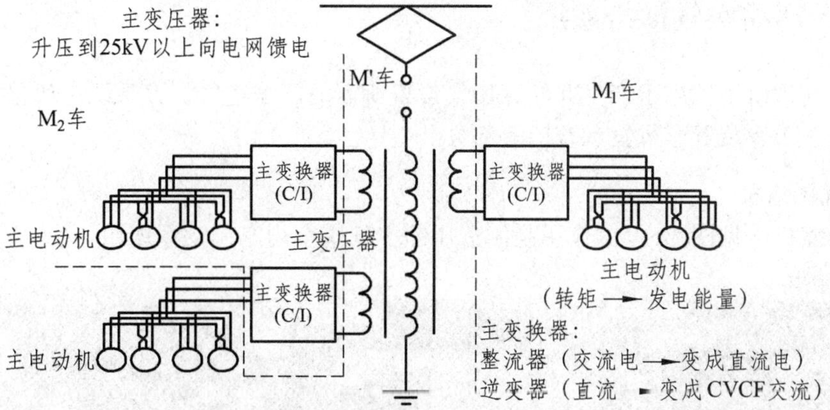

图 5.4 再生制动系统的构成

2. 工作原理

再生制动的过程与牵引运行正好相反，原来的整流器和逆变器也发挥其逆作用，分别执行逆变器和整流器的功能：整流器将电机产生的三相交流电变换为直流电，再由逆变器将直流电变为与电网频率相同的单相交流电，最后由主变压器将交流电升压后反馈回电网，供处于牵引运行状态的其他动车组利用。

5.2.3 电制动的特点

优点：电制动具有摩擦部件少（仅有轴承）、维修工作量少、可反复使用等优点，担负着动车组制动减速时大部分能量的转移。

缺点：由于增加了控制装置和制动电阻等设备，使重量增加。而且，如条件不具备就不能产生制动作用。

为提高可靠性，高速动车组的制动控制系统具有在电制动系统不能正常工作时，自动切换为摩擦制动的功能。

采用电制动时应满足的基本要求：

（1）具有电气稳定性，并保证必要的机械稳定性。

（2）具有广泛的调节范围，冲击力小。

（3）机车由牵引状态转换为电制动状态应线路简单，操纵方便，具有良好的制动性能，负载分配力求均匀。

5.3 动车组空气制动系统

虽然电制动可以提供强大的制动力，但空气制动目前对于高速动车组来说仍然不可缺少.

国产 CRH 系列动车组的空气制动系统采用电气指令的直通式电空制动装置，本书将该装置分为压缩空气供给系统、空气制动控制部分和基础制动装置三部分进行讲述。

5.3.1 压缩空气供给系统

压缩空气供给系统用于产生并储存用气设备所需的压缩空气，该系统一般包括空气压缩机、安全阀、干燥装置、风缸和塞门等部分。

1. 空气压缩机

空气压缩机（见图 5.5）的作用是制造压缩空气供全列车制动系统用。

图 5.5 空气压缩机

空气压缩机按其压缩方式可分为往复式和旋转式两种。

往复式空气压缩机由电动机通过联轴装置直接驱动，电动机轴直接带动曲轴使活塞动作，反复交替地进行吸气行程和压缩行程。在吸气行程，吸气阀打开吸入空气；在压缩行程，压缩空气克服排气阀弹簧的反力后排出。一般经 2 级压缩即可得到所需压强的压缩空气。

旋转式空气压缩机也采用电动机与压缩机直联的方式。旋转式空气压缩机又分为涡旋式和螺杆式两种。涡旋式空气压缩机由固定涡旋盘和运动涡旋盘组成，当运动涡旋盘转动时，固定涡旋盘和运动涡旋盘之间被分成月牙形的空间，因为越向中心空间越小，所以从外部吸入的空气随着转动而被压缩，然后克服安装在中心的排气阀弹簧的反力排出。因旋转式压缩机能连续排出压缩空气，所以压缩机的振动、噪声和输出压缩空气的脉动都较小。此外，由于固定涡旋盘和运动涡旋盘是非接触的，维修量也较少。

动车组中一般设有多个空气压缩机，由同步指令线来控制各压缩机的同步工作，以使负荷均匀。

2. 干燥装置

干燥装置是为了防止管路、风缸及用气设备等被湿空气腐蚀以及因冬季排水阀冻结而发生设备故障设置在空气压缩机输出管路上的装置。以前除湿使用的是吸附材料（铝硅酸盐），现在已开始采用体积小、质量小，且不需要电源的高效高分子中空丝膜式除湿装置，如图 5.6 所示。有的干燥装置在吸收压缩空气中的水分的同时，还可以吸附灰尘和油等。

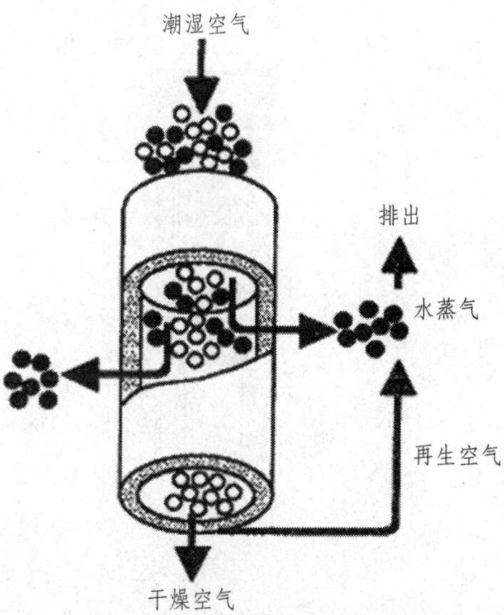

图 5.6　中空丝膜式除湿装置

3. 风　缸

为储存压缩空气，在动车组上设置了不同用途的风缸（见图 5.7）。将空气压缩机输出的压缩空气储存在总风缸中，然后经总风管送到本车的制动风缸、控制风缸，以及全列其他各车的总风缸。制动风缸是制动专用的存储压缩空气的风缸，控制风缸是为空气弹簧等制动以外的系统供应压缩空气的风缸。

图 5.7　风缸

4. **安全阀**

当工作压力处于正常水平时，安全阀阀座关闭。当超过安全阀设定值时，阀杆顶起压紧弹簧，额外的压缩空气通过打开的排气口释放（见图 5.8）。当压强降低到设定值时，阀座再次关闭。旋转调节螺母可以改变安全阀的设定值。打开封口螺母，可以检查零件的工作状态。

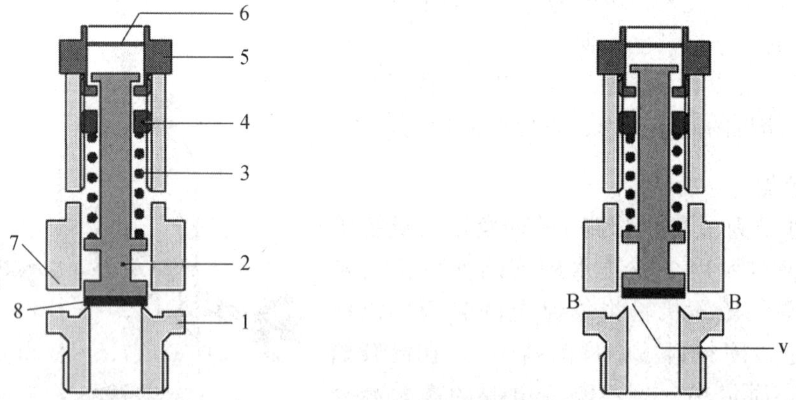

（a）关闭　　　　（b）开放

图 5.8　安全阀

1—阀体；2—阀杆；3—压紧弹簧；4—调节螺母；5—封口螺母；
6—铅封；7—排气口；8—阀座

5. **塞　门**

塞门是为了在需要的时候将压缩空气的气路截断或打开，而串接在风缸和空气制动控制装置等设备前后的部件（见图 5.9）。

图 5.9　管路与塞门

6. **管　路**

管路是将压缩机输出的压缩空气送给风缸、制动控制阀等各种用气设备（见图 5.9）。各设备根据空气流量的大小，可采用 3/4 英寸或 3/8 英寸的管路来输送压缩空气。动车组双管供风形式如图 5.10 所示。

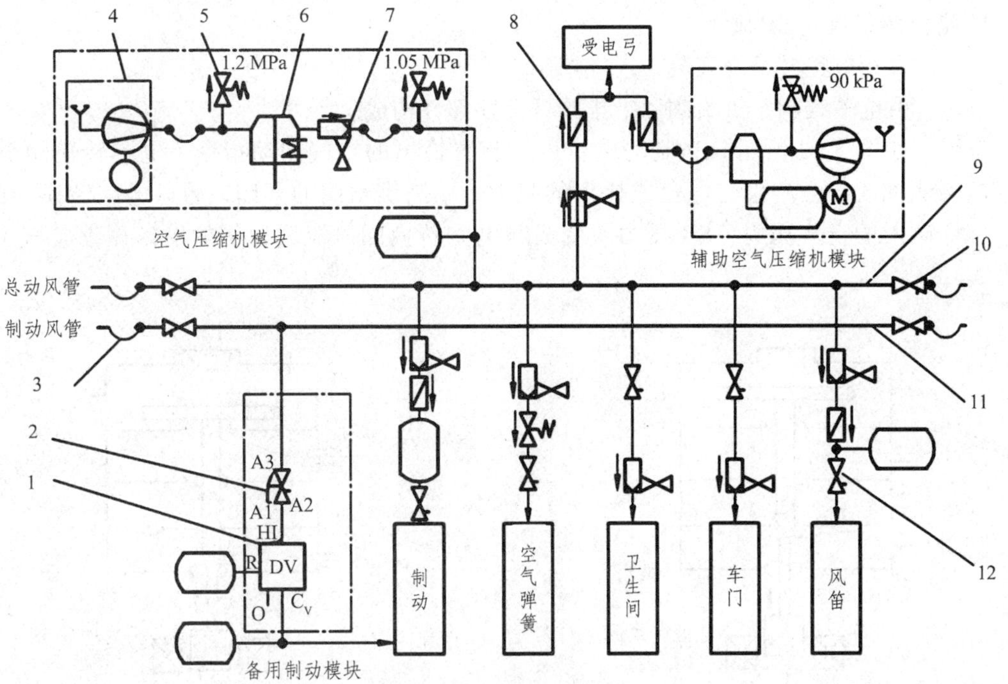

图 5.10　双管供风形式

1—分配阀；2—带微型开关的截止旋塞；3—制动软管；4—主压缩机；5—安全阀；6—干燥器；7—空气滤清器；8—止回阀；9—总风管；10—截止旋塞；11—制动管；12—截断塞门

5.3.2　空气制动控制部分

空气制动控制部分是指根据制动控制装置 BCU 的指令，产生空气制动原动力并对其进行操纵和控制的部分，它包含各种控制阀、塞门和制动缸等部件。动车组中的控制阀（如电空转换阀和中继阀）、塞门等采用单元化方式，集中安装在铝合金安装板的前面，总称为空气制动控制装置，以减轻质量和减少维护、检修工作量（见图 5.11）。另外，为了检查的方便，在空气制动控制装置上还设置了测试口。

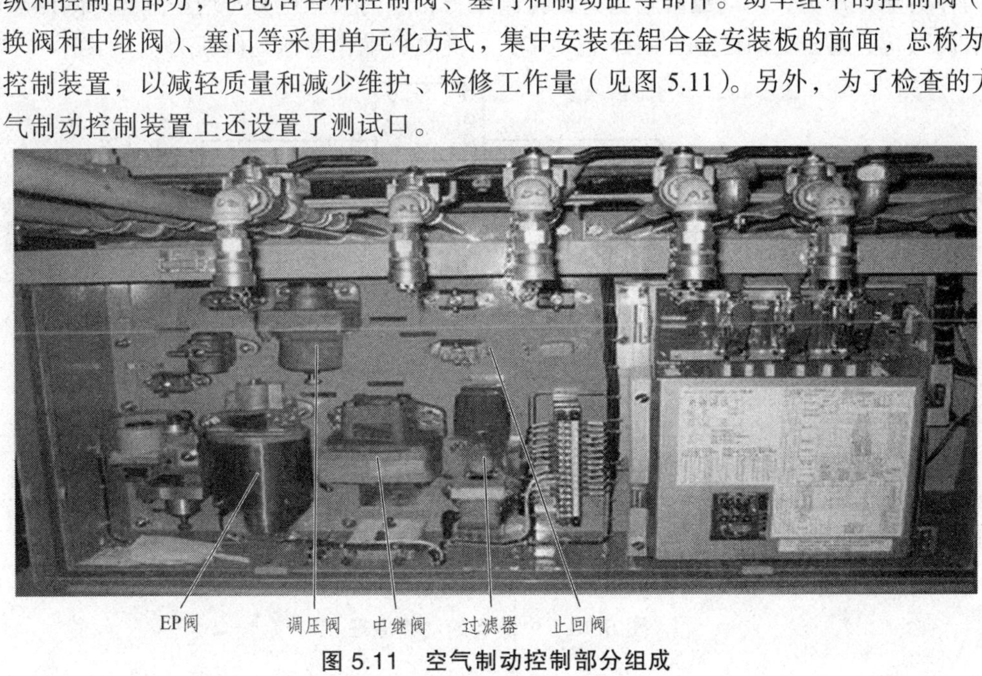

图 5.11　空气制动控制部分组成

1. **电空转换阀（EP 阀）**

安装位置：电空转换阀安装在空气控制装置内。

组成：由电磁线圈、供给阀和给排阀杆等零部件构成。

作用：如图 5.12 所示，当制动电子控制装置输出的空气制动指令（电空转换阀电流）通过电磁线圈时，会产生与电流成比例的吸力，控制供给阀的开闭。通过电空转换阀的控制，可将输入的空气压力（SR 压力）变成与电空转换阀电流成比例的输出压缩空气（AC 压力）。

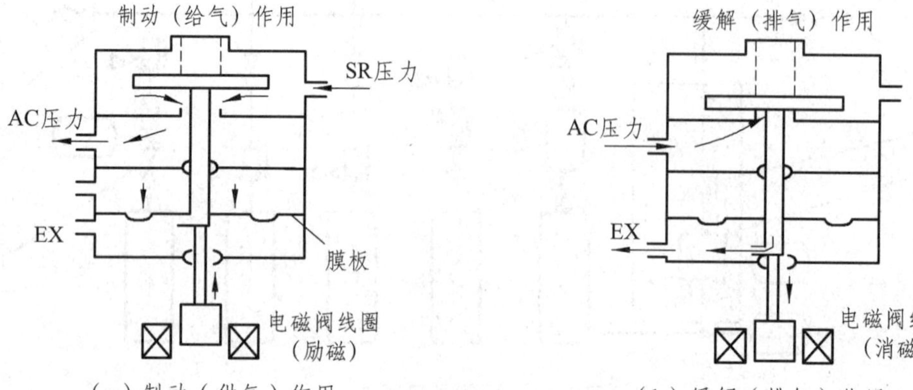

（a）制动（供气）作用　　（b）缓解（排气）作用

图 5.12　电空转换阀的动作原理

2. **中继阀**

安装位置：中继阀也设在制动控制装置内。

组成：由给排阀杆、供给阀、复位弹簧等构成。

作用：如图 5.13 所示，中继阀将电空转换阀输出的 AC 压力或紧急电磁阀输出的紧急制动压力作为输入压力，向增压缸输出与此控制压力相应的空气压力（增压缸为 CRH2 型动车组特有的结构，对于 CRH1 和 CRH5 型动车组，此处的输出为制动缸压力）。

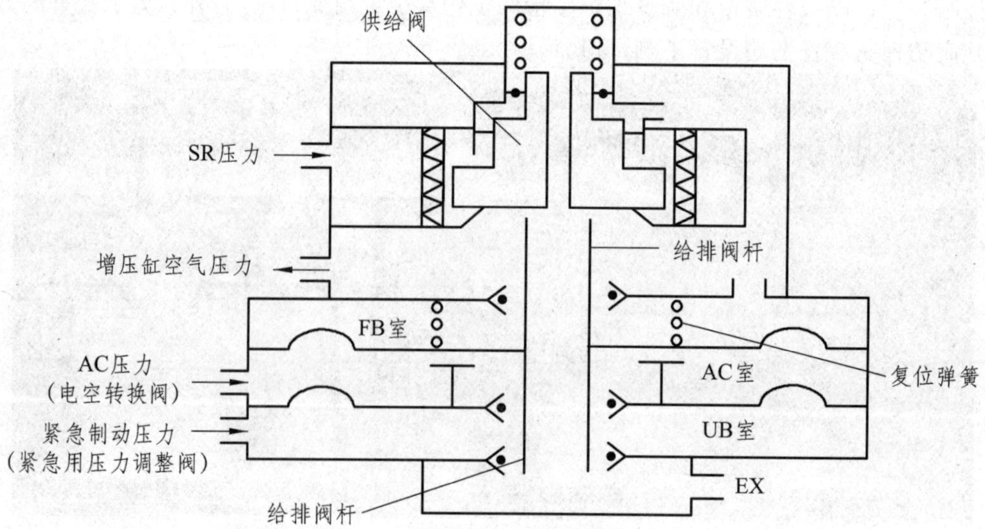

图 5.13　中继阀的动作原理

常用制动或非常制动时，来自电空转换阀的压缩空气进入 AC 室；紧急制动时，从紧急用压力调整阀送来的紧急制动压缩空气进入 UB 室。压缩空气输入后，使供排气阀杆上移，关闭输入口顶开供气阀。然后，SR 压缩空气通过打开的供气阀口输至增压缸。

另外，增压缸压缩空气还流入 FB 室产生反馈作用。当增压缸空气压强上升到与 AC 压强或紧急制动压强相同时，供气阀下移关闭阀口，SR 压缩空气停止向增压缸的流动（保压状态），不论 AC 压强或紧急制动压强多大，这时的增压缸空气压强均与之相同。反之，制动缓解时，AC 压强或紧急制动压强降低，导致供排气阀杆下移离开供气阀，增压缸压缩空气从供排气阀杆内部的通路排向大气，呈缓解状态。

3. 压力调整阀

压力调整阀输入风源的压缩空气，输出某种用气设备设定压强的压缩空气。

如在 CRH2 型动车组中：B11 型调压阀输入制动风缸的压缩空气，输出紧急制动用的压缩空气；B10 调压阀输入控制风缸的压缩空气，输出踏面清扫装置用的压缩空气。

4. 电磁阀

通过电磁阀部线圈的励磁、消磁（得电或失电）使可动铁心动作来开闭给排阀。

电磁阀有 ON 型和 OFF 型两种，分别如图 5.14 和图 5.15 所示。ON 型电磁阀在电磁阀励磁时，输入口和输出口之间连通，同时排气口关闭，电磁阀处于供气状态；消磁时输入口关闭同时输出口与排气口相通，电磁阀处于排气状态。OFF 型电磁阀的励磁/消磁状态和供/排气状态的对应关系与 ON 型电磁阀完全相反。

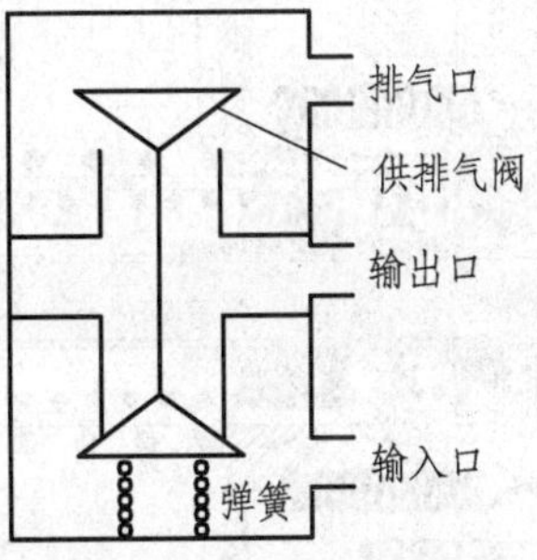

图 5.14 ON 型电磁阀

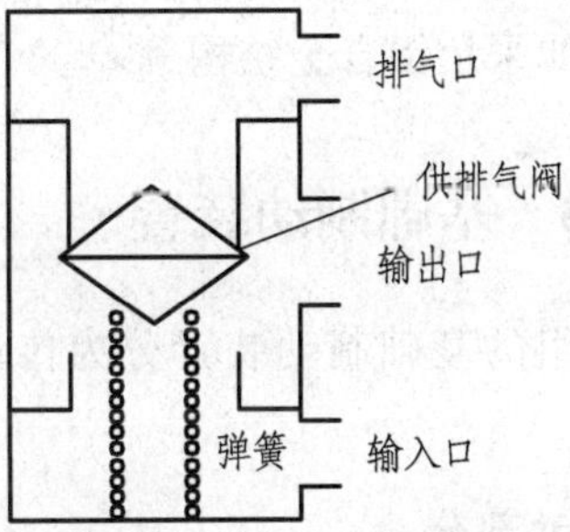

图 5.15 OFF 型电磁阀

在 CRH2 型动车组上，踏面清扫装置用的电磁阀是 ON 型电磁阀，它励磁后向踏面清扫装置输送压缩空气，使增黏研磨块产生作用。紧急制动用的电磁阀是 OFF 型电磁阀，励磁时关闭输入口，消磁时打开输入口使中继阀得到紧急制动压强。

5. 增压缸

增压缸是 CRH2 型动车组特有的结构，用于将空气压力转换为一定倍率的较高的液压，从而得到所需的闸片压力。另外，增压缸上还装有防滑阀。

如图 5.16 所示，增压缸的活塞具有一大一小两个活塞面，分别位于活塞杆的两端。大活塞面上作用的是气压，小活塞面上作用的是油压。增压缸可将来自中继阀的空气压强转换为一定倍率的油压输出到夹钳装置中。由于油的压强比气压高得多，因而油压面的尺寸要比气压面小得多从而使得与其相连的夹钳机构等的尺寸也大大减小，从而实现制动装置的小型化和轻量化。

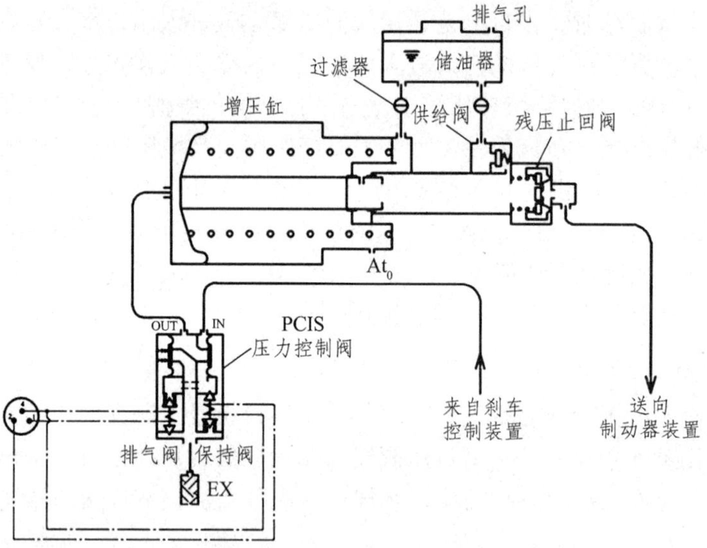

图 5.16　增压缸作用原理

6. 制动缸

制动缸是产生制动原动力的部件，其结构和工作原理如图 5.17 所示。动车组上的制动缸有液压制动缸（CRH2 型动车组）和气压制动缸两种（CRH1、CRH3 和 CRH 型动车组）。动车组的制动缸也采取了一定的措施来实现小型化、轻量化，如采用铝合金结构等。

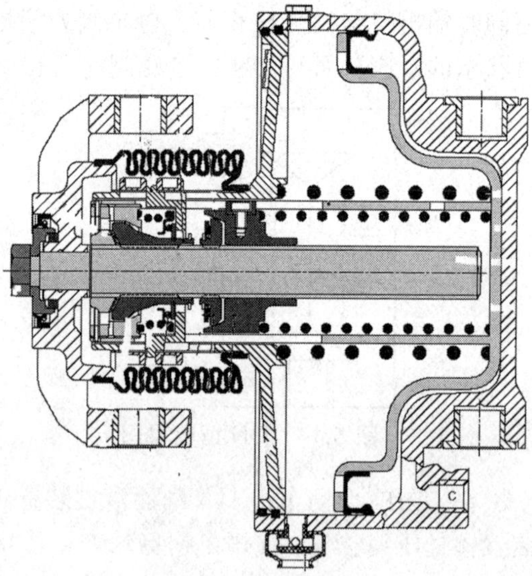

图 5.17　制动缸结构

5.3.3　基础制动装置

动车组的基础制动装置分为传动和摩擦两个部分。

1. 传动部分

动车组的基础制动装置的传动部分有传统的杠杆式（CRH1、CRH3、CRH5 型动车组）和一体式（CRH2 型动车组）两种。

如图 5.18 所示，杠杆式制动夹钳是用一根横杆将两个制动杠杆用销轴连接起来，形成 H 形结构，制动缸和夹钳分别安装在夹钳两端。制动时，通过制动缸及制动杠杆的作用，使安装另一端的闸片夹紧制动盘；缓解时，由于制动缸内的压强降低，在制动缸内缓解弹簧的作用下，闸片离开制动盘。

如图 5.19 所示，一体式制动夹钳由支架和本体组成，由于整个本体为一个零件，故称为“一体式”钳。H 形本体的一端以销轴与支架连接，本体可沿销轴的轴向滑动，另一端安装液压动缸（内藏夹钳）和闸片，本体上还有间隙调整器，以适应闸片的不同磨耗程度。这种钳结构只在本体的一侧设有液压制动缸，夹钳本身可以移动，称为浮动式夹钳。还有一种体式夹钳，在本体两侧均设有制动缸，称为对称式夹钳。

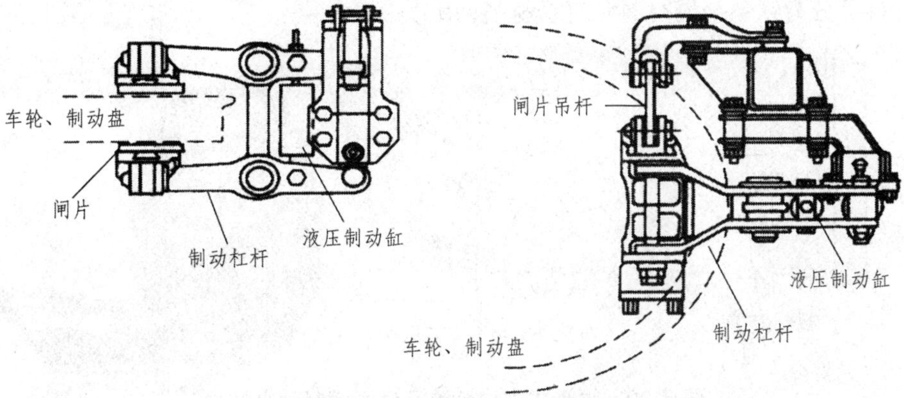

图 5.18 杠杆式基础制动装置

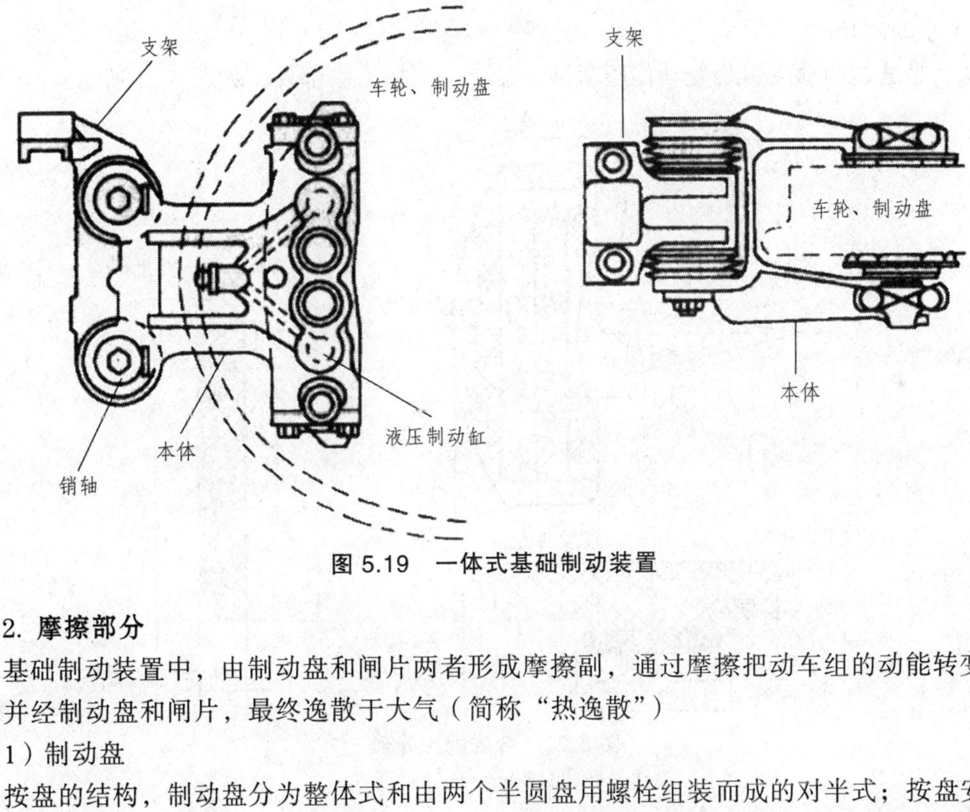

图 5.19 一体式基础制动装置

2. 摩擦部分

基础制动装置中，由制动盘和闸片两者形成摩擦副，通过摩擦把动车组的动能转变为热能，并经制动盘和闸片，最终逸散于大气（简称“热逸散”）

1）制动盘

按盘的结构，制动盘分为整体式和由两个半圆盘用螺栓组装而成的对半式；按盘安装的位置可分为轴盘式和轮盘式，前者装在轴上，后者装在轮的两侧。轴盘式制动装置及对半式制动盘结构如图 5.20 所示。动车组拖轴一般采用轴盘式盘型制动装置。而动轴上要安装驱动装置，没有安装置制动盘的位置，所以，动轴采用轮盘式制动装置。考虑到制动盘要有良好的散热性，在制动盘的中间部分设计有许多散热筋片，这样，当车运行时，通过空气对流达到散热作用。

长期以来，世界各国开发了多种适合于不同运行工况的制动材料。制动盘材料曾使用普通铸铁、普通铸钢、低合金铸铁。此后，由于列车轻量化的需要，又相继研究开发了特殊铸钢、低合金锻钢、铸铁铸钢组合材料、C/C 纤维复合材料和铝合金基复合材料。总体来说，制动盘材料可分为铁系金属材料和复合材料两大类。

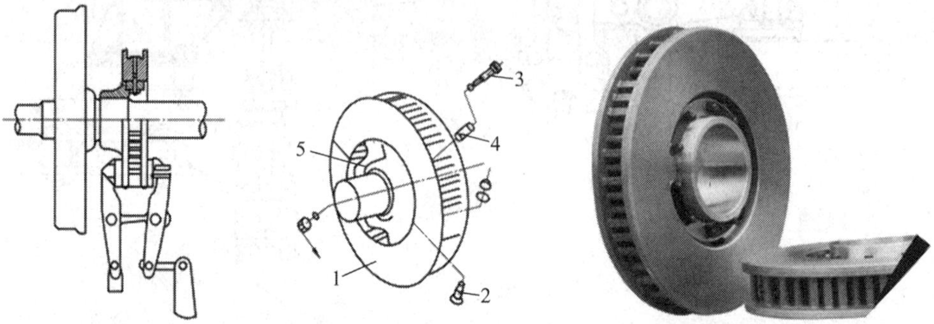

图 5.20　轴盘式制动装置及对半式制动盘结构

1—半圆盘；2，3—螺栓；4—弹性套；5—盘毂

2）制动闸片

闸片是通过制动夹钳装置动作压紧制动盘产生摩擦力的部件，如图 5.21 所示。

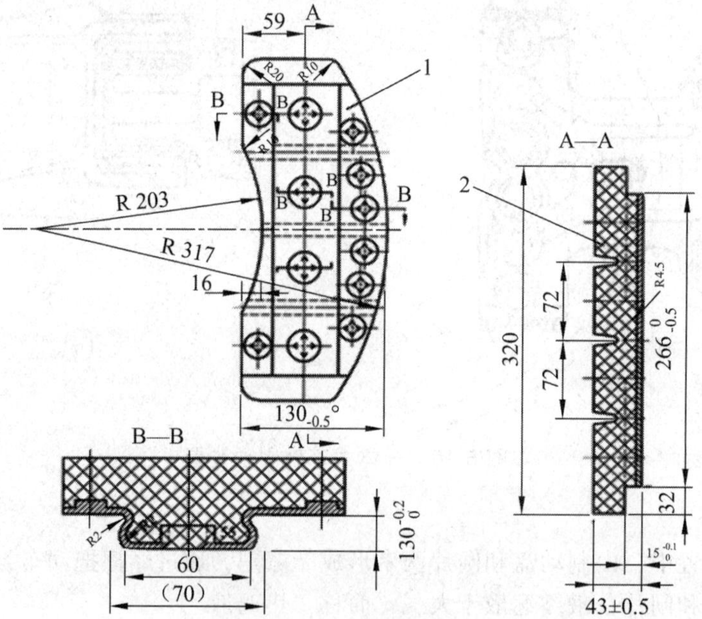

图 5.21　合成闸片外形

1—钢背；2—合成材料闸片

闸片的形状均呈月牙形或扇形，也有对称分成两半的，其好处是容易拆卸，特别适用于闸片与轨面空间很小时。闸片上的散热槽有各种不同的形式，有横向槽、竖向槽和斜槽其作用都是增加摩擦面的贴合性，便于排除磨屑和散热。

5.3.4　空气制动系统工作原理

空气制动系统组成如图 5.22 所示。

（1）压缩空气由电动空气压缩机产生，经单向阀进入本车总风缸，通过贯通全列车的总风管送到其余各车的总风缸，总风缸的压缩空气再经两个单向阀分别送到控制风缸和制动风缸。各车制动风缸中的压缩空气供给中继阀、紧急电磁阀和电空转换阀使用。

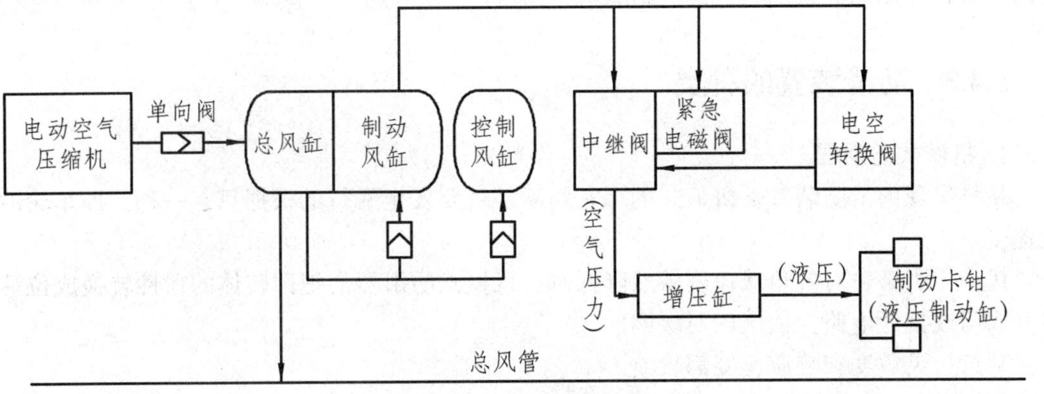

图 5.22 空气制动系统

（2）电空转换阀将送来的压缩空气调整到与制动指令相对应的空气压力，并作为指令压力送给中继阀。中继阀将电空转换阀的输出作为控制压力，输出与其相应的压缩空气到增压缸（当车辆设备发生故障时，经紧急电磁阀的压缩空气作为指令压力被送到中继阀，此时中继阀与常用制动一样，将具有相应压力的压缩空气送到增压缸）。

（3）在对增压缸空气压力进行控制时，制动控制装置用根据制动指令、速度和载重计算出的制动力减去电制动的反馈量后，得到实际需要的空气制动力，并将此变换为电空转换阀的电流，由电空转换阀产生与电流成比例的空气压力（AC 压力），将此压力作为中继阀的控制压力，通过中继阀产生增压缸空气压力（BC 压力）。

（4）紧急制动时，从紧急用压力调整阀输出的控制压力经紧急电磁阀通往中继阀，中继阀对电空转换阀和压力调整阀的空气压力进行比较，将二者中较大的作为输入，产生相应的增压缸空气压力输出。

（5）中继阀输出的增压缸空气压力经制动软管，从车体送到转向架上增压缸的输入侧，在增压缸的输出侧产生比空气压力高且与空气压力成比例的液压送给制动夹钳装置，使其产生制动动作。

5.4 防滑装置

5.4.1 滑行和踏面擦伤

制动过程中的滑行是由于制动力超过了轮轨之间的黏着力，车轮被“抱死”，而导致转动速度急剧减小的现象。轮轨之间的滑动会延长制动距离并使踏面擦伤。踏面擦伤后，不仅降低乘车的舒适性，也会给转向架部件带来附加的冲击力，使其寿命缩短。所以，应尽可能防止滑行现象的发生。

5.4.2 防滑装置的功能

防滑装置通过对制动力的控制不仅可以有效控制轮对的滑行擦伤，还可以充分利用轮轨间的黏着，使制动装置的效能达到最大。

5.4.3 防滑装置的种类

1. 机械式防滑器

最早出现的滑防装置是机械式的，它判断是否要发生滑行的根据只有一种，即车轮的角减速度。

优点：当某轮对的角减速度骤然降低时，机械式防滑器会把回转体的惯性转换成位移，打开阀门或接通电路，使该轮对缓解。

缺点：灵敏度和响应速度都较差。

2. 电子式防滑器

防滑装置发展的第二阶段是电子式防滑器。它可以采用多种手段检测滑行的判据。

优点：具有较高的灵敏度和动作速度。

缺点：电子元件的零点漂移不易清除，需进行大量调整工作，而且易受环境影响，性能不稳定，维修量较大。

3. 计算机控制的防滑器

计算机控制的防滑器可对制动、即将滑行、缓解、再黏着的全过程进行动态检测与控制，信息采用脉冲处理，简单可靠，无零点漂移故无须调节和补偿。更重要的是微处理器（MPU）的处理速度极快，可大大提高检测精度，即使微小而缓慢的滑行也能及早检测出来并采取措施加以防止。

5.4.4 计算机控制防滑器的结构及工作原理

1. 计算机控制防滑器的结构

1）速度传感器

动车组动车的速度传感器常安装在主电机轴端，拖车则安装在车轴端部（前盖上）。因为主电机轴通过小齿轮和大齿轮与车轮相连，所以感应出的脉冲频率与感应齿盘的齿数、大/小齿轮的齿数比、车轮转动速度（列车速度）成比例。因此，速度传感器根据感应齿盘的齿数、齿轮的齿数和车轮直径，就可计算出车轮的转动速度。

2）滑行检测器

计算机控制的数字式滑行检测器根据速度传感器送来的车轮转动脉冲信号进行计算分析和逻辑判断。当判断车轮发生滑行时，就使防滑电磁阀动作，滑行检测器降低制动力使车轮恢复转动，并按照缓解、保压和再制动 3 种模式精确地进行控制。

3）防滑电磁阀

防滑电磁阀由起转换阀作用的本体和电磁阀构成，它安装在增压缸上。防滑电磁阀的基本原理如图 5.23 所示。当增压缸空气压力上升后，如果从滑行检测器发出的防滑控制指令使电磁阀励磁，防滑电磁阀就会在切断增压缸与液压缸之间通路的同时，构成液制动压缸与滑行余压调整部的通路，使液压制动缸的油返回油箱，把控制液压降低到约 500 kPa，在此压力下闸片刚好接触到制动盘，使制动呈缓解状态。当滑行检测器判断已经恢复黏着时，防滑电磁阀消磁使液压制动缸压力再次上升。

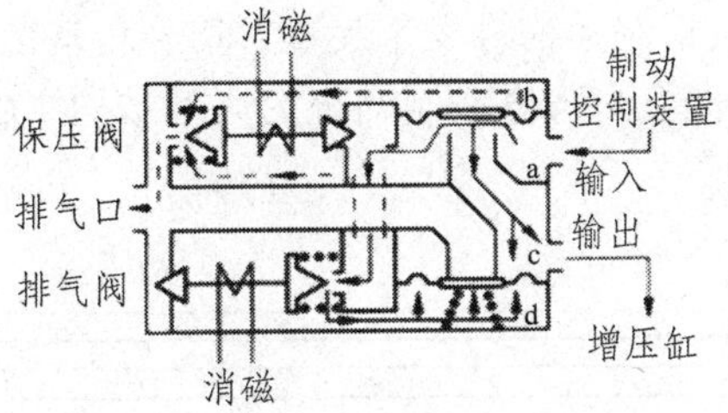

（a）制动（供气）装置

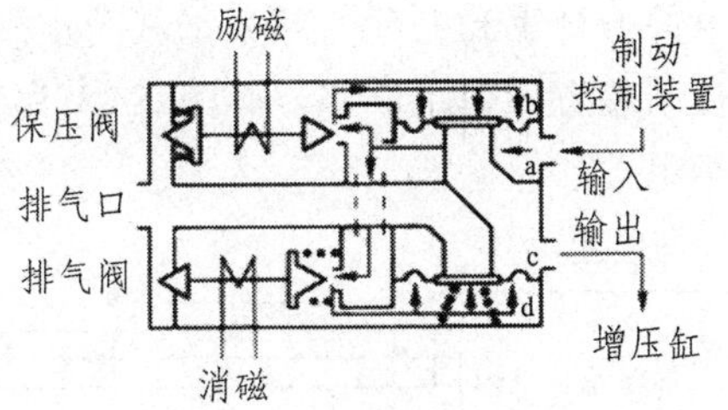

（b）保压（保持）装置

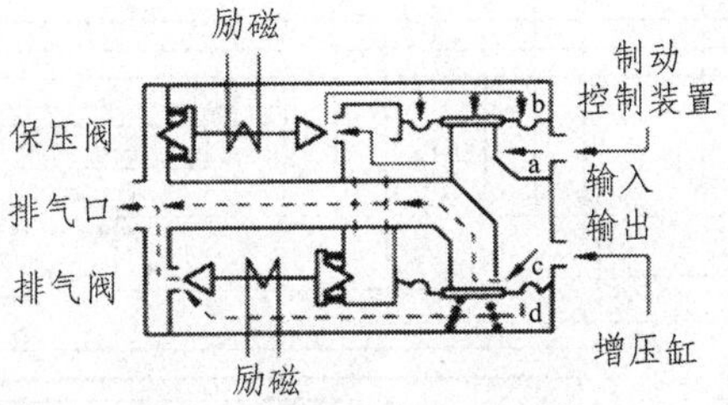

（c）缓解（排气）装置

图 5.23　防滑电磁阀的基本原理

2. 计算机控制防滑器的工作原理

如图 5.24 所示，通过各车轴或牵引电机中安装的速度传感器，对速度进行检测，在滑行即将发生的过渡阶段将其检测出，并及时动作，使作用在车轮上的制动力迅速降低至黏着力以下，以防止车轮滑行，恢复轮轨的黏着状态。恢复黏着之后，还要使制动力上升，并使其尽可能大。

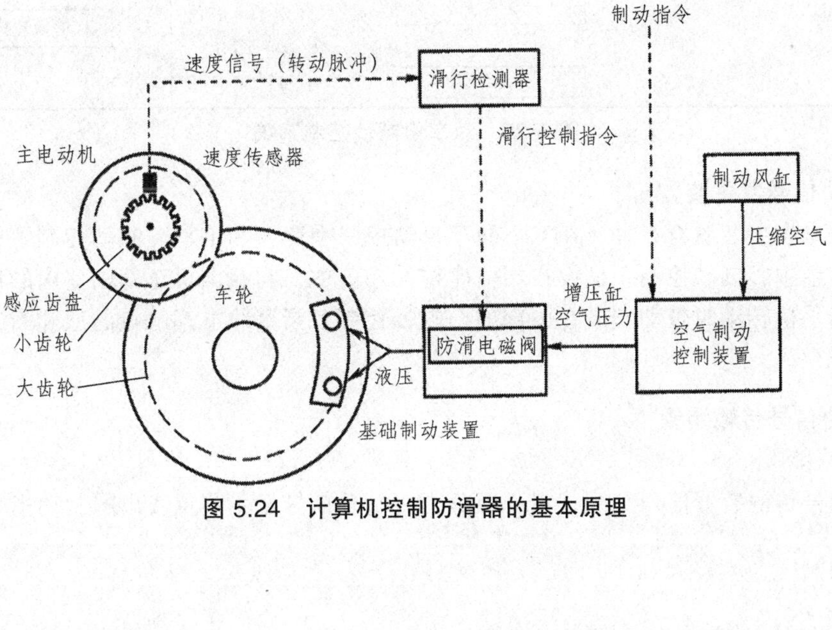

图 5.24　计算机控制防滑器的基本原理

5.5 制动控制系统

5.5.1 制动控制系统的组成

制动控制系统是制动系统中，在司机或自动控制装置的控制下，产生、传递制动信号对制动力进行计算和分配的部分。制动控制系统主要包括制动信号发生装置、信号传输装置和制动控制装置三大组成部分。图 5.25 为数字式电器指令直通电空制动统的典型结构（CRH2 型动车组）。

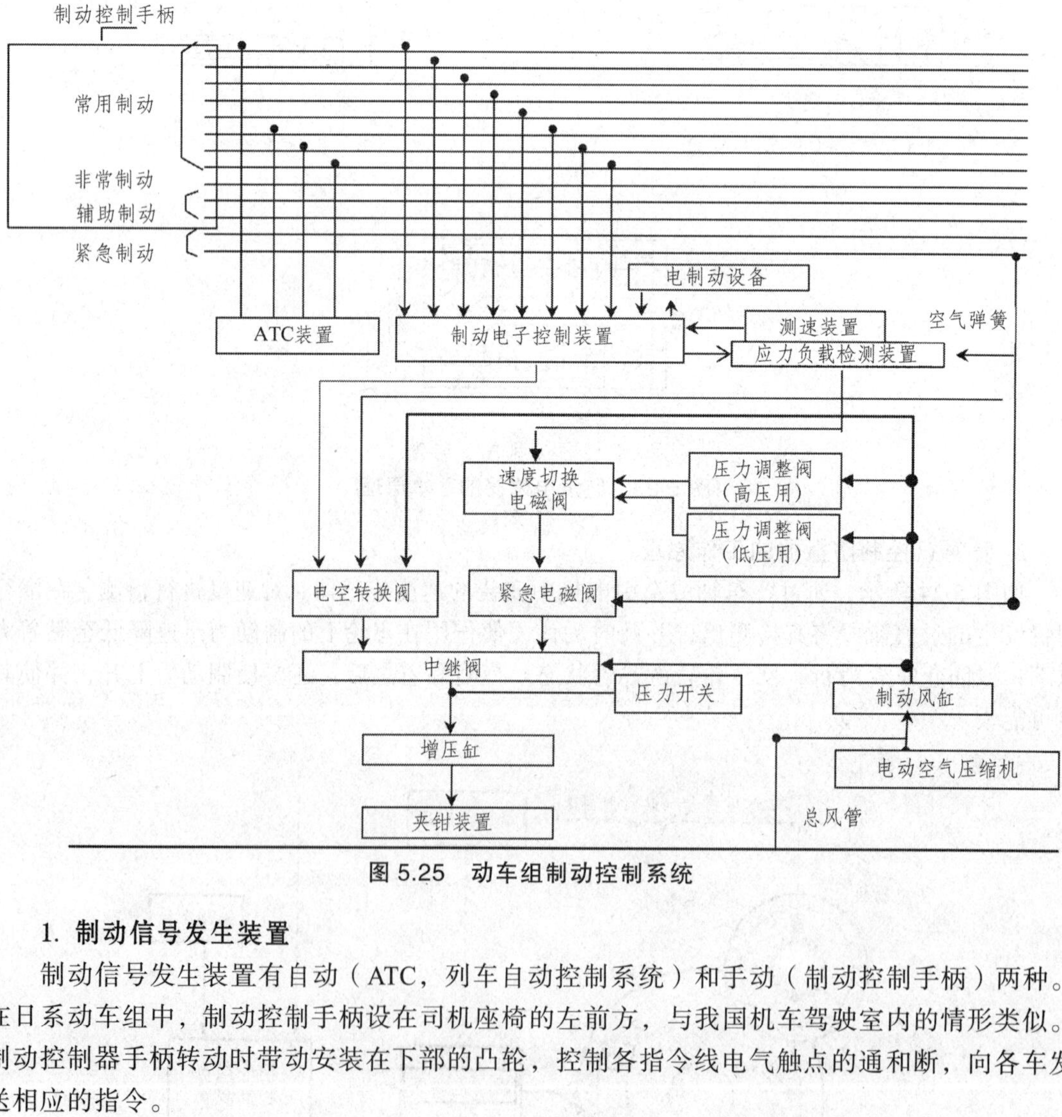

图 5.25　动车组制动控制系统

1. 制动信号发生装置

制动信号发生装置有自动（ATC，列车自动控制系统）和手动（制动控制手柄）两种。在日系动车组中，制动控制手柄设在司机座椅的左前方，与我国机车驾驶室内的情形类似。制动控制器手柄转动时带动安装在下部的凸轮，控制各指令线电气触点的通和断，向各车发送相应的指令。

2. 制动信号传输装置

1）功　能

制动信号传输装置即列车线，它不但负责将制动信号发生装置发出的制动指令传送给列车中所有车辆，还负责将各车的信息传递给司机室。

2）传输介质

列车线有普通电线（金属）和光缆两大类，为提高信号传输的质量和速度，减小信号传输系统的质量，动车组中的列车线往往采用光缆。

3）信号的类型

制动控制系统中传输的信号有模拟信号和数字信号两种。模拟信号是以电压、电流、频率脉宽等模拟量的大小表示不同的制动要求。数字信号是以若干指令线不同的通、断组合表示不同的制动要求。模拟信号系统的优点是便于实现无级精确操纵，而数字信号系统的优点是反应迅速、可靠性高。虽然数字信号系统只能进行有级操纵，但实践证明：当常用制动设置 7 级时，已能保证运用中足够的精确度。制动信号传输系统中多采用数字信号。

3. 制动控制装置

制动控制装置也称制动控制单元（BCU），它是制动控制系统中接收制动指令，并根据指令对制动力进行计算和分配的装置。动车组中所有车辆均装有 BCU，它根据输入的制动指令信号、速度信号和载荷信号输出决定电制动力和空气制动力的制动模式信号。此装置除产生制动模式信号外，还利用计算机进行防滑、空气压缩机和电空联合制动的控制，相当于制动系统的“大脑”。BCU 的功能可归结为如下 3 个方面：

（1）制动控制（制动力的计算和分配）。

（2）防滑控制。

（3）辅助控制（空气压缩机的控制等）。

除了以上 3 个主要组成部分，制动控制电路中还采用了很多继电器来进行逻辑判断和控制，如表示列车头车的 MCR 继电器、表示列车设备有无异常的 JTR 继电器，以及表示是否有制动指令的状态继电器（BR 继电器）等。为保证发生故障时动作的可靠性及制动逻辑作用。这些继电器均带有多个触点。

5.5.2 制动控制系统的操纵方式

动车组的制动指令一般是根据头车内的制动控制手柄或 ATC 指令来进行的。但在车辆发生事故等异常情况下，则由手动开关或异常监测系统通过列车线将制动指令传给列车中的所有车辆。上述所有制动指令主要靠 DC 100 V 电源来传递。不同情况下，制动控制系统向制置发出制动指令的方式如下：

1. ATC 操纵

ATC 装置根据速度-黏着特性曲线自动对列车速度进行控制。若列车速度高于信号规定的速度时，将自动进行制动；当列车速度降低至规定速度以下时，将自动缓解。

在两列车相互接近和在车站停车前，ATC 也会根据特性曲线自动施行制动。ATC 制动可使用常用制动和非常制动来实现，即当使用常用制动但在规定的距离内列车速度不能降低至规定数值时，就使用非常制动。

2. 制动控制手柄操纵

列车的时间调整，以及从速度 30 km/h 到停车地点的制动都是司机通过制动控制手柄来操纵的，在向列车发出制动指令时，人工操纵具有优先权，即当司机把制动控制器手柄转到控制位时，自动转到手动预定制动值。

3. **紧急制动的操纵**

当出现意外事故时，司机操纵紧急制动开关 UBS 切断安全环路，紧急电磁阀失电使紧急制动气路开通，从而实现列车的紧急制动。紧急制动情况下只有空气制动的作用。

5.5.3 制动控制系统的工作原理

1. **制动指令控制**

进行制动控制时，由 ATC 装置或制动控制手柄发出指令，然后被各车的制动指令接收装置（制动控制单元 BCU）接收，各自进行独立的制动力运算和电、空制动力的分配。

头车的司机室内设有制动控制手柄，其制动指令控制电路如图 5.26 所示。日系动车当手柄转动时，安装在同一回转轴上的凸轮组被转动，使必要的触点闭合或断开，构成制动指令回路。在图 5.26 中，从上至下依次是紧急制动指令线（153）、备用制动指令线（41）、非常制动指令线（152）、电制动指令线（10）、牵引指令线（9）、常用制动指令线（61 和 67）等指令线和触点以及与其平行的凸轮组。电流从图的左侧经继电器触点或凸轮控制触点到右侧，将指令通过各列车线从头至尾传到每辆车。

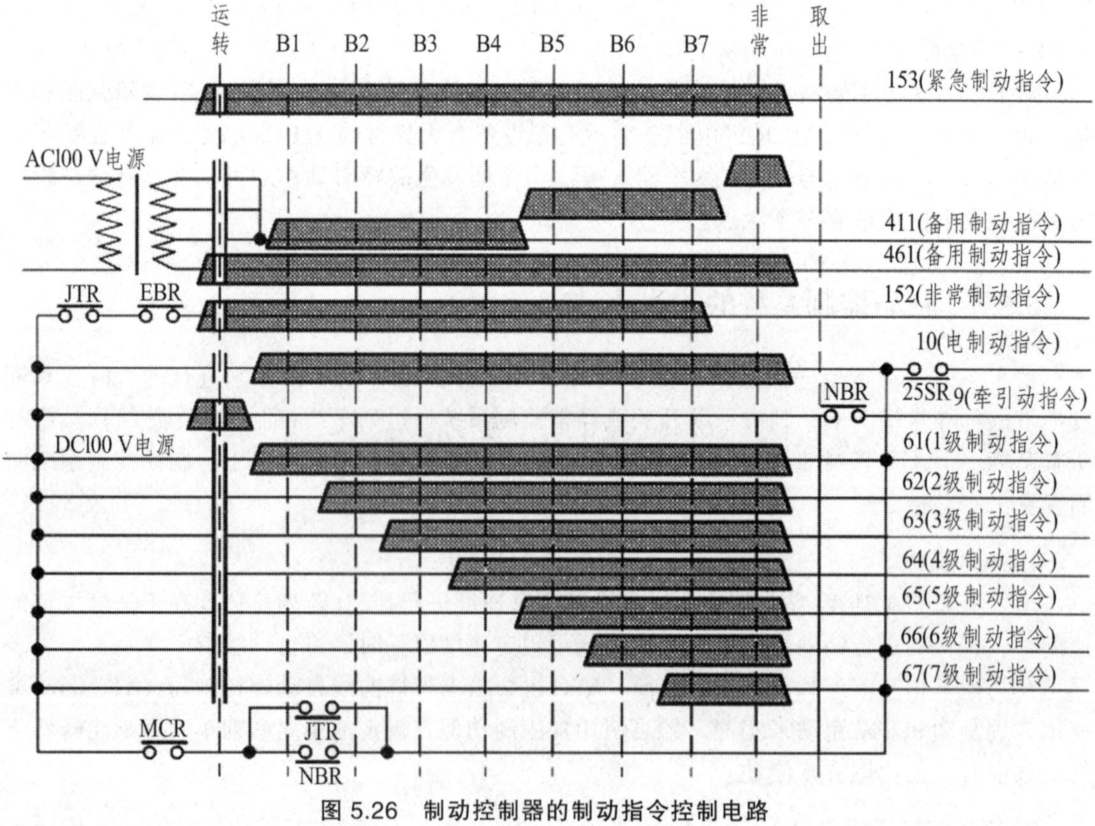

图 5.26 制动控制器的制动指令控制电路

图中的指令线 411 和 461 为备用动指令线，它以 AC 100 V 作为电源，通过改变的抽头将 B1/B4，B5/B7，非常三个级别的模拟交流电压传给各车。除了备用制动指其他指令线，其他指令线都是由制动控制手柄的位置来决定是否向它供给 DC 100 V 电源，以此来向各车传达制动指令。这些数据指令的内容如下：

紧急制动指令线（153）在制动控制器手柄从运转位转到非常制动位时得电，到取出位时失电。

非常制动指令线（152）在制动控制器手柄从运转位转到 B7 级位时得电；电制动指令线（10）从 B1 位到非常制动位时得电；牵引指令线（9）只在运转位得电，当施行某级别的常用制动指令时，该级别及其下各常用制动指令线均得电。

在 ATC 发送常用制动指令时，图 5.26 最下方的指令线 MCR，JTR，NBR 条件成立，10 号线、61 号线、66 号线、67 号线得电，相当于 B7 级的常用制动作用。此时，66 号线是为了使其具有常用最大制动的冗余性。另一方面，ATC 发送非常制动指令时，由于 152 号线触点前的 EBR 触点断开，152 号线失电，产生非常制动作用。

2. 常用制动控制

如图 5.27 所示，常用制动时，司机制动控制器使电制动指令线（10）、制动级位指令线（61 ~ 67）共计 8 根指令线顺序得电，通过这些列车指令线向所有车辆传送数字制动指令的 BCU 接收到制动指令后，根据制动级别、列车速度和载重信号，按照所设定的程序进行速度-黏着计算，得出所需的制动力。并遵照优先使用电制动的原则进行制动控制，电制动不足时以空气制动补偿，即首先通过 150A 和 150B 线将电制动指令送到制动的控制装置（牵引控制装置），有效施加电制动后，根据电制动的反馈量，BCU 再计算出应补充的空气制动力，并以相应的电流信号（电空转换阀电流）输出到空气制动控中的 EP 阀，由其将电流信号转换成相应的空气压力信号，再通过中继阀使制动缸产生制动作用。

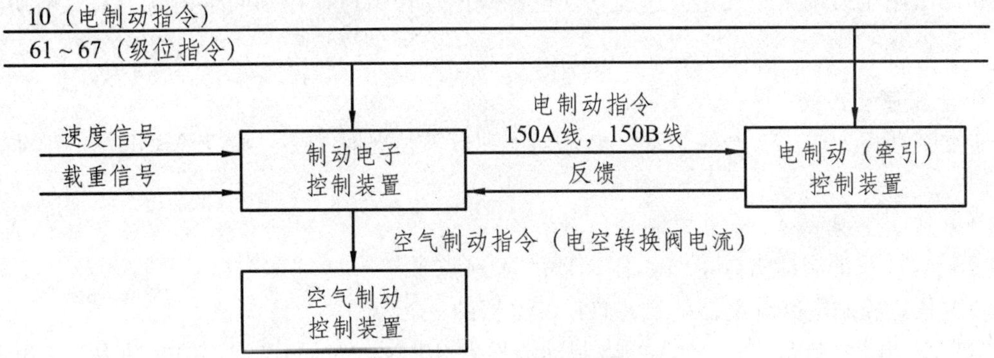

图 5.27　常用制动控制电路

3. 紧急制动控制

列车的紧急制动控制独立于常用制动和非常制动之外，紧急制动控制电路（见图 5.28）是从头车的制动控制手柄开始到尾车，再返回头车的一根往复的列车线（153 号线去，154 号线回）。153 号线从制动控制手柄开始，经由头车继电器（MCR 的 A 触点）及总风压力开关（MRrAPS）的 A 触点（600 kPa 以上时触点闭合）到达列车尾部。154 号线是紧急制动返回线，它经由紧急开关（UBS 的 B 触点）及各车的紧急电磁阀（UVR 的 A 触点），将头车的 JTR 继电器励磁。

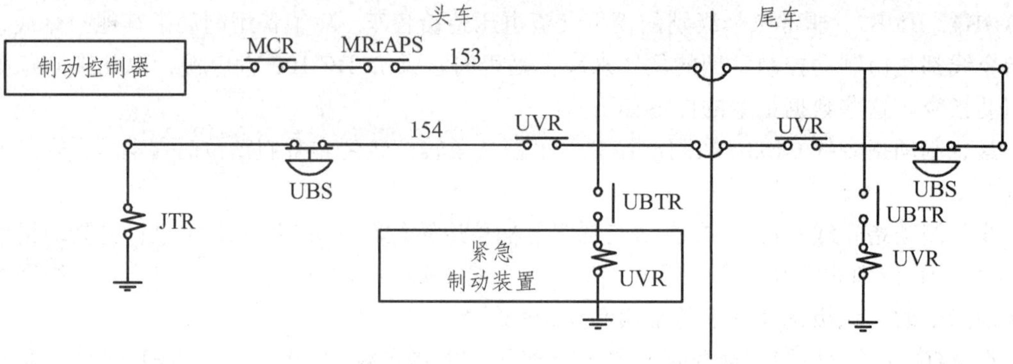

图 5.28　紧急制动控制电路

当发生如下情况时，就产生紧急制动作用：

（1）制动控制手柄处于取出位。

（2）按下紧急制动按钮，使紧急电磁阀失电。

（3）总风缸的空气压力低于 600 kPa（正常为 800 ~ 900 kPa）。

（4）列车分离。

（5）某车辆设备故障（制动缸压力不足或紧急电磁阀失电等）。

因 JTR 继电器触点串联在非常制动线（152）之前，所以，若列车中某处发生设备故障，JTR 继电器消磁，导致故障车产生紧急制动和非常制动作用，其他非故障车产生非常制动作用。紧急制动和非常制动的增压缸空气压力对比随速度的不同而变化。所以，对于故障车辆是两者中增压缸空气压力大的一方起作用。其他的非故障车辆则是按速度-黏着特性曲线控制的非常制动空气压力起作用。

为了较好地利用不同速度区段的轮轨黏着，紧急制动设置了二级增压缸压力，分别由高压用和低压用压力调整阀设定。速度切换电磁阀的动作由速度控制回路控制。紧急制动没有空重车调整。

4. 非常制动控制

非常制动指令线 152 号线为常带电，当出现以下情况时 152 号指令线失电，产生非常制动作用：

（1）制动控制手柄处于非常制动位置。

（2）ATC 非常制动指令（EBR 制动器的 A 触点）。

（3）紧急控制电路继电器消磁（JTR 继电器的 A 触点）。

非常制动时，制动力为 100%的电制动力加上 40%或 50%的空气常用制动力。当电制动力等于 0 时，为 140%或 150%的空气常用制动力。

5. 备用制动控制

备用制动在动车组的常用制动系统发生故障时使用。对于日系动车组（见图 5.29）司机通过制动控制器向头车内的备用制动控制单元发出指令，备用制动控制器可使备用制动控制单元产生不同电压等级的交流电。此交流电通过列车的 411、461 号备用指令线传送给各车的备用制动接收器，在各接收器经全波整流变为直流电，由直流电对 EP 阀直接进行控制，产生增压缸空气压力。

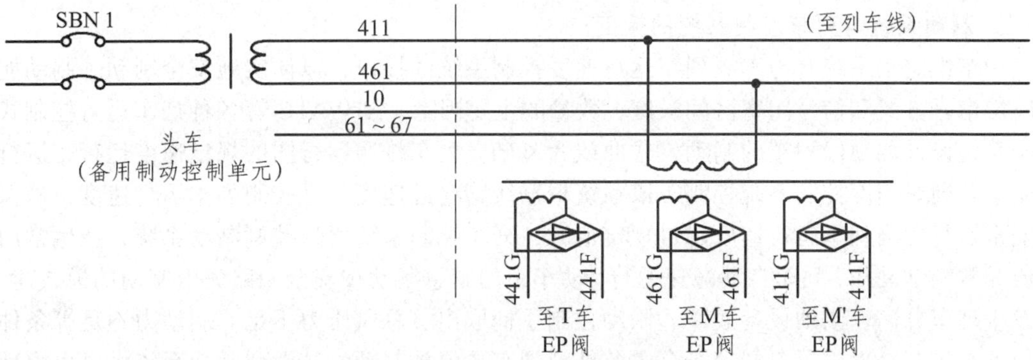

图 5.29　备用制动控制电路

与日系动车组不同，CRH1 型和 CRH5 型动车组的备用制动只可启用无电控的自动空气制动装置，对于所有型号的动车组，备用制动只有空气制动，且无空重车调整。

6. 救援或回送制动控制

对于日系动车组，在进行救援或回送时，首先需启用其电气指令式的制动系统，车组与救援机车连挂时，将电气指令方式动车组的救援制动装置与空气指令方式的普通机车之间的列车管连接起来，用动车组头车的空/电转换装置使制动管压力信号转换为指令信号，使动车组的空气制动动作。电源优先考虑使用自身的车载蓄电池，必要可通过 DC 110 V 转换为 DC 100 V 的直-直变换器，使用外部向动车组供的 DC 110 V 电源。对于 CRH1 型和 CRH5 型动车组，除以上方式外，还可将救援机车和动车组的制动管直接相连，由救援机车直接控制动车组制动管内的压强，以此来实现动车组的制动和缓解。

7. ATC 制动控制

ATC 制动指令有常用最大制动和非常制动两种。它通过比较来自轨道电路信号（ATC 信号）的允许速度和列车实际速度来决定制动指令的级别。当列车速度超过允许速度时，则产生制动作用，制动指令一直持续起作用，直至列车速度降低到最高允许速度以下。ATC 的常用制动是通过头车继电器（MCR 的 A 触点）和 ATC 常用制动继电器（NBR 的触点），使贯通全列的电气指令线（10）、制动指令线（61）、B7 级位指令线（67）、B6 级指令线（66）均得电，使全列产生常用制动作用。ATC 的非常制动是让紧急制动继电器 NBR 的 A 触点）或 ATC 非常制动继电器的触点（EBR 的 A 触点）断开，导致非常制动指令线（152）失电，使全列产生非常制动作用。

5.5.4　制动系统与动车组其他系统的接口

1. 制动系统与列车控制网络的接口

动车组的控制系统是车载分布式计算机网络系统。车辆总线将同一车内的各计算机控制装置联网，列车总线 MVB 把分布在不同车中的主控单元联网，直至安装在列车端部的列车控制中心。动车组网络控制系统（TCMS）与不同车辆系统接口相连，并和每个车辆之间进信数据通信。列车计算机控制列车上的所有制动动作，列车上的制动控制单元 BCU 接收并执行列车计算机给予的命令。

2. 制动系统与列车控制系统的接口

动车组制动系统有与车载列车运行速度控制系统的接口，以便实施安全制动。制动能力是决定信号方式和信号闭塞区间长度、数量的主要因素，ATP/ATC 等各种列车运行控制式的信号系统设计均须以列车的制动模式曲线为基础。列车按照运行图的规定速度运行，运行速度受车载列车速度控制系统控制。该系统根据线路允许速度信号控制列车运行速度，确保列车安全运行。当列车运行速度超过规定值时，列车控制系统通过控制制动系统，产生常用制动或非常制动动作，列车自动减速运行。动车组的紧急制动按安全回路失电制动的模式建立，当发生列车分离、制动设备故障、制动控制手柄取出、总风压力不足、制动力不足等条件均可使列车控制统发出紧急制动指令。此外，列车的停放制动、防滑和制动系统供风也由列车控制系统对相应的系统进行统一控制。

3. 制动系统与牵引传动系统的接口

制动系统和牵引系统同属列车控制系统的子系统，两个子系统独力构成闭环控制系统，通过列车信息控制系统传递控制命令协调工作。动车组电制动系统的组成与牵引传动系统一致，在列车控制系统的作用下实现牵引工况，制动工况之间的切换。当列车转入制动状态后，制动控制装置根据制动指令级位、列车运行速度和车重等参数对电制动力和空气制动力进行分配。

复习思考题

1. 动车组制动系统由哪些部分组成？
2. 动车组制动作用有哪些种类？
3. 试说明再生制动的作用原理。
4. 采用电制动时应满足的基本要求是什么？
5. 压缩空气供给系统包含哪些部分？
6. 电空转换阀（EP 阀）的作用是什么？
7. 中继阀的作用是什么？
8. 试叙述中继阀的作用原理。
9. 试叙述空气制动系统的工作原理。
10. 防滑装置的作用是什么？
11. 常用制动是如何控制的？
12. 产生紧急制动作用的条件有哪些？

第 6 章　动车组牵引传动系统

在交通运输车辆中，采用电动机驱动来满足车辆牵引的电气传动部分，称为电牵引传动。它以牵引电机为控制对象，对电机的转矩和速度进行调节，以满足车辆牵引和制动特性的要求。

6.1　动车组牵引传动方式

动力分散型高速动车组多采用交-直-交的牵引传动方式，其工作原理如图 6.1 所示。接触网的单相交流电在牵引变压器中变换成所需大小的合适电压，经整流器整流后供给中间直流回路。中间直流回路起无功能量交换的作用，完成储能、能量变换、滤波的任务。通过牵引逆变器的逆变，将直流变换为交流牵引电机调速所需要的交流能量。

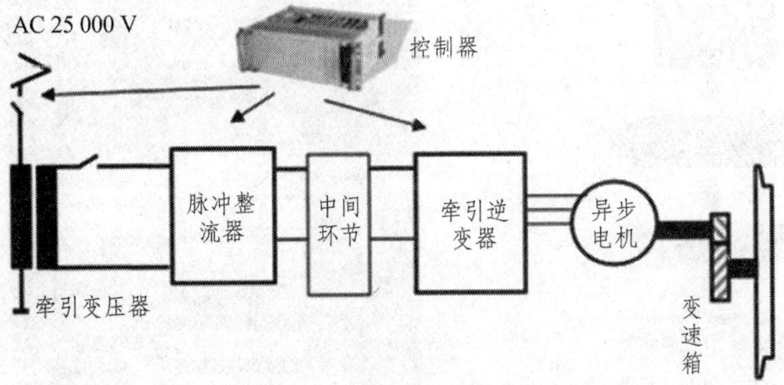

图 6.1　牵引传动系统工作原理

工作过程中，控制装置接受司机控制器的控制指令，通过触发脉冲发生器控制整流器和逆变器中的电力电子器件，实现交-直-交的能量变换。

列车牵引运行时，受电弓将接触网 AC 25 kV 单相工频交流电，经过相关的高压电气设备传输给牵引变压器。牵引变压器降压输出单相交流电供给牵引变流器，脉冲整流器将单相交流电变换成直流电经中间直流电路将直流电输出给牵引逆变器。牵引逆变器输出电压/频率可调的三相交流电源驱动牵引电机，牵引电机的转矩和转速通过齿轮变速箱传递给轮对驱动列车运行。牵引工况传动如图 6.2 所示。

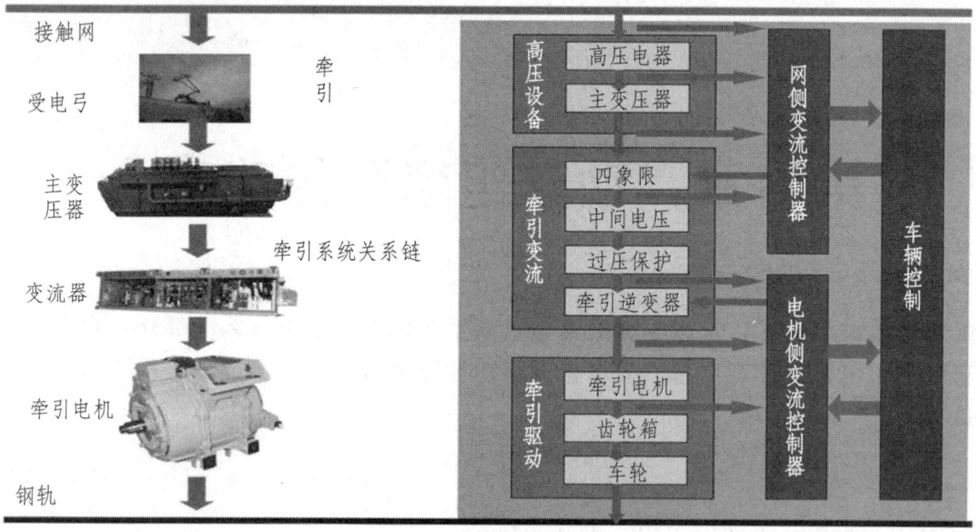

图 6.2　牵引工况传动

再生制动时，动车组可以通过控制牵引逆变器使牵引电机处于发电状态，牵引逆变器工作于整流状态。牵引电机发出的三相交流电被整定为直流电并对中间直流环节进行充电，使中间直流环节电压上升。同时，脉冲整流器工作于逆变状态，中间直流回路直流电源被逆变为单相交流电，该交流电通过真空断路器、受电弓等高压设备反馈给接触网，从而实现能量再生。再生制动工况传动如图 6.3 所示。

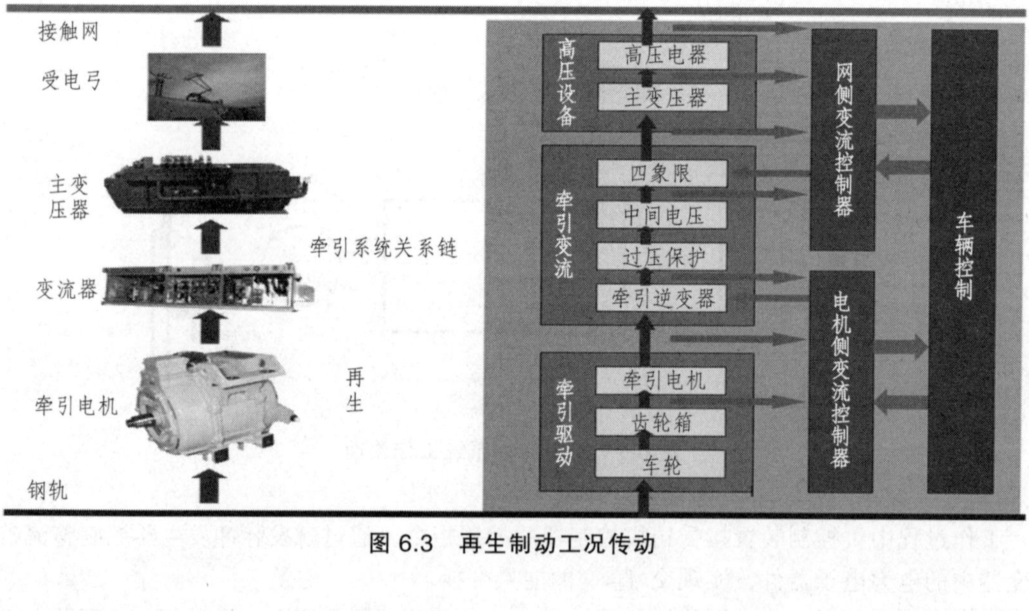

图 6.3　再生制动工况传动

6.2　动车组牵引特性

牵引特性（含动力制动特性）是列车最重要的特性，用列车轮周牵引力/制动力与轮周线速度的关系表示。高速列车要求恒定牵引力启动、恒功率运行。

6.2.1 牵引特性分析

1. 黏着牵引力

黏着牵引力是受轮轨间黏着能力限制的轮周牵引力，当轮周上的切向力大于黏着力时就要发生空转或滑行。在不发生空转的前提下所能实现的最大轮周牵引力就是黏着牵引力，这是动车组牵引运行的一个非常重要的参数。

高速动车组牵引系统一般采用交流传动的分散动力形式，同时其牵引系统具有较完善的防空转措施，因此高速动车组能充分利用黏着牵引力。

2. 运行基本阻力

动车组运行基本阻力取决于许多因素，不仅与零部件之间、车表面与空气之间以及车轮与钢轨之间的摩擦和冲击密切相关，而且还与动车拖车车辆的结构、技术状态、线路情况、气候条件、列车运行速度等都有关系。归结起来，列车的基本阻力由机械阻力和气动阻力组成，具体有以下 5 个部分：

（1）车轴轴承摩擦阻力。

（2）轮轨间滚动摩擦阻力。

（3）轮轨间滑动摩擦阻力。

（4）冲击阻力，由于轨道接缝、钢轨不平、车轮擦伤引起的冲击以及车辆多维振动都消耗能量。

（5）气动阻力又称为空气阻力，包括列车头部正压和尾部负压所构成的压差阻力、表面摩擦和涡流损失。

6.2.2 高速动车组牵引特性的特点

（1）低速区特性平坦或随速度升高而下降，这样的特性与动车组的黏着特性随速度的变化趋势是相适应的。

（2）牵引力数值与内燃机车、电力机车的牵引力相比小很多。由于中高速动车组大都采用轻量化技术，与普通旅客列车相比列车质量小，所以动车组具有较高的起动加速能力（或功率质量比）。

（3）高速区特性为恒功率曲线，牵引力随速度升高而呈双曲线关系下降，这一点与普通内燃、电力机车的恒功牵引特性曲线是相似的。但高速动车组恒功范围略小，且向高速区移动，对于最高运行速度 300 km/h 的动车组，其恒功范围起始点多在 100 km/h 以上。

（4）因采用动力分散牵引模式，在正常轨面状态下，起动时及低速范围的牵引力低于黏着限制曲线较多。因此，在动车组的牵引特性曲线图中，黏着特性曲线通常是不画出来的。

（5）在动车组的牵引特性曲线上通常不标注最低持续速度，因为在全功率下，即便在20‰以上甚至接近 30‰的坡道上，列车的均衡速度仍然在恒功区以内，牵引电机的散热能力在允许范围。也可以认为，在正线运行时（坡道 12‰）不会出现全功率、低速持续运行的工况。

5 种典型动车组的牵引特性如图 6.4 所示。

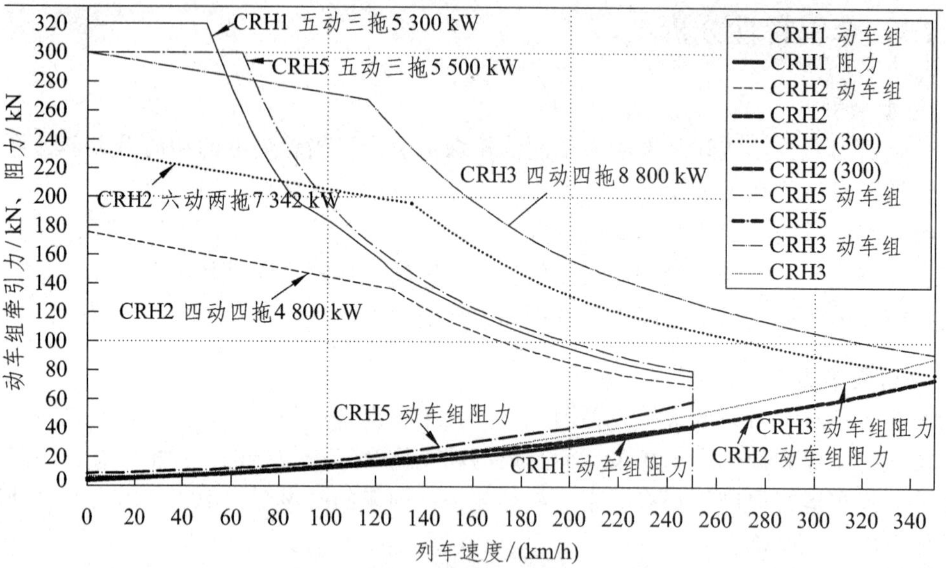

图 6.4　5 种典型动车组牵引特性

6.3　动车组牵引传动系统的组成

动车组牵引传动系统主要由高压电器设备和主牵引电气系统组成。高压电器的主要作用是完成从接触网到牵引变压器的供电，包括受电弓、高压隔离开关、真空断路器、避雷器、电流互感器、接地保护开关等。主牵引电气系统主要作用是完成交流变频、直流调压、调整牵引电流的大小及相序、输出牵引力等，由牵引变压器、四象限整流器、中间直流环节、牵引逆变器、牵引电机和齿轮箱等组成。国内动车组一般分为多个动力单元，以 CRH2 型动车组为例，该车型两个动车为一个基本动力单元，每个动力单元由 1 台牵引变压器、2 台牵引变流器和 8 台牵引电机组成，其中每台牵引变流器驱动 4 台牵引电机，如图 6.5 所示。

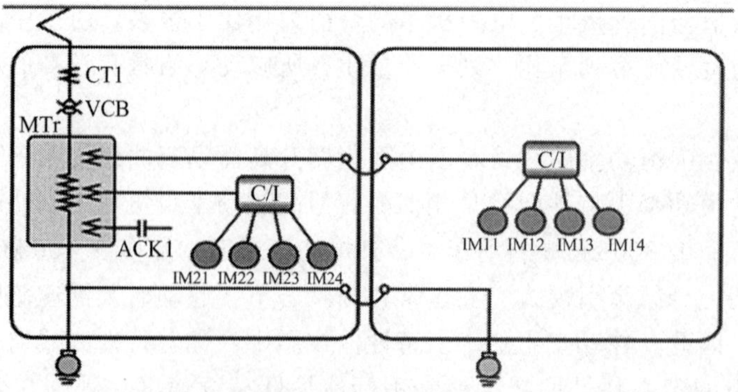

图 6.5　基本动力单元

6.3.1　动车组高压设备

高压设备是指主电路中使用的电气设备，包括受电弓、真空断路器、避雷器、高压电压互感器、高压电流互感器、接地保护开关、高压隔离开关等。

1. **受电弓**

受电弓是从接触网获得电能的部件，通过绝缘子安装在动车组的车顶上，如图 6.6 所示。当受电弓升起时，其滑板与接触网导线直接接触，从接触网导线上受取电流，通过车顶母线传送到动车组内部，供动车组使用。

图 6.6 车顶受电弓

受电弓靠滑动接触而受流，是动车组与固定供电装置之间的连接环节，其性能的优劣直接影响动车组工作的可靠性。随着动车组运行速度的不断提高，对其受流性能也提出了越来越高的要求。为了保证动车组高速运行时的可靠受流，高速动车组受电弓必须满足以下要求：

（1）滑板的材料、形状、尺寸适应高速要求，以保证良好的接触状态以及更高的耐磨性能。

（2）保证滑板与接触网在规定的受电弓工作高度范围内保持大小合适的接触压力，以实现比常规受电弓更为可靠的连续电接触。

（3）结构设计上应尽量使作用在滑板上的空气阻力由其他部件承担，使受电弓在其垂直工作范围内始终保持水平，减少甚至消除空气阻力对滑板与接触网间接触压力的影响。目前动车组主要采用单滑板受电弓和双滑板受电弓。

（4）除保证机械强度和刚度外，尽可能减小受电弓运动部分的质量，减小运动惯性。

（5）升弓时，动作开始要快，但接触导线时要求缓慢，以减少对接触网导线的冲击。降弓时，离开接触网导线要快，避免产生拉弧，而到达落弓位时要慢，减少对车顶冲击力。

1）受电弓的结构

目前，动车组主要采用的受电弓类型有 DSA250 型双滑板受电弓、TSG19A 型双滑板受电弓、CX 型主动控制单滑板受电弓及 DSA380 型主动控制双滑板受电弓等。各型受电弓的某些零部件虽略有不同，但其基本结构有许多相似之处。

以 DSA250 型受电弓为例，该型受电弓是一种采用气囊驱动升弓的单臂式受电弓。主要由弓头、上臂、上导杆、下臂、下导杆、升弓装置（气囊）、阻尼器、底架及空气管路等组成。弓头装有两条碳滑板与接触线接触。在动车组行进过程中，为了改善受流性能，弓头和上臂杆之间采用弹性结构。上臂杆、下臂杆、弓头、底架之间通过转轴连接，下导杆起力的传递作用。受电弓的结构如图 6.7 和图 6.8 所示。

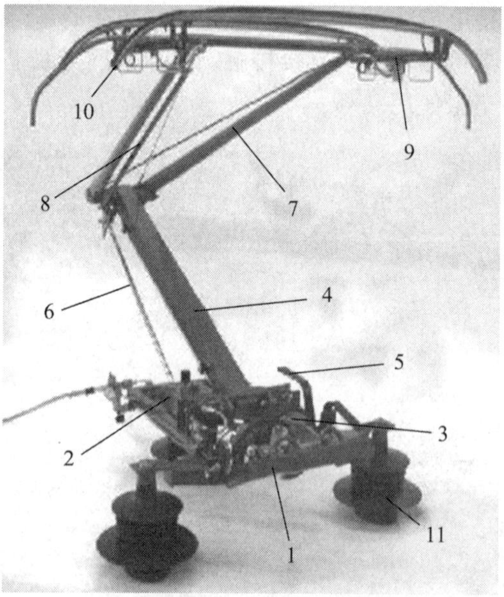

图 6.7　DSA250 型单臂受电弓

1—底架；2—阻尼器；3—升弓装置；4—下臂；5—弓装配；6—下导杆；7—上臂；8—上导杆；9—弓头；10—滑板；11—绝缘子

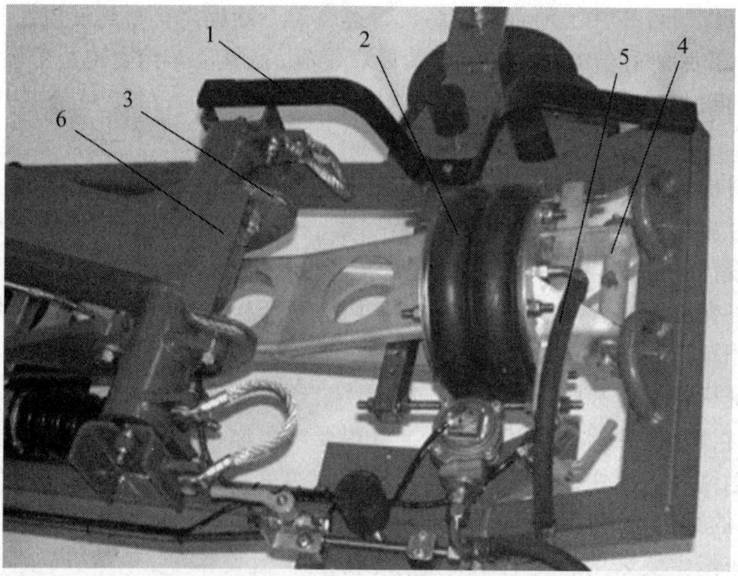

图 6.8　受电弓局部结构

1—弓装配；2—升弓装置；3—钢丝绳；4—销轴；5—主通气管；6—线导向

2）受电弓的工作原理（控制方式）

受电弓是通过压缩空气来实现升降控制的。其压缩空气的空气管路原理图如图 6.9 所示，气动控制系统如图 6.10 所示。

升弓时，电空阀得电，压缩空气通过电空阀经过滤器—单向节流阀（升弓）—精密调压阀—气压表单向节流阀（降弓）—安全阀—压缩空气绝缘管进入升弓气囊，使气囊充气，驱动装置通过钢丝绳绕下臂弧板运动，推动下臂杆抬起，通过导杆，使得上框架升起，弓头与接触网接触，完成受流过程。

降弓时，电空阀失电，气囊中的压缩空气压力迅速减小，压缩气体由电空阀口排向大气，受电弓靠自重落弓。

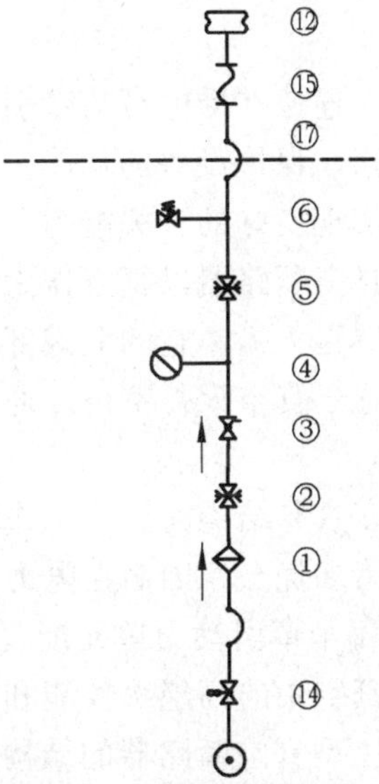

图 6.9　受电弓气动原理

1—空气过滤器；2—单向节流阀（升弓）；3—精密调压阀；4—压力表；5—单向节流阀（降弓）；6—安全阀；12—升弓装置；14—电空阀；15—绝缘管；17—车顶界面

图 6.10　气动控制系统

1—空气过滤器；2—单向节流阀（升弓）；3—精密调压阀；4—压力表；5—单向节流阀（降弓）；6—安全阀

其中，精密调压阀在工作过程中，为保证输出压力稳定，溢流孔和主排气孔始终有压缩空气间歇性排出，属正常现象，运用中不得随意改变其调整值。为保证各种控制阀正常使用，应严格防止水和其他杂质渗入。

气压表显示值仅作为参考，应以实测接触压力为准。单向节流阀（升弓）用于调节升弓时间，单向节流阀（降弓）用于调节降弓时间。如果精密调压阀出现故障，安全阀会起到保护气路的作用。

2. 主断路器

各型动车组均设置有主断路器，连接在受电弓与牵引变压器原边绕组之间，安装在车顶或高压设备箱内，实现开断高压回路、保护设备的功能。在故障状态或控制电路失电情况下主断路器的触点能够自动断开，可实现良好的开关能力，具有较高的安全性能。

动车组采用的是真空断路器。真空断路器以真空作为绝缘介质和灭弧介质，利用真空耐压强度高和介质强度恢复快的特点进行灭弧。它的关键部件为真空泡，真空泡由真空灭弧室及动、静触头组成，动、静触头均置于真空灭弧室内。通过外部驱动机构带动动触头移动，实现动、静触头的接触与断开。

与空气断路器相比，真空断路器具有结构简单、工作可靠、分断容量大、动作速度快、绝缘强度高、整机检修工作量小等诸多优点，因而在电力工业中得到广泛应用。CRH2 型动车组就采用 CB201 型真空断路器，每个牵引动力单元配置一台真空断路器，用于控制一台主变压器。CB201 型真空断路器利用真空中的高绝缘性能和电弧的扩散作用进行遮断，配置在动车底架下的高压设备箱内。CB201 型真空断路器的结构如图 6.11 所示。

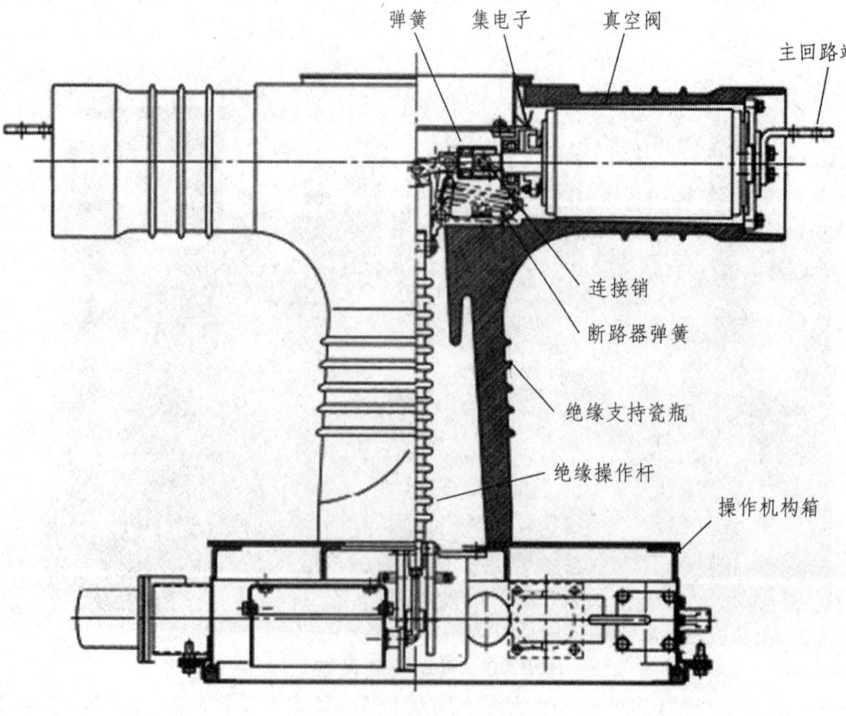

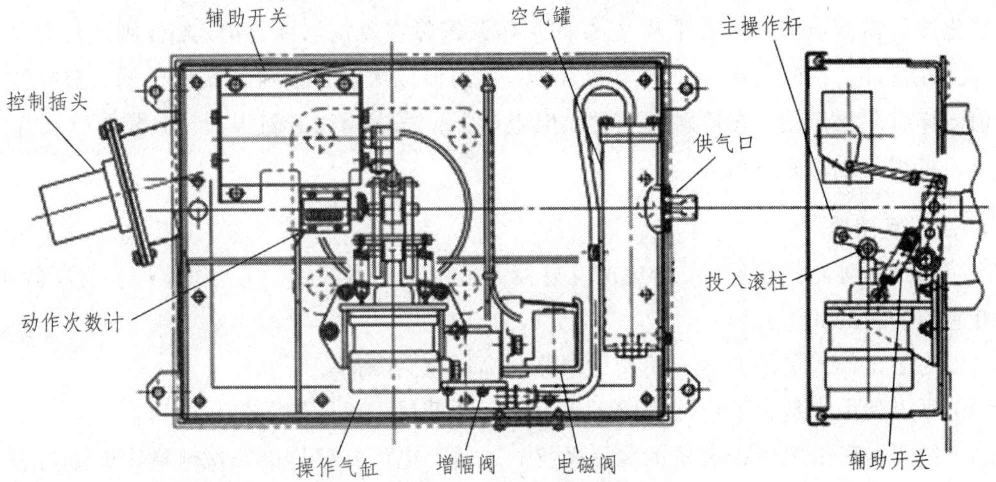

图 6.11　CB201 型真空断路器的结构

真空断路器主要由 3 部分组成：

（1）高压电流分断部分，由可开断交流电弧的真空开关管、静触头、动触头组成。动触头的操作由电空机械装置和合闸过程中的导向装置同时完成。

（2）隔离绝缘部分，由安装在底板上的支持绝缘子、内部的绝缘导杆、恢复弹簧、接触压力弹簧组成。绝缘导杆连接电空机械装置合动触头。

（3）电空机械装置（低压部分），由空气管、压力开关、储风缸、调压阀、电磁阀、保持线圈、传动风缸及活塞组成。当空气压力达一定值时压力开关闭合，压缩空气方能进入储气缸。储气缸内的调压阀，用来调节储气缸内气压。

3. 避雷器

避雷器是一种保护电器,其外观如图 6.12 所示。当接触网发生的雷电涌或电路开闭引起过电压时，它保护车辆电机等机器绝缘免受损伤。CRH 系列动车组使用由氧化锌（ZnO）为主体的金属氧化物构成的高非线性电阻体无间隙避雷器，其伏安特性如图 6.13 所示。

图 6.12　避雷器外观

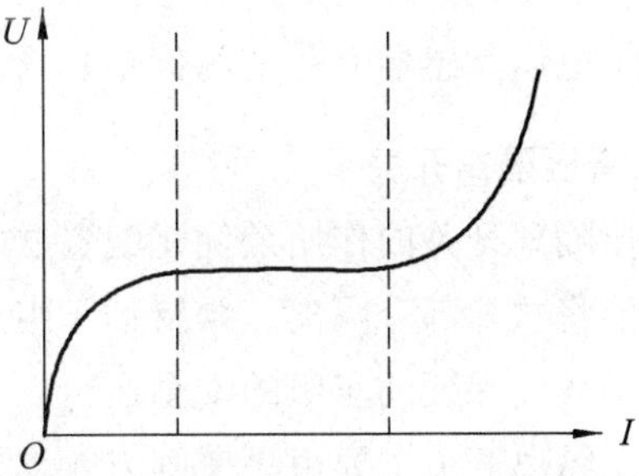

图 6.13　ZnO 避雷器的伏安特性

氧化锌避雷器结构为将若干片 ZnO 阀片压紧密封在避雷器瓷套内。ZnO 阀片具有非常优异的非线性特性，在较高电压下电阻非常小，可以泄放大量雷电流，残压很低，对陡波和雷电幅值同样有限压作用。在接触网正常供电电压下，ZnO 阀片电阻很大，泄漏电流只有 50 ~ 150 μA，可视为无工频续流。

4. 高压互感器

互感器是一种测量用设备，有电流互感器和电压互感器两种，其工作原理和变压器相同。使用互感器的目的如下：

（1）为了工作人员的安全，使测量回路与高压电网隔离。

（2）可以使用小量程的电流表测量大电流，用低量程电压表测量高电压。

（3）用于各种继电保护装置的测量系统。通常，电流互感器的二次侧额定电流为 5 A 或 1 A，电压互感器的二次侧额定电压为 100 V。

1）电流互感器

与普通的变压器相比，电流互感器的一次绕组由 1 匝或几匝截面较大的导线构成，并串入需要测量电流的电路中。二次侧的匝数较多，导线截面较小，并与阻抗很小的仪表（如电流表、功率表的电流线圈等）接成回路。电流互感器的运行情况相当于变压器的短路情况，使用时必须注意：

（1）电流互感器的二次绕组绝对不允许开路。

（2）必须将电流互感器的外壳和二次绕组的一端可靠接地，以防原、副边绕组间绝缘损坏，原边电压窜入二次侧，引起触电和仪表损坏。

2）电压互感器

电压互感器工作时，一次侧直接接到被测的高压电路，二次侧接电压表或功率表的电压线圈。由于电压表和功率表的电压线圈阻抗很大，所以电压互感器的运行情况相当于变压器的空载情况。忽略漏阻抗压降时，其一二次绕组之比就等于一二次绕组的电压之比，而电压互感器在设计时，为了保证其准确度，一般都采用高性能的硅钢片，以减小励磁电流和一二次侧的漏电抗。

电压互感器在使用时，必须注意：

（1）电压互感器二次侧绝对不能短路。

（2）电压互感器的二次绕组连同铁心一起，必须可靠接地。

（3）电压互感器有一定的额定容量，使用时二次侧不宜接过多的仪表。

5. 高压隔离开关

高压隔离开关的作用是优化配置 25 kV 电路内高压设备的运行工况，当车顶设备发生故障时，能将故障部分隔离，维持动车组运行。它的存在可以大大减少因车顶设备故障而造成的机器事故，保证动车组的安全运行。

高压隔离开关主要由隔离闸刀、支撑瓷瓶和转动瓷瓶、底座安装板、传动机构、锁固机构、辅助接点、手柄等组成，外观及结构如图 6.14 和图 6.15 所示。

图 6.14　高压隔离开关外观

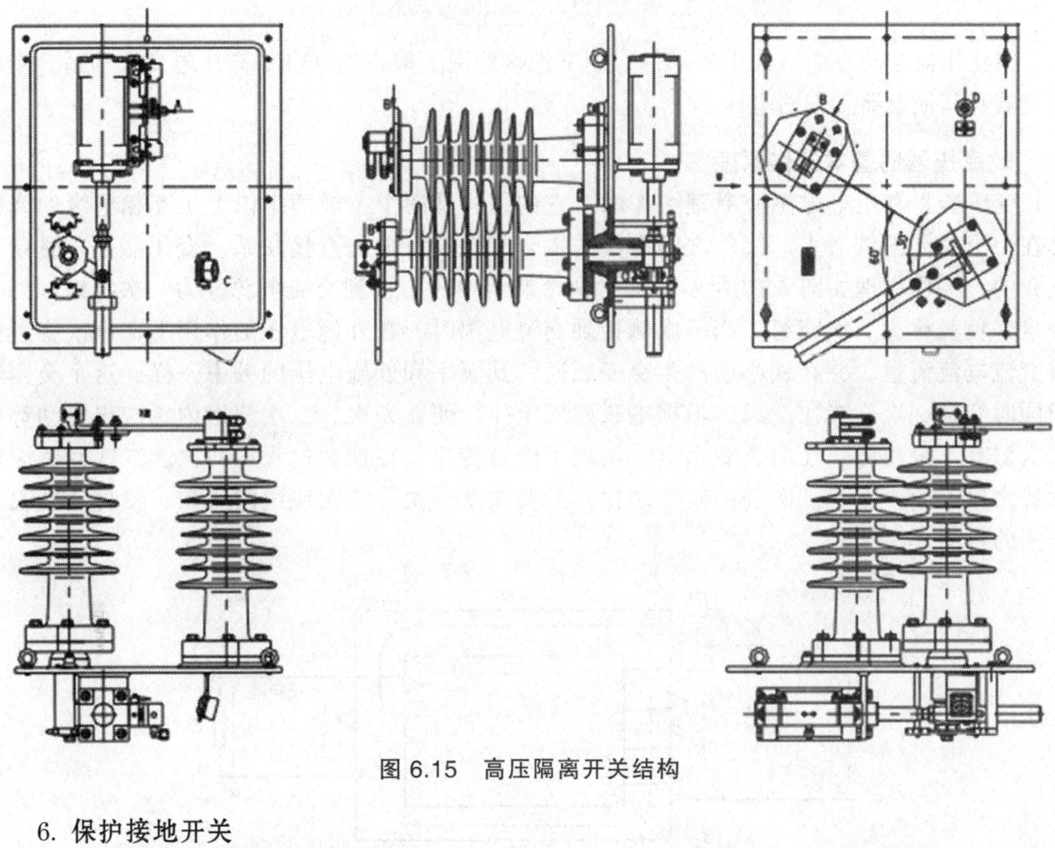

图 6.15　高压隔离开关结构

6. 保护接地开关

当真空断路器不能使主回路断路时，或者是当接触网发生异常，要求接触网变成无电压等情况时，操作保护接地开关可以强制接触网接地。保护接地开关的外观如图 6.16 所示。

为了保护车辆安全，当检查高压设备箱的内部时，万一发生受电弓上升的情况也能事先让受电弓接地，防止触电事故的发生。只要有电源和压缩空气，无论何时都可以接通（闭合）保护接地开关。

图 6.16 保护接地开关外观

6.3.2 主变压器

主变压器是动车组上的重要部件，用来把接触网上取得的 25 kV 高压电变换为适合牵引变流器及其他电器工作的电压。

1. 变压器的基本工作原理

变压器是利用电磁感应原理工作的，它的结构是两个（或两个以上）互相绝缘的绕组套在一个共同的铁心上，绕组之间有磁的耦合，但没有电的直接联系。变压器是以磁场为媒介的，工作原理如图 6.17 所示。通常两个绕组中一个接到交流电源称为一次绕组，另一个接到负载称为二次绕组。当一次侧接到交流电源时，在外施电压的作用下，一次绕组中有交流电流流过，并在铁心中产生交变磁通，其频率和外施电压的频率一样。这个交变磁通同时交链一次、二次绕组，根据电磁感应定律，便在一次、二次绕组内感应出电动势。二次侧有了电动势，便向负载供电，实现了能量传递。在这一过程中一次、二次侧感应电动势之比等于一次、二次绕组匝数之比，只要改变一次、二次绕组的匝数，便可达到改变电压的目的。

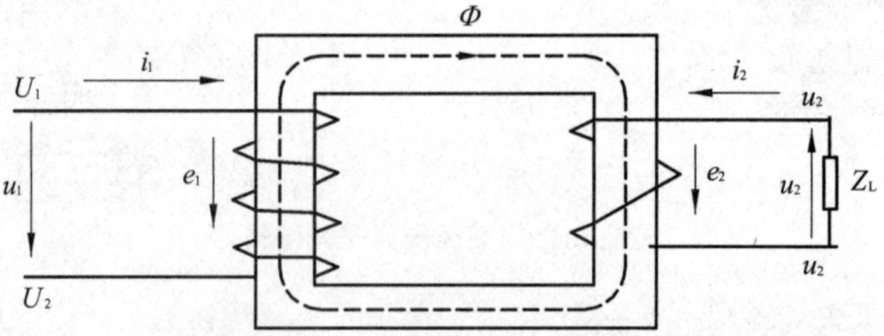

图 6.17 单相变压器工作原理

变压器在各个领域应用很广，为了适应不同的使用目的和工作条件，变压器的类型很多，且各种类型的变压器在结构上、性能上的差异也很大。

目前，由于我国高速铁路均采用接触网架构的单相供电模式，因此所有高速动车组均配置有单相变压器。

2. **变压器的基本结构**

变压器由铁心、绕组、油箱和绝缘套管等部件组成，为了使变压器安全可靠地运行，还设有储油柜、气体继电器和安全气道等附件。铁心和绕组是变压器进行电磁感应的基本部分，称为器身。油箱起机械支撑、冷却散热和保护作用，变压器油起冷却和绝缘作用，套管主要起绝缘作用。图 6.18 所示为 ATM9 型牵引变压器外观。

图 6.18　ATM9 型牵引变压器外观

1）铁　心

铁心既作为变压器的磁路，又作为变压器的机械骨架。

为了提高导磁性能，减少交变磁通在铁心中引起的损耗，变压器的铁心都采用厚度为 0.35 ~ 0.5 mm 的电工钢片叠加而成。电力变压器的铁心由铁心柱（有绕组的部分）和铁轭（连接两个铁心柱的部分）两部分组成。变压器分为心式和壳式两种形式，分别如图 6.19 和图 6.20 所示。

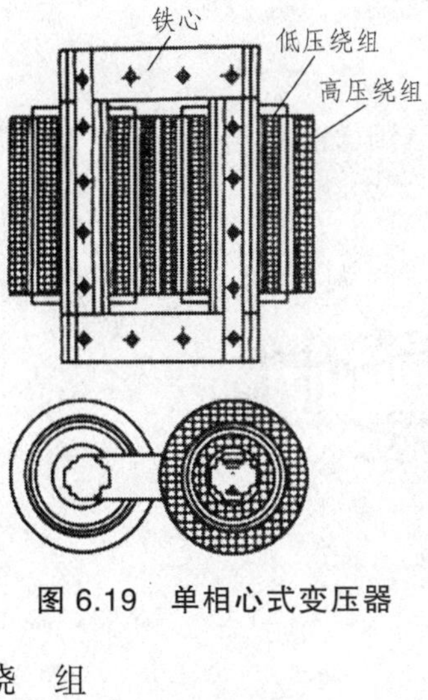

图 6.19　单相心式变压器

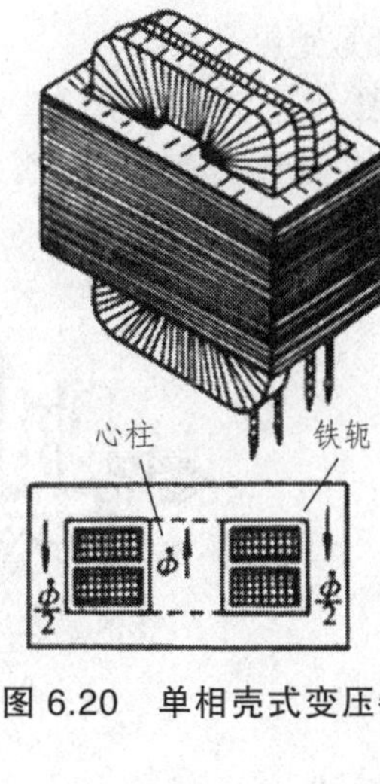

图 6.20　单相壳式变压器

2）绕　组

绕组是变压器的电路部分，用来传输电能，一般分为高压绕组和低压绕组。接在较高电压上的绕组称为高压绕组，接在较低电压上的绕组称为低压绕组。从能量的变换传递来说，接在电源上，从电源吸收电能的绕组称为原边绕组（又称一次绕组或初级绕组）；与负载连接，给负载输送电能的绕组称为副边绕组（又称二次绕组或次级绕组）。

绕组是按照一定规律连接起来的若干个线圈的组合，一般用绝缘的铜线绕制而成。高压绕组的匝数多、导线横截面小，低压绕组的匝数少、导线横截面大。根据高压绕组和低压绕组相互位置的不同，绕组的结构形式可分为同心式和交叠式两种，如图 6.21 和图 6.22 所示。为了保证变压器能够安全可靠的运行及有足够的使用寿命，对绕组的电气性能、耐热性能和机械强度都有一定的要求。

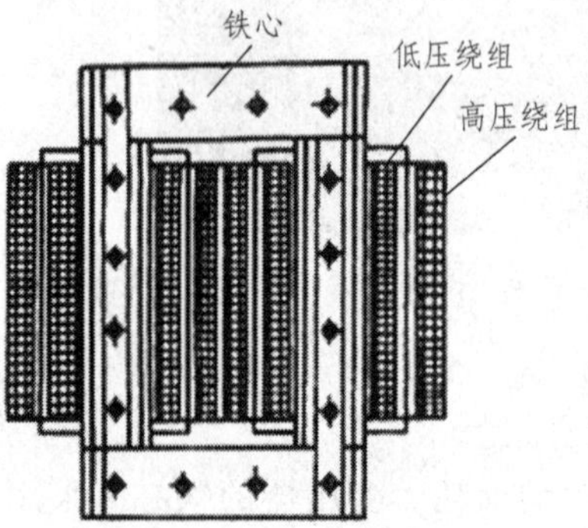

图 6.21　同心式绕组

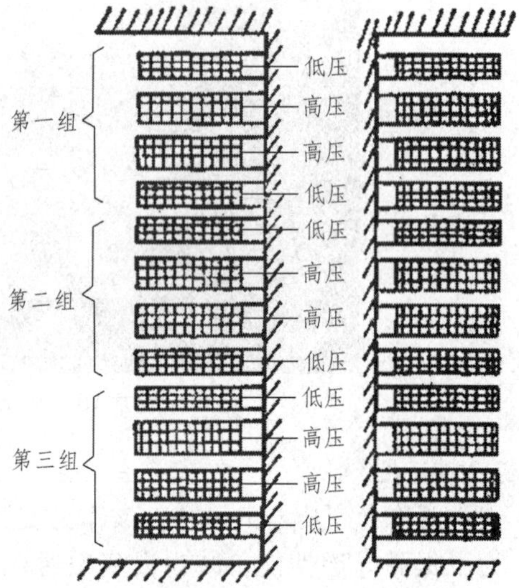

图 6.22　交迭式绕组

3）油　箱

油箱是油浸式变压器的外壳。油浸式变压器的器身浸在充满变压器油的油箱中，油即是冷却介质，又是绝缘介质。

4）绝缘套管

绝缘套管将线圈的高、低压引线引到箱外，并担负着固定的作用。套管外形常做成伞形，电压越高级数越多，其外形如图 6.23 所示。

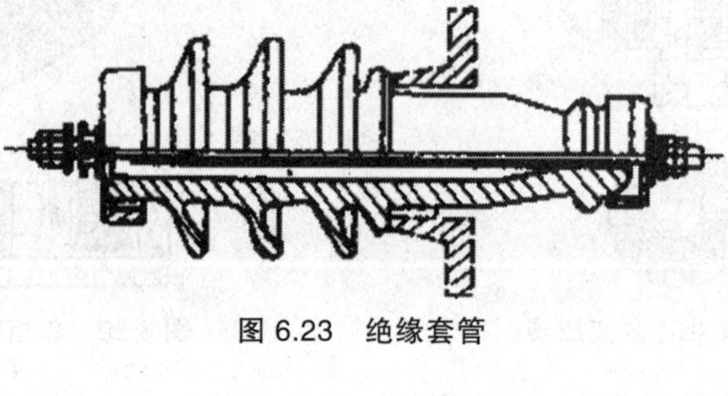

图 6.23　绝缘套管

5）冷却系统

为了加强冷却效果，动车组变压器普遍采用油循环强迫风冷方式。

6.3.3 牵引变流器

牵引变流器是高速动车组的心脏，决定了列车的启动、制动和最高运行速度等性能。动车组技术的发展，很集中的反应在牵引变流器的发展上。

牵引变流器的功能是转换直流制和交流制间的电能量，并对各种牵引电动机起控制和调节作用，从而控制动车组的运行。牵引变流器由脉冲整流器、逆变器、中间直流环节组成，其外观如图 6.24 所示。

图 6.24 牵引变流器外观

1. 牵引变流器用电力电子器件

在牵引变流电路中，最核心的组成部分是电力电子开关器件，一般包括 GTR，GTO，MOSFET，IGBT 等。在动车组牵引变流器中，IGBT 是目前应用的主要开关器件。

1）绝缘栅双极晶体管（IGBT）

复合型电力电子器件 IGBT 综合了电力电子器件 GTR 的安全工作区宽、电流密度高、导通压降低和电力电子器件 MOSFET 输入阻抗高、驱动功率小、驱动电路简单、开关速度快、热稳定性好的优点，因而发展很快，应用领域正在不断扩展中。

IGBT 是以金属氧化层半导体场效晶体管为驱动元件，GTR 为主导元件的达林顿电路结构器件。它相当于一个由场效应管 MOSFET 驱动的厚基区 GTR。

IGBT 的控制原理与 MOSFET 基本相同，IGBT 的开通和关断受栅极控制，N 沟道型 IGBT 的栅极上加正偏置电压，并且数值上大于开启电压时，IGBT 内的 MOSFET 的漏极与源极之间因此感应产生一条 N 型导电沟道，使 MOSFET 导通，从而使 IGBT 导通。反之，如在 N 沟道型 IGBT 上加反偏置电压，它内部的 MOSFET 漏源极间不能感生导电沟道，IGBT 就截止。

2）可关断晶闸管（GTO）

GTO 是高电压、大电流双极型全控型器件。与 SCR 相比，GTO 的工作频率较高，且具有自关断能力，省去了强迫换流电路，所以整体体积减小、质量减轻、效率提高、可靠性增加。在大容量变流设备中，GTO 发挥了其高电压、大电流的优势，在机车牵引传动、交流电机调速、不停电电源和直流斩波调速等领域被广泛应用。

3）智能型功率模块（IPM）

IPM 是以 IGBT 技术为基础的电力电子开关，由高速低功耗的管芯和优化的门极驱动电路以及快速保护电路构成。与 IGBT 器件相比，IPM 还具有以下特点：① 快速的过流保护；② 过热保护；③ 桥臂对管互锁保护；④ 器件布局合理，无外部驱动线，抗干扰能力强，工作可靠性高；⑤ 驱动电源欠压保护。

2. 脉冲整流器

整流电路是电力电子电路中出现最早的一种，它的作用是将交流电变为直流电供给直流用电设备。

脉冲整流器是列车牵引传动系统电源侧变流器，是一种应用脉宽调制技术（PWM）发展来的一种新型电源变流器。在牵引时作为整流器，将电网输入的单相交流电变为直流电；在再生制动时作为逆变器，将直流电逆变为单相交流电，回馈到电网中去。它可以方便地运行于电压、电流的四个象限，因此脉冲整流器也可称为四象限脉冲整流器。

图 6.25 为脉冲整流器电路原理，它由交流回路、功率开关桥路以及直流回路组成。其中交流回路包括变压器牵引绕组的输出电压 u_{N}，漏电感 L_{N} 和绕组电阻 R_{N}（R_{N} 很小，可以忽略不计）；直流回路包括二次滤波环节 L_2，C_2 和中间支撑电容 C_{d}，其简化的等效电路如图 6.26 所示。

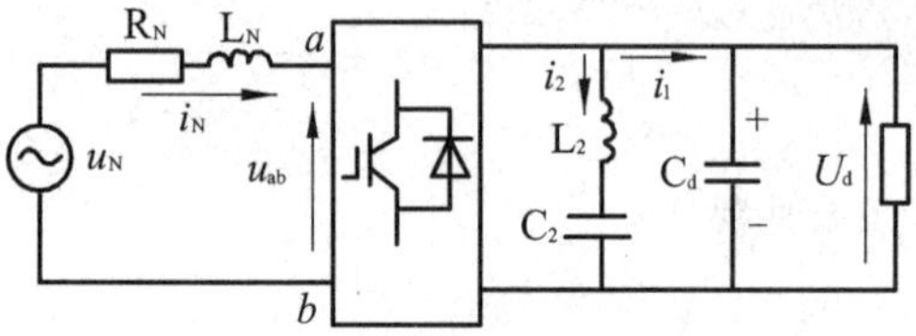

图 6.25　脉冲整流器模型电路

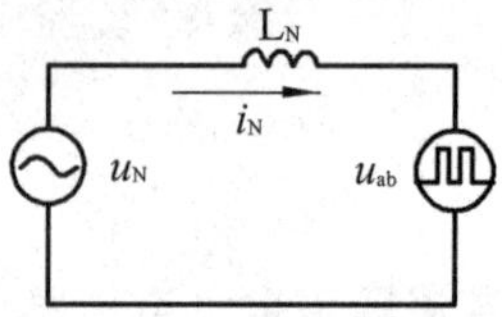

图 6.26　脉冲整流器的简化等效电路

1）两电平脉冲整流器

（1）两电平脉冲整流器的工作原理。

单相两电平脉冲整流器主电路如图 6.27 所示，L_N 和 R_N 分别为牵引绕组漏电感和电阻，开关管 T_1，T_2，T_3，T_4 组成一个全控桥电路，L_2 和 C_2 组成一个二次滤波器，C_d 为中间直流侧支撑电容。

为了便于分析，定义理想开关函数 S_{A} 和 S_{B} 为式（6.1）和式（6.2）。采用理想开关函数并忽略牵引绕组电阻，则图 6.27 所示的两电平脉冲整流器主电路可以等效为图 6.28 所示电路。

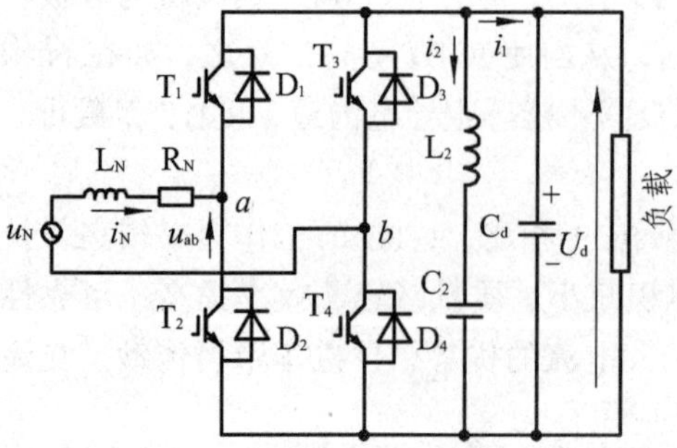

图 6.27　两电平整流主电路

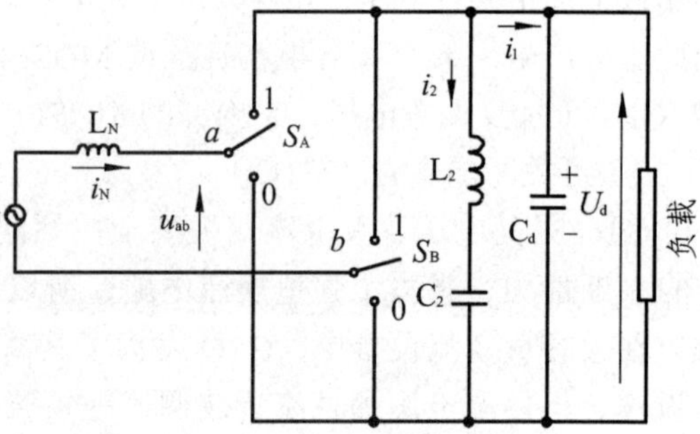

图 6.28　两电平整流器开关等效电路

$$S_A=\begin{cases}1 & T_1\text{导通}\\ 0 & T_2\text{导通}\end{cases} \tag{6.1}$$

$$S_B=\begin{cases}1 & T_3\text{导通}\\ 0 & T_4\text{导通}\end{cases} \tag{6.2}$$

由于上桥臂与下桥臂不允许直通，则 S_i（$i=A,B$）与 S_i'（为下臂桥的开关函数）必须满足 $S_i'=1-S_i$。于是 u_{AB} 的取值有 U_d，0，$-U_d$ 三种电平，有关的开关组合有 4 种，即 $S_AS_B=$ 00，01，10，11 四种逻辑。则 u_{AB} 可表示为

$$u_{ab}=(S_A-S_B)U_d \tag{6.3}$$

对应于 4 个开关的不同开闭状态，电路总共有 3 种工作模式。

（2）两电平脉冲整流器的 PWM 控制原理。

两电平脉冲整流器采用 SPWM 调制，其调制方式如图 6.29 所示。当 $u_a>u_{ca}$ 时，S_A 为 1，否则为 0。b 相与 a 相调制方式相同，但 u_b 与 u_a 相位相差 180°，u_{cb} 与 u_{ca} 相同。图 6.30 为两电平脉冲整流器 SPWM 调制波形。

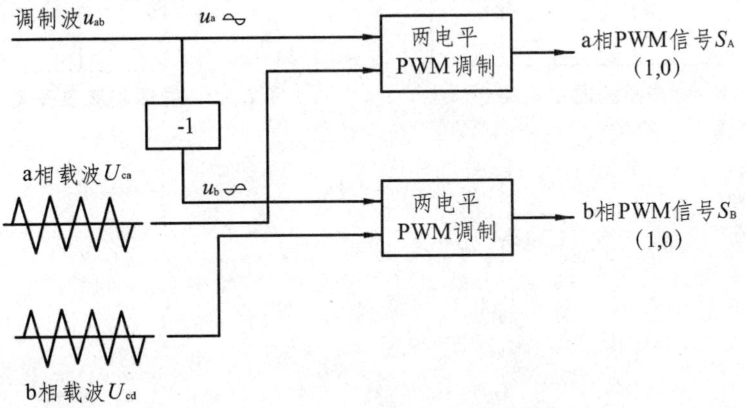

图 6.29　两电平脉冲整流器 SPWM 调制

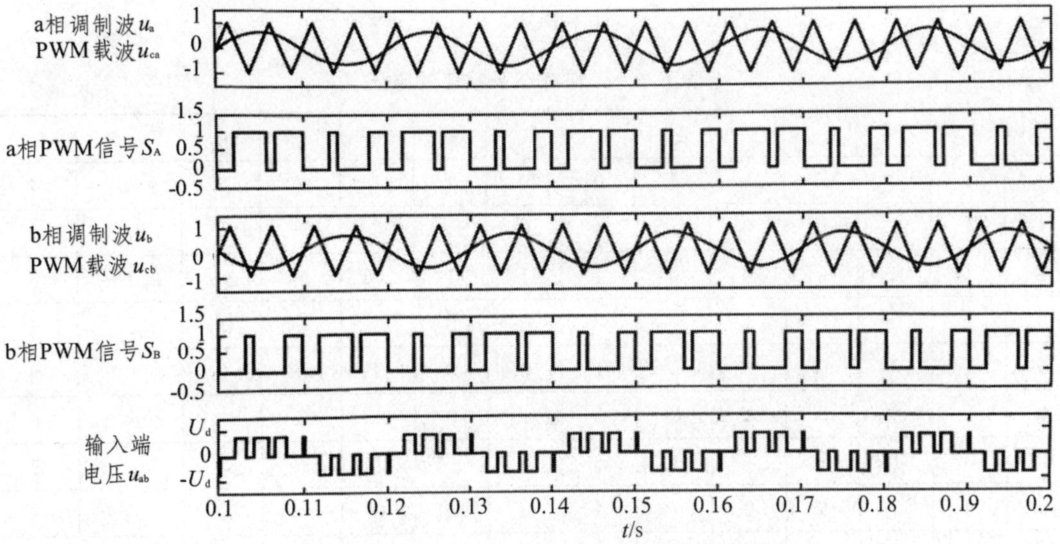

图 6.30　两电平脉冲整流器 SPWM 调制波形

2）三电平脉冲整流器

（1）三电平脉冲整流器工作原理。

单相三电平脉冲整流器主电路如图 6.31 所示，图中 u_1 为直流侧支撑电容 C_1 上的电压，u_2 为直流侧支撑电容 C_2 上的电压。为了便于分析，定义理想开关函数 S_A 和 S_B 如式（6.4）和式（6.5）所示。采用理想开关函数并忽略牵引绕组电阻，则图 6.31 所示的三电平脉冲整流器可等效为图 6.32 所示的电路。

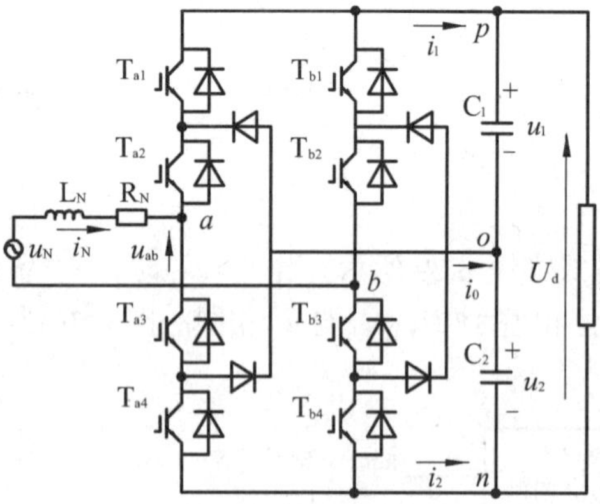

图 6.31　脉冲整流器主电路

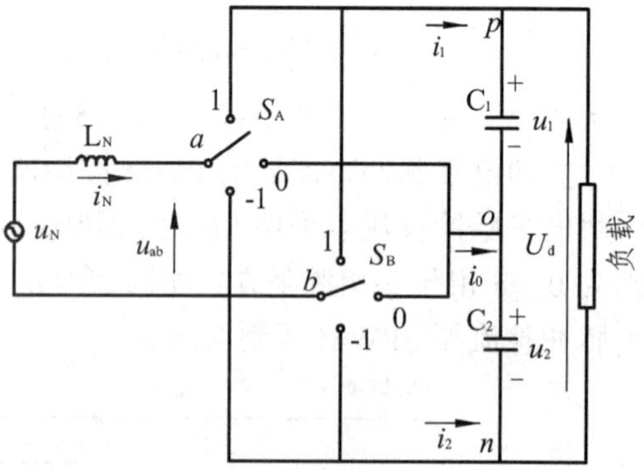

图 6.32　脉冲整流器开关等效电路

$$S_A=\begin{cases}1 & T_{a1}\text{和}T_{a2}\text{导通}\\0 & T_{a2}\text{和}T_{a3}\text{导通}\\-1 & T_{a3}\text{和}T_{a4}\text{导通}\end{cases} \tag{6.4}$$

$$S_B=\begin{cases}1 & T_{b1}\text{和}T_{b2}\text{导通}\\0 & T_{b2}\text{和}T_{b3}\text{导通}\\-1 & T_{b3}\text{和}T_{b4}\text{导通}\end{cases} \tag{6.5}$$

显然，由 S_A 和 S_B 组成的电路总共由 9 种组合，对应主电路有 9 种工作模式，如表 6.1 所示。

表 6.1　工作状态及相应的电压

T_{a1}	T_{a2}	T_{a3}	T_{a4}	T_{b1}	T_{b2}	T_{b3}	T_{b4}	S_A	S_B	u_{ao}	u_{bo}	u_{ab}	Mode
1	1	0	0	1	1	0	0	1	1	u_1	u_1	0	1
1	1	0	0	0	1	1	0	1	0	u_1	0	u_1	2
1	1	0	0	0	0	1	1	1	−1	u_1	$-u_2$	u_1+u_2	3
0	1	0	0	1	1	0	0	0	1	0	u_1	$-u_1$	4
0	1	0	0	0	1	1	0	0	0	0	0	0	5
0	1	0	0	0	0	1	1	0	−1	0	$-u_2$	u_2	6
0	0	1	1	1	1	0	0	−1	1	$-u_2$	u_1	$-u_1-u_2$	7
0	0	1	1	0	1	1	0	−1	0	$-u_2$	0	$-u_2$	8
0	0	1	1	0	0	1	1	−1	−1	$-u_2$	$-u_2$	0	9

（2）三电平脉冲整流器 PWM 控制原理。

三电平脉冲整流器 PWM 调制方式为 SPWM，其理想开关函数见式（6.6），其调制方式如图 6.33 所示。当 b 相调制波 u_b 与 a 相相差 180°相位，其与 b 相载波 u_{cb} 之间的关系与上述关系相同，为减少高次谐波，b 相载波需要偏离 a 相载波 180°相位。

$$\begin{cases} u_a > u_{ca}（正侧波形）> u_{ca}（负侧波形）时，\ S_A = 1 \\ u_{ca} >（正侧波形）> u_a > u_{ca}（负侧波形）时，\ S_A = 0 \\ u_{ca}（正侧波形）> u_{ca}（负侧波形）> u_a 时，\ S_A = -1 \end{cases} \tag{6.6}$$

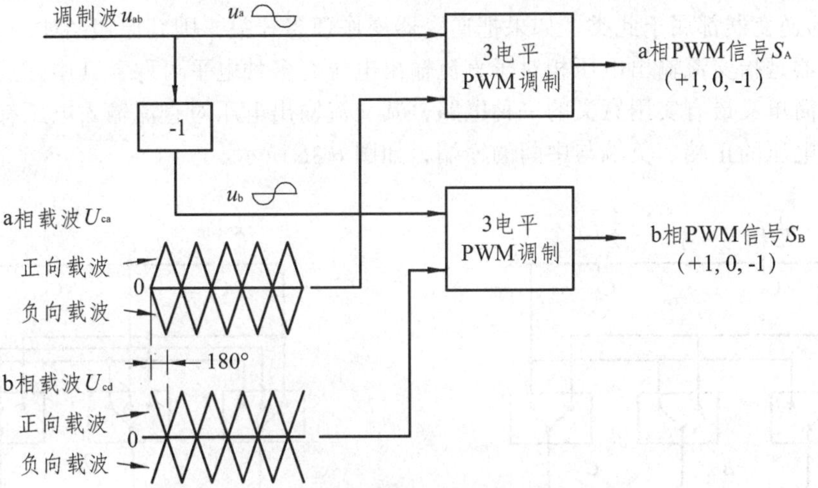

图 6.33　三电平脉冲整流器 SPWM 调制方式

三电平脉冲整流器利用上述调制方式进行切换动作，得到的 PWM 调制动作波形如图 6.34 所示。

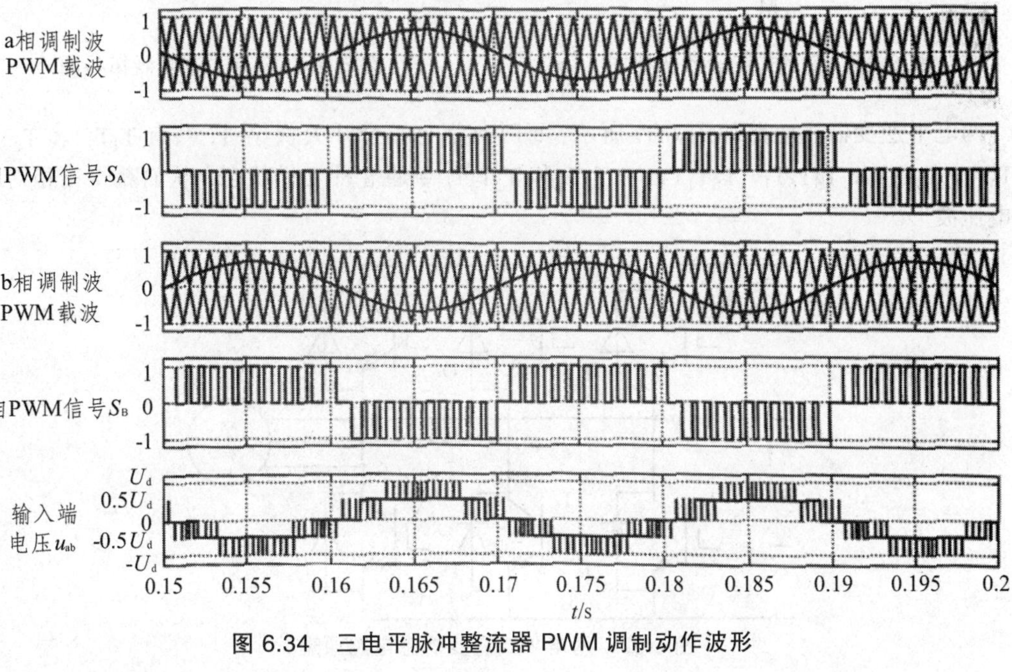

图 6.34　三电平脉冲整流器 PWM 调制动作波形

3. **逆变器**

逆变器部分以支撑电容器电压为输入，牵引控制装置控制 IGBT 的开通或关断。牵引时逆变器输出电压和频率可调的三相交流电，控制牵引电机的转速和转矩。再生制动时以牵引电机输出的三相交流电源为输入，向支撑电容侧输出直流电压。

牵引逆变器可以分成电压源型和电流源型两种，为同步电机供电的大多采用电流源型逆变器，为异步电机供电的大多采用电压源型逆变器。我国高速列车全部采用电压源型逆变器。根据输出电平数的不同，电压源型牵引逆变器又可分为两电平和三电平两种。二点式逆变器是指每相交流输出电压相对于直流输入电压只有两种取值可能，电压正端或负端（或两种电平），普通的逆变器都属于此类。如果把逆变器视作理想开关，则其原理图如图 6.35 所示。多点式逆变器是指交流输出电压相对于直流输出电压有多种电平可取，其中三点式逆变器是多点式中最简单又最有实用意义的一种电路，其交流输出电压对直流输入电压有三种取值可能，一般为电压的正端、负端与中间的零端，如图 6.36 所示。

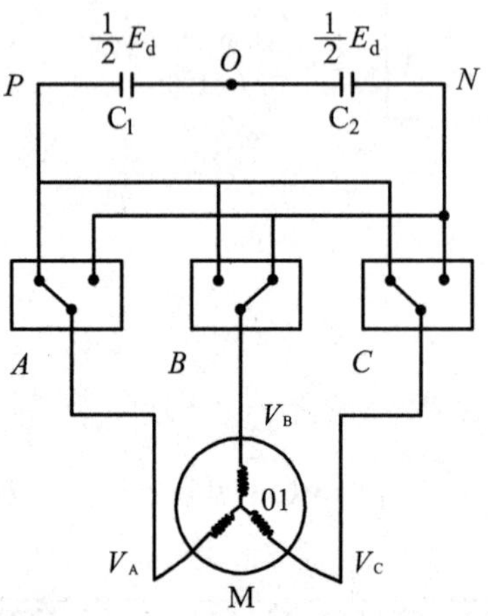

图 6.35　二点式逆变器拓扑图

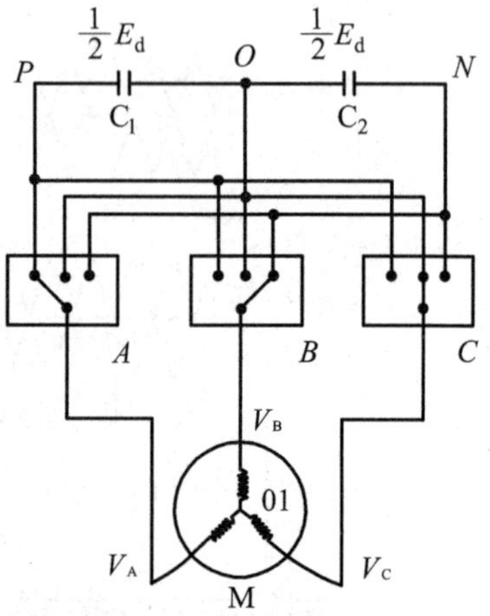

图 6.36　三点式逆变器拓扑图

两电平逆变器主电路如图 6.37 所示，每时刻都有三个开关管导通，共有 $T_1T_2T_3$，$T_2T_3T_4$，$T_3T_4T_5$，$T_4T_5T_6$，$T_5T_6T_1$，$T_6T_1T_2$，$T_1T_3T_5$ 和 $T_2T_4T_6$ 导通 8 种工作状态，从而获得三相对称输出电压波形。

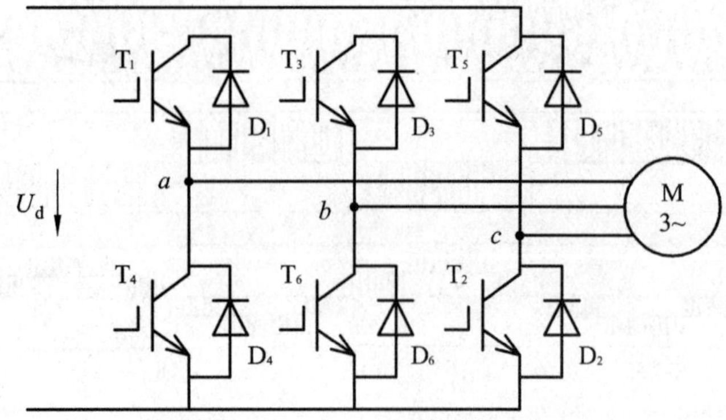

图 6.37　两电平式逆变器主电路原理

三电平逆变器是在大电容电力牵引交流传动领域中新发展起来的一种逆变器，它属于电压型逆变器范畴。三电平逆变器主电路如图 6.38 所示，采用两个 IGBT 串联与中点带二极管的方案。这种主电路方案可使主管耐压值降低一半。

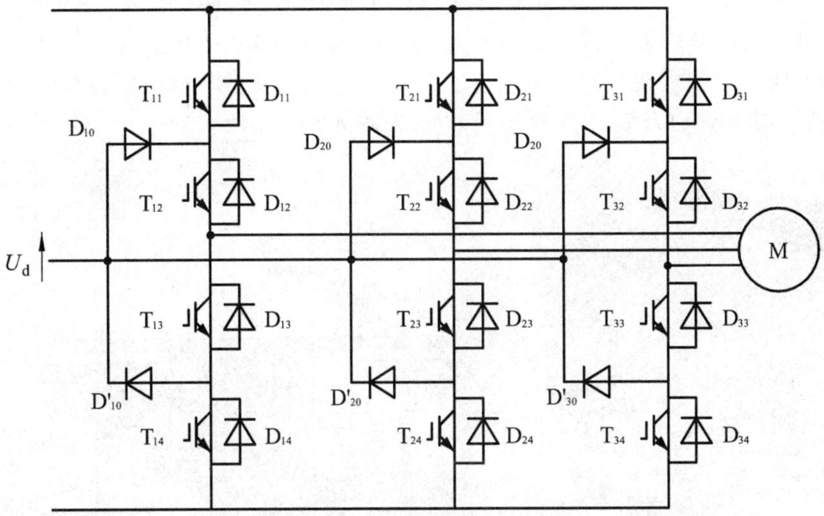

图 6.38　三电平式逆变器主电路原理

4. **中间直流环节**

在交-直-交变流器中，中间直流回路属于储能环节，是入端脉冲整流器和负载端逆变器的联结纽带。在电压型脉冲整流器中，其组成部分包括相应于 2 倍电网频率的串联谐振电路，支撑电容器和过压限制电路。

1）二次串联谐振电路

由于脉冲整流器输出的电流含有大量的高次谐波，其中二次谐波对系统的性能影响最大。二次串联谐振电路的作用就是消除二次谐波。

2）支撑电容器

在电压源型变流器中，支撑电容器作为储能器可以支撑中间回路电压并使其保持稳定。支撑电容值的大小直接决定着中间直流环节的工作性质，因此选择合理的值十分重要。

在理想情况下，特别是当负载纯粹是一个电阻时，并不需要另外一个储能器。因为反应漏感和四象限整流器之间无功功率变换的二次谐波电流从串联谐振电路上流过，而流到负载上去的是一个纯直流分量。但是实际上，由于以下原因，在脉冲整流器的输出端，或者在中间回路中，由电容器构成的另一个储能器是必不可少的：

（1）与脉冲整流器、逆变器交换的无功功率和谐波功率是在脉宽调制过程中产生的。

（2）与异步电动机交换无功功率。

（3）由于串联谐振回路中实际存在的电阻的二次谐波电流并非全部通过串联谐振电路，而是由串联谐振电路和支撑电容器 Cd 分流，所以，从这个角度出发来说，支撑电容器 Cd 也部分地起着与变压器漏感交换无功功率的作用。

（4）支撑中间回路电压，使其保持稳定。如果这个电容器太小，变流器的控制将变得相当困难。因为控制稍有一点误差，中间回路的电压就会出现很大的波动。

6.3.4 牵引电动机

动车组牵引传动系统是铁路安全、正常运行的保障，而牵引电动机是动车组牵引传动系统重要的组成部分之一。牵引电机将电能转换为机械能，驱动车轮转动，牵引整个列车运行。如 CRH2 型动车组每辆动车配置 4 台牵引电机（并联连接），一个基本动力单元共 8 台，全列共计 16 台，所有牵引电机的外形尺寸、安装尺寸和电气特性相同，各动车的牵引电机可以实现完全互换，其外观以及安装位置如图 6.39 和图 6.40 所示。

图 6.39 牵引电机外观

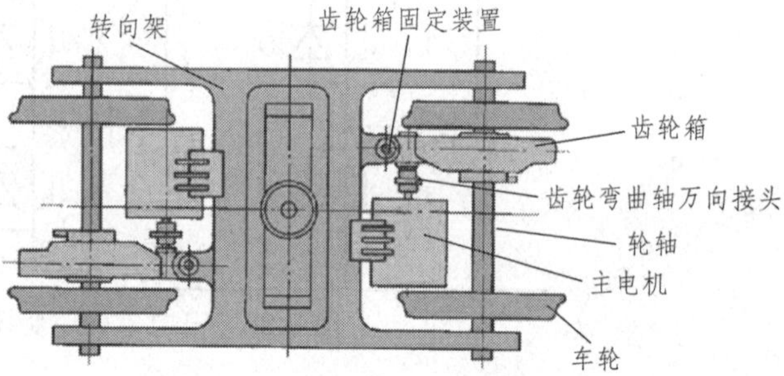

图 6.40 CRH2 型动车组牵引电机安装位置

1. 牵引电动机的结构

CRH 系列动车组基本采用三相异步电动机作为牵引动力，主要由定子、转子、轴承、通风系统、速度传感器等组成。相比于直流电机，三相异步电机有着显著的优越性能和经济指标，具有持续功率大，体积小，重量轻，结构简单牢固，维护工作量少，牵引性能良好，功率因素高，谐波干扰小等优势。

1）定　子

三相异步电动机的定子由定子铁心、定子绕组和机座等构成。

定子铁心的作用是作为电机中磁路的一部分和放置定子绕组。为了减少旋转磁场在铁心中引起的损耗，铁心一般采用导磁性良好的电工硅钢片叠成。为了嵌放定子绕组，在定子铁心内圆冲出许多形状相同的槽。

定子绕组是电机的电路部分，其主要作用是感应电动势，通过电流以实现机电能量转换。定子绕组的槽内布置分为单层和双层两种。定子绕组经过槽口分散滑入槽内，与铁心之间必须可靠绝缘。定子铁心和线圈如图 6.41 所示。

图 6.41 定子铁心和线圈

2）转　子

三相异步电动机的转子由转子铁心、转子绕组和转轴等组成。转子铁心也是作为电机中磁路的一部分。

转子绕组的作用是感应电动势、流过电流和产生电磁转矩，其结构形式有笼型和绕线型两种。笼型转子外观如图 6.42 所示。

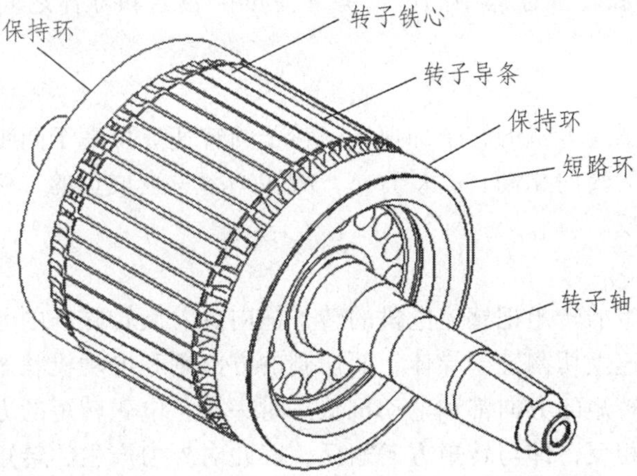

图 6.42　转子外观

3）轴　承

轴承用于承担径向和轴向的作用力，引导轴的旋转，在电机的驱动端和非驱动端均有安装。

4）通风系统

牵引电机通常为强迫通风型，通过外部风扇进行空气冷却。

5）速度传感器

牵引电机安装有速度传感器（见图 6.43），用以给传动控制系统提供速度信号，便于逆变器控制和制动控制。

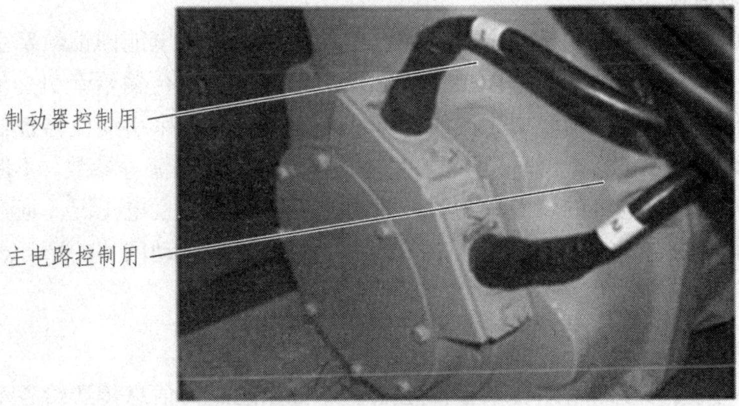

图 6.43　速度传感器外观

2. 牵引电动机的原理

牵引电动机所用三相异步电动机的工作特点在于转子的转速 n 与定子产生的旋转磁场的转速 n_1 不同。转子转速 n 与同步转速 n_1 的差额（n_1-n）对同步转速 n_1 的比值称为转差率，用 s 表示。转差率是感应电机运行时的一个重要物理量。根据 s 的正负和大小可以判断感应电机运行于电动机、发电机以及电磁制动中的哪一个状态。

1）电动机状态

转向与旋转磁场的转向相同而转速 n 小于同步转速 n_1 时，感应电机作为电动机运行。此时旋转磁场与定子和转子导体中的电动势方向可由磁通和导体之间的相对运动用右手定则确定。

2）发电机状态

如果用原动机将感应电机的转子加速，则转子的转速 n 可高于同步转速 n_1。此时转子的转向与定子旋转磁场的转向相同，n 大于 n_1，故转差率 s 变成负的，磁场切割转子导体的方向与电动机状态时相反。

3）电磁制动状态

如果由于外力产生的转矩把感应电机的转子拖向反着旋转磁场的方向转动，则旋转磁场将以高于同步转速的速度切割转子导体，而切割的方向则和电动机状态相同。这时电动势、电流、电磁力和电磁转矩的方向都和电动机状态时一样，电磁转矩的方向与旋转磁场的转向相同，但与转子转向相反，即与转矩方向相反，因此对外力产生的转矩起制动作用。外力必须克服这个制动转矩，才能把转子拖向反着旋转磁场的方向转动，对转子供给机械功率。

6.4　动车组牵引传动控制功能

CRH 系列高速动车组牵引传动系统控制主要包括牵引控制、再生制动控制、恒速控制、防空转控制、谐波抑制等内容。各型动车组的控制方式均不相同，但都能满足动车组牵引、再生制动、平滑启动、调速、保护等功能。

1. 再生制动控制

牵引变流器可以通过再生制动方式将动车组的动能转换为电能回馈给牵引变电所。在进行再生制动时，动车组制动系统（BCU）将制动力给定值实时传输给牵引变流器控制装置，牵引变流器实施的控制策略与牵引工况时相同。再生制动时，牵引变流器控制装置检测牵引电机的转速、接触网供电电源频率/相位以及牵引电机的发电电流等参数，不断调整牵引电机的频率和电压，使牵引电机的转差率为负，牵引电机转为再生发电工况。通过再生制动的控制，减少了动车组的空气制动的使用频率，减少了制动盘和制动闸片的磨耗，同时将能量反馈给电网而具有节能的效果。

2. 恒速控制

恒速控制时，司机在网络系统设置恒速点，并将恒速点的信息传送给各牵引变流器控制装置。恒速控制时，牵引变流器由以力矩为控制目标的控制方式转变为以动车组速度为控制目标的控制方式，但控制策略与牵引工况相同。

在恒速控制时，司机通过网络系统给牵引/制动系统一个给定的运行速度，在运行速度调节器的作用下，列车最终的运行速度达到预设值。

3. 防空转控制

防空转滑行控制系统保障在不同轮轨条件下有效黏着力的高利用率。该系统通过检测动轴的速度来判断牵引运行工况的空转和动力制动运行工况的滑行，当发现空转或滑行时，减小电机变流器控制的扭矩基准，直至空转或滑行消失。

空转/滑行控制的目的：

（1）在轨道和车轮之间黏着力不足以获得需要的转矩时，获得尽量高的扭矩。

（2）减小扭矩基准，使动轴车轮在牵引状态下不发生失控性的空转，在动态制动下不会抱死或出现滑行情况，不超过最大允许空转速度，避免驱动系统发生不可接受的扭振。

发生空转/滑行的信息被送到网络系统并传送给制动控制系统，制动控制系统重新进行制动力分配，以减小制动时发生滑行的转向架的空气制动力，从而优化整列动车组的动力制动，在发生滑行时也能够使整列动车组获得最大制动力。

复习思考题

1. 简述动车组牵引传动方式的原理。
2. 简述高速列车的牵引特性。
3. 简述动车组牵引传动系统的组成。
4. 简述受电弓的结构及工作原理。
5. 说明真空断路器在动车组上的作用。
6. 说明高压隔离开关的作用。
7. 简述变压器的基本结构及工作原理。
8. 说明牵引变流器的组成。
9. 如何判断三相异步电动机的工作状态？

第 7 章 国产动车组技术

7.1 我国动车组的发展

我国幅员辽阔，南北气候差异大，东西部经济发展水平不均衡，路网规模大，长途与短途需求各异，因而对动车组的需求也有很大的差异。2004 年铁道部落实“引进先进技术、联合设计生产、打造中国品牌”的基本方针，博采众长，与加拿大庞巴迪（CRH1 型）、日本川崎（CRH2 型）、德国西门子（CRH3 型）、法国阿尔斯通（CRH5 型）协议生产动车组，大体涵盖了世界上主要的动车组技术。

7.1.1 CRH1 型动车组的发展

CRH1A 型动车组的原型车是庞巴迪运输为瑞典国家铁路提供的 Regina C2008 型，由青岛四方庞巴迪鲍尔铁路运输设备有限公司[Bombardier Sifang（Qingdao）Transportation Ltd., BST]制造。

2004 年 6 月，铁道部为第六次大提速而向 BST 招标。2005 年 8 月 25 日，CRH1A 型动车组被广深铁路公司引进。2007 年 2 月 1 日起，CRH1A 动车组正式开始在广深线投入载客试运行，首发车次为 T971 次，由广州东站出发前往深圳站。2010 年 7 月，原铁道部追加订购 40 列 CRH1A 型动车组（CRH1-081A ~ CRH1-120A）。2012 年 9 月，铁道部更改有关和谐号 CRH380D 型电力动车组的订单，在新订单中，铁道部订购了 46 列 CRH1A 型动车组及 60 列新一代 CRH1 型动车组。新一代 CRH1 型动车组将使用铝合金车身以减小质量、增强牵引系统、优化列车气密性及减少能源消耗。CRH1 型动车组如图 7.1 所示。

图 7.1 CRH1 型动车组

7.1.2 CRH2 型动车组的发展

CRH2 型动车组是以日本新干线（Shinkansen）E2-1000 型动车组为原型车，由四方机车车辆股份有限公司通过引进日本川崎重工（Kawasaki Heavy Industries）技术，最终实现国产化制造。

2004 年 10 月 20 日，日本铁路公司代表“日本企业联合体”与中国铁道部在北京签订铁路车辆、转让技术的合同，订单中首批 60 列速度 200 km/h 级别动车组随后被正式定型为 CRH2A 型动车组。2007 年 1 月 28 日起，CRH2A 型动车组正式开始在沪杭线及沪宁线间投入载客试运营。CRH2 型动车组如图 7.2 所示。

图 7.2 CRH2A 型动车组

2007 年，四方机车车辆股份有限公司获得铁道部 10 列 CRH2B 型 16 节长大编组动车组新订单，并于 2008 年 8 月 1 日起正式在合宁铁路运营。2008 年 4 月 24 日，编号 CRH2-061C 的列车在京津城际线进行高速测试，其最高速度近 370 km/h，打破了“中华之星”动车组创造的 321.5 km/h 的纪录。同年 8 月 1 日起，首批速度 300 km/h 的 CRH2C 型及 16 节长大编组的 CRH2B 型电动车组分别投入京津城际铁路及合宁铁路运营。2010 年 7 月 1 日，CRH2C 型动车组运用于沪宁城际高铁。2008 年 12 月 21 日，首批设有卧铺的 CRH2E 型动车组投入服务，运行于京沪及京杭线。2017 年 7 月 1 日，我国新型卧铺动车组 CRH2E（新）在京沪铁路上正式投入运营。

7.1.3 CRH3 型动车组的发展

CRH3 型动车组的原型为德国铁路的 ICE-3 列车（西门子 Velaro），中国以引进西门子公司先进技术并吸收的方式，由唐山轨道客车在国内生产实现国产化。

2005 年 11 月，原铁道部与德国西门子在“以市场换技术”的原则下签订协议，西门子因而获得 60 列速度 300 km/h 的高速列车订单，动车组被定型为 CRH3C 型动车组。CRH3A 型动车组由原中国北车主导，中国北车所属长客股份公司和唐车公司联合设计生产，并于 2013 年 6 月 8 日在长客亮相，如图 7.3 所示。

图 7.3　CRH3A 型动车组

CRH3A 型动车组设计速度为 250 km/h，可根据不同运营线路的需求，分别以速度 160 km/h、200 km/h、250 km/h 三个速度等级运行，是目前国内唯一既适合速度 200 ~ 250 km/h 客运专线，又适合速度 160 ~ 250 km/h 城际铁路运行的动车组。相对于此前国内运行的这一速度等级的动车组，该型动车组还具有较强的成本优势和售后维护优势。

7.1.4　CRH5 型动车组的发展

2004 年 10 月 10 日，铁道部和阿尔斯通正式签订总值 6.2 亿欧元（1 欧元约 7.6 元人民币）的合同，这批高速列车随后正式定型为 CRH5A 型动车组。第一组由中国生产的 CRH5A（CRH5-010A）型动车组于 2007 年 4 月出厂。2007 年 4 月 18 日 CRH5A 型动车组正式运行于京哈线上，如图 7.4 所示。

图 7.4　CRH5 型动车组

2011 年 4 月，长春轨道客车再获得北京铁路局的 CRH5A 型动车组新订单（CRH5-111A ~ CRH5-130A），总值 38.7 亿元人民币，意味着中国北车集团生产的 CRH5A 型动车组准备打入中国南部地区的市场。

2014 年 7 月 1 日起，所有 CRH 系列动车组编号均做出了更改，原编号为（CRH5- × × ×A），现改为（CRH5A-5 × × ×），该日之后的生产动车组均依照新规定之格式定编号，并将高寒型正式命名为 CRH5G。

自 2017 年生产的 CRH5G-5218 号列车起，采用全新的造型、内饰和空间设计，对 CRH5 型动车组技术进行全面提升，让旅客有更好的体验。

7.1.5 CRH380 型动车组的发展

CRH380A 型电力动车组，全称“和谐号 CRH380A 型电力动车组”，又名“CRH2-380 型动车组”是由中国中车旗下青岛四方机车车辆股份有限公司（简称四方股份）设计团队自主研发的 CRH 系列高速动车组。

2009 年 9 月 28 日，武汉铁路局与四方机车车辆在北京签署了 140 列速度 380 km/h 级动车组采购合同，包括 100 列 16 节（CRH380AL）长编组，及 40 列 8 节（CRH380A）短编组的高速动车组订单。四方股份的速度 380 km/h 级别高速动车组研制项目名称为 CRH380A（或称 CRH2-350），是在 CRH2C（CRH2-300）第二阶段基础上进行研发的。持续运营速度为 380 km/h，最高运营速度为 400 km/h，最高试验速度 496 km/h 以上。CRH380 型动车组如图 7.5 所示。

图 7.5 CRH380A 型动车组

2010 年 9 月，铁道部将 70 列由唐山轨道客车制造，110 列由长春轨道客车制造的 CRH3-380 型动车组定型为 CRH380B 系列，其中短编组动车为 CRH380B，而长编组动车为 CRH380BL。CRH380B 列车可适应 – 40 ~ 40 °C 的温度，最高运行速度 380 km/h，是世界上首列能在高寒地区跑出 300 km/h 速度的动车组列车。

CRH380C 型电力动车组是 CRH380 家族中的成员之一，是继哈大高铁专用的 CRH380B 高寒动车组后，又一款高寒动车组，也是国内首款 16 辆大编组高寒动车。2010 年 12 月中旬，铁道部下发《运装客车〔2010〕807 号》，正式将 25 列由长春轨道客车生产的 CRH3-380 新一代新头型长编组座车动车组定型为 CRH380CL。

CRH380D 型动车组，是庞巴迪公司利用 ZEFIRO 高速列车平台设计的新一代高速动车组，其设计为 8 编组或者 16 编组列车，采用铝合金鼓形车体。

7.1.6 复兴号 CR400AF/BF 型动车组的发展

复兴号动车组列车，是中国标准动车组的中文命名，由中国铁路总公司牵头组织研制、具有完全自主知识产权、达到世界先进水平的动车组列车。

复兴号 CR400AF/BF 型电力动车组是中国中车自主研发，营运于中国铁路客运专线及高速铁路的电力动车组。其中四方生产的“蓝海豚”被命名为 CR400AF，长客生产的“金凤凰”被命名为 CR400BF，如图 7.6 和图 7.7 所示。字母 CR 是 China Railway 的缩写，即中国铁路；“A”和“B”为企业标识代码，代表生产厂家，A 代表蓝海豚配色、B 代表金凤凰配色；F（分）为技术类型代码，表示动力分散式机车，区别于：“J”代表动力集中电动车组，“N”代表动力集中内燃动车组。CR 系列列车水平高于 CRH 系列，未来中国动车组将采用 CR400/300/200 命名，数字表示最高速度，持续速度分别对应 350 km/h、250 km/h 和 160 km/h，适应于高速铁路（高铁）、快速铁路（快铁）、城际铁路（城铁）。

图 7.6 CR400AF 型动车组

图 7.7 CR400BF 型动车组

首列复兴号动车组于 2015 年 6 月 30 日正式下线，并于当天在中国铁道科学研究院环形试验基地正式展开试验工作。2016 年 7 月起，两列中国标准动车组进行综合试验，在郑徐客运专线从速度 200 km/h 逐级提速至速度 420 km/h，这是世界上首次实现拟运营高铁动车组列车速度 420 km/h 交会和重联运行。

2017 年 6 月 25 日，中国铁路总公司在北京动车段宣布中国标准动车组定名为“复兴号”，并于 6 月 26 日上午从北京南站和上海虹桥站同时对开首发。

“复兴号”是世界领先的高速动车组，从“中国制造”到“中国创造”中国高铁迈出了从追赶到领跑的关键一步，成为“中国名片”和“大国重器”。2018 年 10 月，17 辆编组超长版“复兴号”亮相，车身长 439.8 m，可乘坐 1283 人，2019 年将投入京沪高铁运营。到 2020 年，中国将推出速度 400 km/h 的洲际动车，采用可变轨道距离技术以适应跨境运输的需要。中国已成为世界上高速铁路系统技术最全、集成能力最强、运营里程最长、运行速度最快、在建规模最大的国家。

7.2 CRH1 型动车组

7.2.1 CRH1 型动车组的编组及平面布置

1. 编组结构

CRH1 型动车组由 4 种形式的车辆组成，包括车端带司机室的动车（Mcl，Mc2），带受电弓的中间拖车（Tpl，Tp2），不带受电弓的中间拖车（带吧台拖车 Tb）和中间动车（Ml，

M2，M3）共 8 辆车构成一个基本编组，其结构示意如图 7.8 所示。

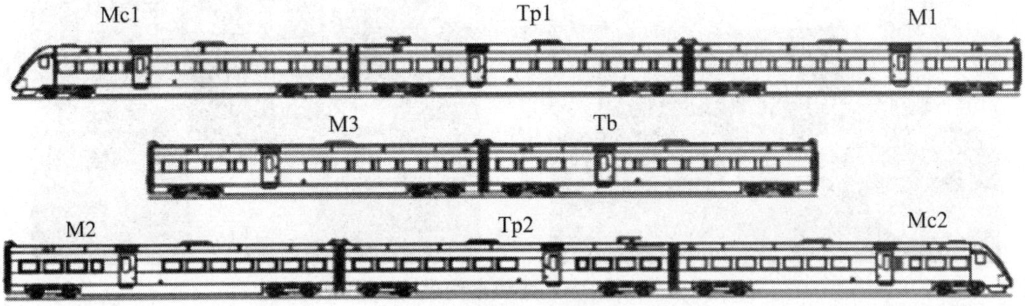

图 7.8　CRH1 型动车组

2. **平面布置**

CRH1 型动车组的平面布置如图 7.9 所示，全列车定员 668 人。其中一等座车座椅呈 2 + 2 式布置，二等座车座椅呈 2 + 3 式布置。Tb 车为二等座车与餐车合造车，A 端为二等座车座椅，采用 2 + 3 布置，共 19 座，布置有两个残疾人轮椅位置和一个残疾人厕所，B 端为餐车和酒吧，布置有 24 个餐车座椅、3 个酒吧立桌、厨房制作间、酒吧储藏室和乘务员室。车内布置如图 7.9 ~ 图 7.12 所示。

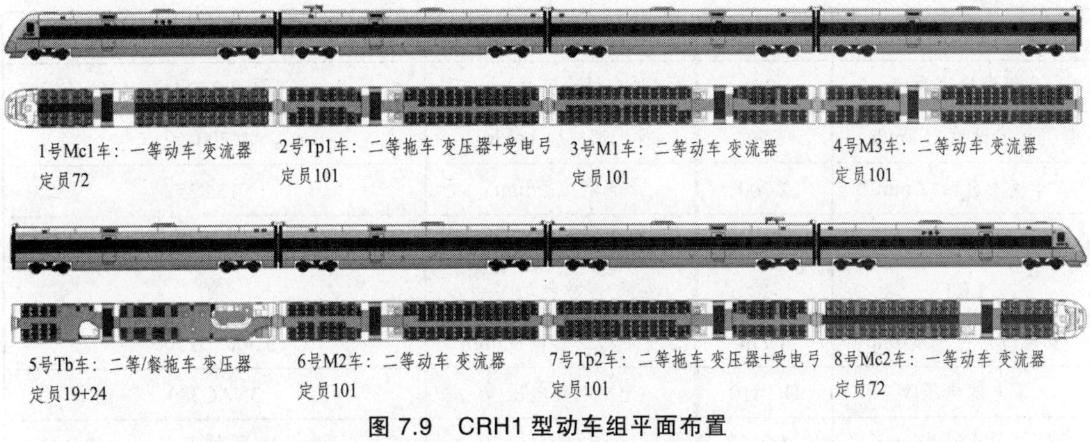

图 7.9　CRH1 型动车组平面布置

图 7.10　CRH1 型动组一等座车

图 7.11　CRH1 型动车组二等座车

图 7.12　CRH1 型动车组餐车和酒吧

3. **主要技术参数**

CRH1 型动车组车辆的尺寸分两种，一种指车辆全长、车辆最大宽度和最大高度，另一种指的是车体长度、车体宽度和车体高度。车辆全长为该车两端钩舌内侧面间的距离，车辆最大宽度指车体最宽部分的尺寸，车辆最大高度指车辆顶部最高点和钢轨水平面间的距离。

CRH1 型动车组头车车辆全长为 26.95 m，中间车车辆全长为 26.6 m，列车总长为 213.5 m，车体宽度为 3.33 m，车体高度为 4.04 m。CRH1 型动车组的主要技术参数见表 7.1。

表 7.1　CRH1 型动车组主要技术参数

车组总长/m	213.5	车体最大宽度/mm	3 330
车组设计寿命/年	25	适应站台高度/mm	1 250
最高试验速度/（km/h）	250	标记速度/（km/h）	200
车辆固定轴距/mm	2 700	车轮直径/mm	915/835
自动车钩中心高/mm	880	中间车钩中心高度/mm	940
LKJ	有	停放制动	有
受电弓落弓高度/mm	4 774	受电弓工作高度/mm	5 300～6 500
蓄电池电压/V	DC 110	外接电源电压/V	3NAC380
车体最大高度/mm	4 040	车体材质	不锈钢
编组整备质量/t	377.4	全列载重/t	54.9
最大制动距离/m	2 000	转向架中心距/mm	19 000
车轮踏面类型	LMA	最大轴重/t	16.5
轮周牵引总功率/kW	5 500	ATP 型号	CTCS2.200H
通过最小曲线半径/m	145	通过最小 S 形曲线半径/m	150＋10＋150
受电弓最大升弓高度/mm	7 190	正常运行网压/kV	22.5～29
环境温度/°C	－40～＋40	编组方式	5 动 3 拖
单电机额定输出功率/kW	265	定员	668（一等定员 144，二等定员 524，不含餐位定员 24）

7.2.2 CRH1 型动车组车内主要设备

1. 司机室

动车组司机室是整个列车的控制中心和信息中心，所有车门的控制、车辆的乘客信息系统、广播系统、列车控制系统等均在司机室集成，在司机室可以监控、发布控制各个系统的运转。动车组的各个分部件都是一个智能单元，它们自我诊断、自我分析，并且通过列车网络系统连接为一个整体，动车组司机室是这个网络的控制中心，它收集并发布所有这些信息，提供了一个检测试验与故障诊断的平台。同时司机室还是检修人员的工作场所。

CRH1 型动车组两头车各设一个司机室，两个司机室的设备布置相同，如图 7.13 所示。

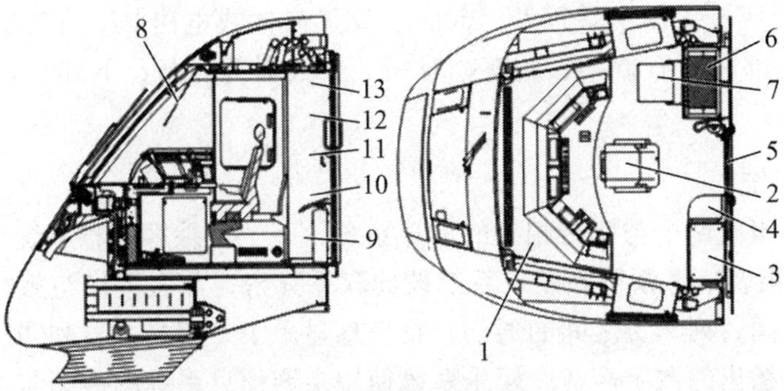

图 7.13 CRH1 型动车组司机室

1—司机操控台；2—司机座椅；3—电气柜 K1；4—衣橱；5—司机室门；6—电气柜 K2；7—乘客用翻椅；8—遮阳板；9—救援/回送面板（在柜内）；10—TAX2 单元；11—LKJ2000 主单元；12—无线传输设备；13—逃生绳储存间

司机室挡风玻璃视野宽阔，能见度好。为保证司机的视野，挡风玻璃前还装有雨刷器。在挡风玻璃内侧上方有一块电动遮阳板，以阻挡太阳光的直射。

司机室内主要设施有司机操纵控制台、司机座椅和两个柜子。司机操纵台分为 3 个部分，正面是经常使用和需要监视的重要仪表，左右两侧是其他监视仪器和控制按钮，在经用户确认的位置上设置 ATP/ATC 系统的信号设备和显示设备。两个柜子一个用于放置 ATP 设备，另一个用于安放乘务员设施和安全设备。

2. 给排水和卫生系统

CRH1 型高速动车组各个车厢上为司乘人员（包括残疾人）设计制造了方便适用的给排水和卫生系统。给排水系统可清洗餐饮用具，将厕所集便器里的污物冲刷至污物箱或供冲水式集便器用水。卫生系统向列车上的乘客提供舒适的厕所环境（隐私区域），并可收集并储存厕所里的所有污物，直到最后实施清理。

CRH1 型动车组共设计有 3 种不同类型的卫生间：10 个标准蹲式卫生间（中式，安排在 5 个乘客车厢内，每个车厢 2 个，左右对称设置）、2 个标准坐式卫生间（西式，安排在 2 个乘客车厢内，每个车厢 1 个）和一个多功能坐式卫生间（为残疾人设计，安排在 1 个乘客车厢或 Tb 车内）。

3. 行李架和大件行李存放架

CRH1 型动车组一等车和二等车均在座席上方设置行李架，在 Tb 车中除在座席处设行李架外，还在残疾人轮椅位置上方和餐车的相应位置设置装饰板。装饰板不设放置行李的搁板。

每辆 M 车和 Tp 车上配备 4 个大件行李存放架，布置在客室靠近通过台侧，在 Mc 和 Tb 车上不装备大件行李存放架。

4. 餐饮设施

餐车位于 Tb 车的 B 端，布置有 6 张餐桌、12 个餐车沙发（卖 24 个座席）、3 个酒吧立桌、厨房制作间和储藏间。

厨房制作间为开放式设计，靠窗的一侧布置有冷藏展示柜、储藏柜、微波炉、冷饮机、开水炉、人造石台面及带有冷热水龙头的双池洗槽，还有一套厨房排风装置。不锈钢台面向一端延伸并扩展成较大的一块面积，台面上放置嵌入式电磁灶。与储藏柜相连的另一端转折成一角柜，上部布置有搁架，放有咖啡机、灭火器等设备，下部为带垃圾投放口的垃圾柜。

5. 旅客信息系统

CRH1 型动车组有两个与旅行相关的信息系统，一个是乘客信息系统（PIS），另一个是娱乐系统（ES）。乘客信息系统和娱乐系统彼此联系紧密，前者提供与旅行相关的信息，处理列车员与乘客之间、列车员之间的通信，将信息显示于专用显示器和 ES 监视器上，并伴有通过扬声器系统播出的数字声音。娱乐系统使用乘客信息系统的声响器材提供影像和音乐播放功能。

乘客信息系统主要组成单元有每列车一套的系统控制器（包括数字声音广播，GPS），和每节车厢一套的座车单元（包括扬声器）。司乘人员能够从乘务员室、司机室及通过台区域向所有乘客发布公告。在通过台区域设有乘客应急通信单元（PECU/B），使乘客可以在紧急情况下随时与司机通话。司乘人员可以在乘务员室、司机室及动车组其他服务区域实现彼此通话。当司乘人员之间的紧急通信按钮被按下时，将优先执行紧急通信。

CRH1 型动车组的娱乐系统通过射频信号的传输和分配网络给乘客提供高质量的视听信息和必要的旅行信息，视频和 MP3 节目存储在硬盘上。娱乐系统可以在头等车厢和餐车内放映电影录像等音像节目，可以在所有车厢内播放 MP3 音乐，也可以在所有车厢内播放 FM 无线电广播。

6. 车内环境控制系统

随着列车运行速度的提高，控制车辆内的温度、空气品质、空气压力波动、噪声、照明等环境参数的难度大大增加了。车内环境控制系统主要是对上述车内环境参数进行控制，为司乘人员提供舒适的工作和生活环境，并在列车出现危险的时候，能为司乘人员提供紧急逃生的必要条件。车内环境控制系统主要包括空调系统、采暖系统、压力保护系统、照明系统、车内噪声控制系统、应急系统及司机室环境控制系统。

空气调节就是把经过一定处理之后的空气，以一定方式送入车内，使车内空气的温度、湿度、洁净度和气流速度控制在适当范围内的技术。客车空调装置由通风系统、空气冷却系统、空气加热系统和自动控制系统等 4 个基本部分组成。空气调节可以为旅客提供舒适的空气参数。

CRH1 型动车组每节车厢的乘客室都配有一个单独的空调系统、采暖系统、照明系统、紧急逃生应急系统、压力保护和噪声控制装置。司机室则另有一个安装在车顶上的紧凑型空调单元，此单元在一个框架内包含了司机室空调系统运行所必需的所有部件。

CRH1 型动车组上的各客室空调系统是分体系统，主要由空气调节单元（AHU）、压缩机、冷凝器单元（CCU）和有关的连接管道、送风风道、电气控制装置等组成。

在 CRH1 型动车组的计算机系统中设置有一个气候控制单元（HVAC），用于对气候控制系统进行本地控制。CRH1 型动车组内每节车辆的乘客区域和每个司机室都配有一套 HVAC 系统，控制计算机置于每节车过道区域的电气柜中，客室区域的 HVAC 单元可从乘务员室和司机室进行控制。

由于高速动车组运行时存在着较大的压力波动，对于高速动车组，除需要解决列车空调系统问题以外，还需要解决高速动车组存在的压力波动等问题。CRH1 型动车组的每节车厢上都有两个废排单元，分别位于每节车两个端部的车顶棚和顶板之间，用于新风气流和废排气流的流动以及紧急通风。通过废排单元（EXH）中废排气流的调整以及空气调节单元（AHU）中新风气流的调整可以确保车内剩余压力。当列车高速通过长隧道运行时，司机按下操纵台上的按钮“隧道模式”（或者称“压力保护模式”），AHU 内的新风风门关闭，EXH 关闭，系统只运行回风，这样可以确保车内维持正常大气压力。

高速动车组在运行过程中产生的噪声主要有轮轨噪声、车辆空气动力噪声及其他声源产生的噪声。这些噪声产生后，通过车体内部振动产生一次固体传播噪声，同时利用空气传播在车体内产生二次固体传播噪声，影响乘车舒适性。

为了减少噪声，CRH1 型动车组上的空气处理单元和压缩/冷凝单元采用分体式系统，并在进、排风口装有消音器。另外，在 CRH1 型动车组的车体结构上采用了隔音、吸音和减振材料，对噪声进行进一步抑制。

应急系统指列车上用于灾害性事故发生时乘客的生命保障、逃生指示的设备设施所构成的系统，它主要包括紧急通风、紧急照明和紧急逃生系统。CRH1 型动车组上的应急系统主要由乘客室紧急破窗锤、乘客室紧急逃生梯、灭火器、司机室紧急逃生绳梯和急救箱组成。

CRH1 型动车组上的紧急通风是通过旅客区域/司机室“防火模式”的启动来实现的。紧急照明指的是由电池系统进行供电的照明。为了最大限度地减少耗电，只使用少数的光源，方便司乘人员在夜间或在隧道内能见度差的条件下紧急逃生。

7.3 CRH2 型动车组

7.3.1 CRH2 型动车组的编组及平面布置

1. 编组结构

CRH2 型动车组采用动力分散交流传动方式，8 辆编组，4 动 4 拖，由两个动力单元组成。每个动力单元由 2 辆动车和 2 辆拖车（T-M-M-T）组成，首尾车辆设有司机室，可双向驾驶，编组后结构如图 7.14 所示。

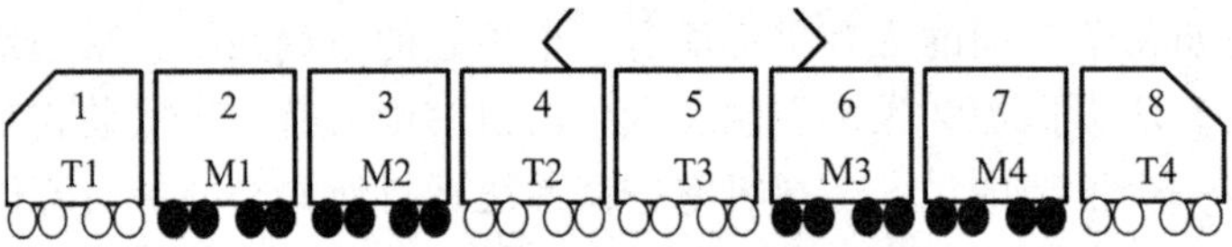

图 7.14　CRH2 型动车组编组

T—拖车；M—动车

动车组通常运行时在前端的驾驶室内进行操作。受电弓在 4 号和 6 号车上，采用单弓受流。两列动车组可连挂运行，联挂时受电弓采取双弓受流，为了保证双弓运行 200 m 的间距要求，实际上基本采用前后升同位受电弓运行。

2. **平面布置**

CRH2 型动车组的平面布置如图 7.15 所示。CRH2 型动车组有 1 辆一等座车和 7 辆二等座车，定员 610 人。其中一等座车座椅呈 2 + 2 式布置，二等座车座椅呈 2 + 3 式布置，T3 车为二等座车与餐车合造车，车厢内设卫生间和盥洗室，如图 7.16 ~ 图 7.18 所示。

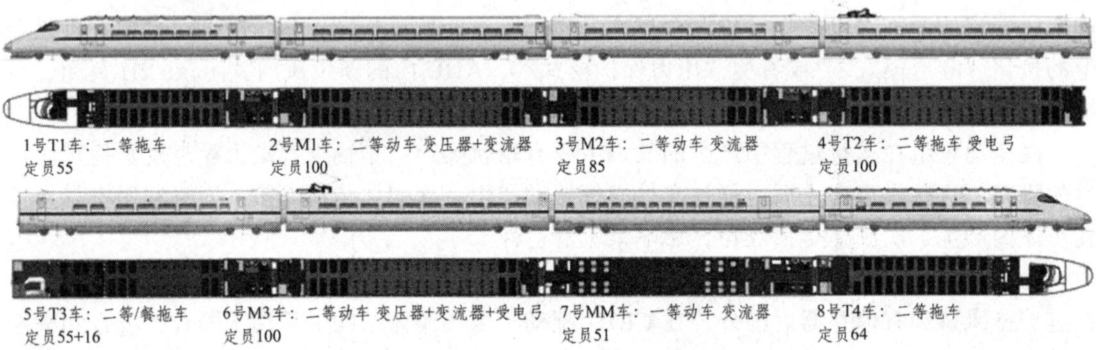

图 7.15　CRH2 型动车组平面布置

图 7.16　CRH2 型动车组一等座车

图 7.17　CRH2 型动车组二等座车

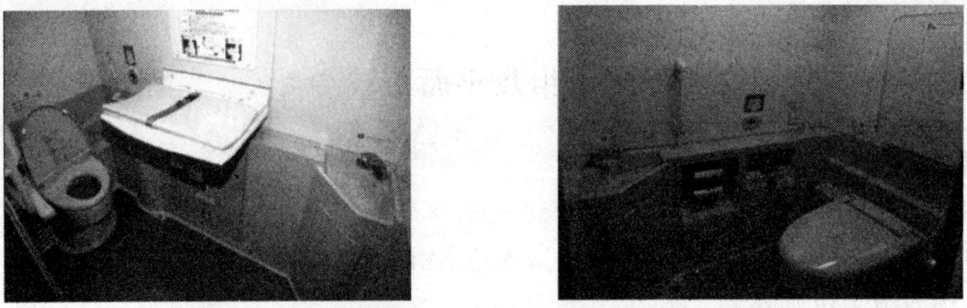

图 7.18　CRH2 型动车组残疾人卫生间和坐式卫生间

3. **主要技术参数**

CRH2 型动车组头车车辆全长为 25.7 m，中间车车辆全长为 25 m，列车总长为 201.4 m，车体宽度为 3.38 m，车体高度为 3.7 m。CRH2 型动车组的主要技术参数见表 7.2。

表 7.2 CRH2 型动车组主要技术参数

车组总长/m	201.4	车体最大宽度/mm	3 380
车组设计寿命/年	20	适应站台高度/mm	1 250
最高试验速度/（km/h）	275	标记速度/（km/h）	250
车辆固定轴距/mm	2 500	车轮直径/mm	860/790
自动车钩中心高/mm	1 000	中间车钩中心高度/mm	1 000
LKJ	有	停放制动	铁靴（2A 统型车自带停放制动）
受电弓落弓高度/mm	4 748	受电弓工作高度/mm	5 048 ~ 6 956
蓄电池电压/V	DC 100	外接电源电压/V	单相 AC400 V
车体最大高度/mm	3 700	车体材质	铝合金
编组整备总质量/t	352.7	全列载重/t	48.8
最大制动距离/m	3 200	转向架中心距/mm	17 500
车轮踏面类型	LMA	最大轴重/t	14
轮周牵引总功率/kW	4 560	ATP 型号	CTCS2.200H
通过最小曲线半径/m	150	通过最小 S 形曲线半径/m	180 + 10 + 180
受电弓最大升弓高度/mm	7 156	正常运行网压/kV	22.5 ~ 29
环境温度/°C	−25 ~ +40	编组方式	4 动 4 拖
电机额定输出功率/kW	300	定员/人	610（一等定员 51，二等定员 559，不含餐位定员 16）

7.3.2 CRH2 型动车组车内主要设备

1. **司机室**

CRH2 型动车组两端各设一个司机室，由前端司机室实施列车控制，后端司机室可作乘务员室，两个司机室的设备布置相同，如图 7.19 所示。司机室设有主司机座椅和副司机座椅，在驾驶室后部设置翻转座椅，供乘务员乘车时使用。在操作台上分别设有制动和牵引手柄，可以进行自动和手动驾驶。操作台正面有 3 个显示屏，分别有速度信息、运行信息和列车信息显示。其中列车信息反映的内容比较丰富，包括了列车车门、车内电气和牵引系统等设备的工作状态，有关旅客信息和维修故障信息等。在同机座位的左边有两部电话，一部电话通过全线铺设的漏泄电缆实现无线通信，可以与调度直接联系，另一部电话可以向列车广播。

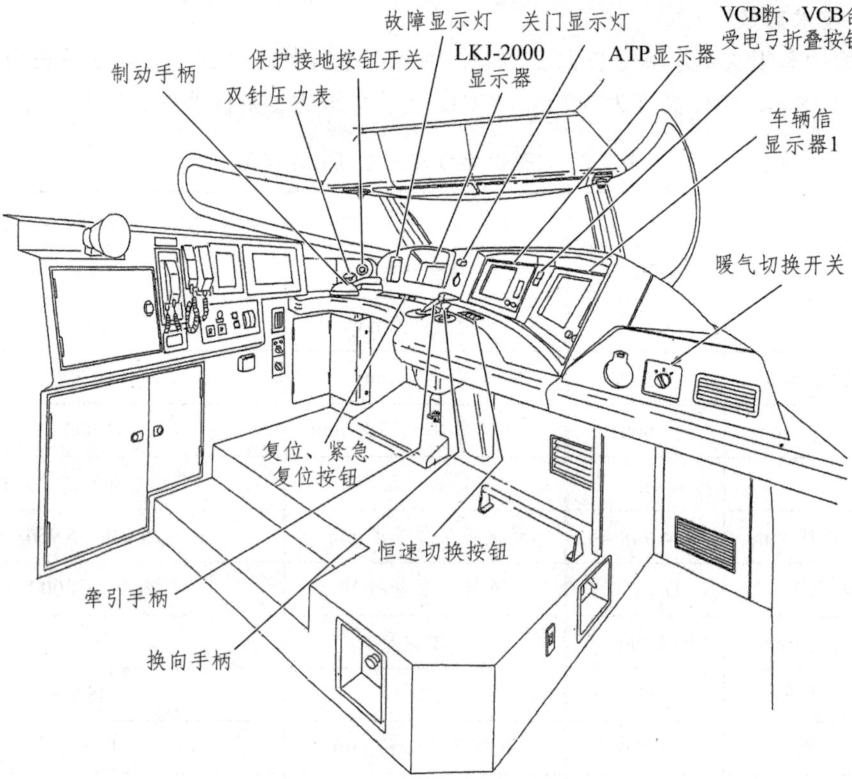

（a）

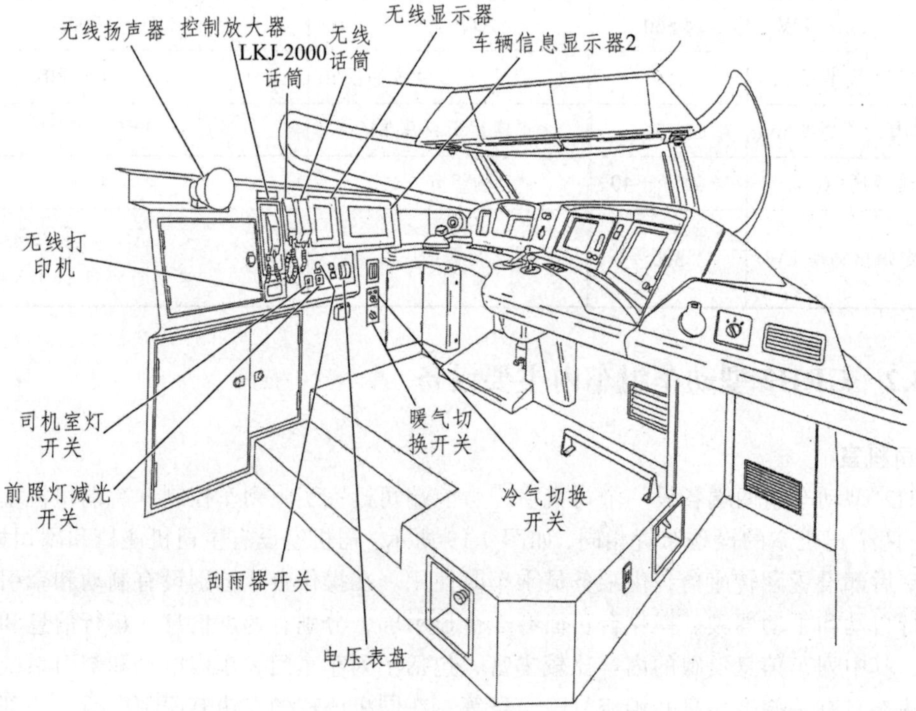

（b）

图 7.19　CRH2 型动车组司机室

CRH2 型动车组司机室内部空间和设备布置充分考虑了司机视野、操作空间、舒适度等方面。为了便于瞭望、扩大视野，司机室采用高地板结构，以减小司机由于枕木高速闪动而引起的疲劳感。

CRH2 型动车组司机室安装设备较多，为了拓展空间，将机罩内部空间设计为设备舱，不经常操作的设备安装在设备舱内。同时，采用非整体配电柜，使柜内安装尽量多的设备，以扩大司机操作空间。

2. 给排水和卫生系统

CRH2 型动车组单号车设给排水系统和卫生系统，双号车仅设给排水系统。给排水系统由车下水箱装置，供排水管路，卫生间、小便间、洗脸间的给水设施（多功能洗面器、温水箱、自动感应水阀）及电热开水器等组成。

给水系统由水泵从水箱向各用水设施提供生活用水。水箱装置位于车下，与车底横梁通过安装座连接。水泵位于水箱装置的泵室内，水泵的控制部分安装于车上温水污物配电盘内。当车上用水时，供水管路内压力下降，水泵检测到压力下降和流量变化，自动启动，由车下向车上供水。用水完毕后，水泵检测到供水管路内压力达到设定值和流量小于设定值，水泵自动关闭。

卫生系统包括集便系统、玻璃钢盒子间、卫生设备附件 3 部分，其中集便系统包括坐便器组成、小便器组成、污物箱组成及排污管路等。

便器（小便器和坐便器）冲洗时，通过控制部件的一系列动作，依靠重力将冲洗水和污物沿排污管送入污物箱。小便器由内置控制单元检测光电感应冲洗信息，输出信号控制冲洗通路对小便器进行冲洗。坐便器的冲洗由自带控制单元感受到光电感应冲洗信息，输出信号控制各电气控制回路、供水管路、供气管路的通断，通过气动水增压对便器完成冲洗。污物箱安装于单号车二位端车下，通过 4 个安装座与车体相连接，依靠重力接收来自便器的冲洗污物。

3. 行李架和大件行李存放架

CRH2 型动车组行李架下板采用挤压成形的聚碳酸酯板，一等车的行李架下板采用了喷涂装饰。行李架上板采用高强度、低密度的铝复合夹芯板。支架采用铸造铝合金。为防止行李滑落，在行李架前沿设置了不锈钢挡条。

在 2、4、6 号车一二位端和 1、3、7 号车二位端的通过台处设有大件行李存放处。大件行李存放处中间设置可以翻转的隔板，下层可以存放不同高度的行李。大件行李存放处外侧设置可折叠式保护棒，以防止行李翻倒或滑出。另外，在地板上设有防滑装置。

4. 餐饮设施

CRH2 型动车组 5 号车一位端设有带展示柜的吧台。吧台对面侧墙上设有立式餐桌。吧台内左侧设有电热开水器和洗池，洗池进水处设杀菌装置。侧墙侧设有冷媒式冰箱，其上方设有微波炉、控制放大器、监视器扬声器、220 V 电源插座、展示柜开关、脚灯开关、荧光灯及其开关、吧台配电盘及橱柜。

5. 旅客信息系统

CRH2 型动车组的旅客信息系统主要由广播联络系统、无线收音系统、车外信息显示设备、车内信息显示设备、车内标识、列车运行信息显示设备等组成。

广播联络系统从列车信息控制系统处接收播放信息，播放预先设定的车内广播。即使发生停车车站变更（车辆行驶晚点）等情况，由于从列车信息控制系统获得的信息会进行相应的修改，也可以准确地播出内容。车外信息显示设备由侧面目的地显示器和车号显示器组成，车内信息显示设备主要是设置在客室内端拉门上方的乘客信息显示器。

6. **车内环境控制系统**

CRH2 型动车组空调系统主要由空调装置、换气装置和通风系统构成（头车还包括司机室空调）。空调装置又由空调机组及车上配电柜内的空调显示设定器组成。客室制冷由空调制冷系统完成，客室制热由空调机组内的电加热器实现。为了降低车体的重心，适应动车组高速运行，空调机组和通风系统的主要风道分别设置在地板下及地板中间。

为了防止列车在高速运行下，特别是在会车和进入隧道时造成的客室内外空气压力差传到客室内，CRH2 型动车组在车底下部安装供排气一体的换气装置。换气装置采用变频器控制送风机的运行转速，列车运行速度高于 160 km/h 时，风机高速运行，低于 160 km/h 时，风机低速运行。通过提高送风机的静压力性能，能够更好地抑制客室内的压力变动，同时确保客室内换气量的要求。

CRH2 型动车组隔音隔热减振材料主要包括车内地板、侧墙、侧顶区域安装的起隔热、吸声及减振的碳纤维隔热材料，客室中顶区域黏接安装的起减振、隔热作用的抗振支撑材料，门、端墙、车头部位喷涂的起隔热、减振作用的沥青浆，车体型材内部填充的起减振作用的粘贴、发泡材料，车端车体底架上方气密地板上黏接的起减振作用的沥青系列树脂材料，一等车转向架上部地板下安装的起隔音、吸声作用的玻璃丝棉材料等。

7.4 CRH3 型动车组

7.4.1 CRH3 型动车组的编组及平面布置

1. **编组结构**

CRH3 型动车组为 8 辆编组的交流传动的电动车组，采用 4M + 4T 动力分散式的动力配置。两端为带司机室控制车，列车正常运行时由前端司机室操纵。两列动车组可以连挂在一起运行。编组后结构如图 7.20 所示。

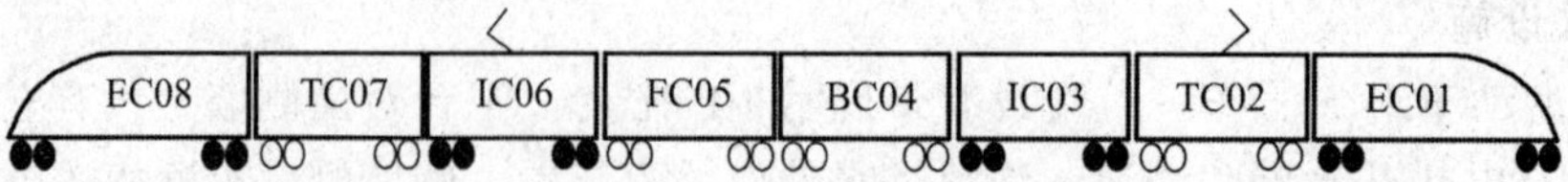

图 7.20 CRH3 型动车组编组

2. **平面布置**

CRH3 型动车组按座椅布置的不同可分为头车、一等车、二等车、二等车和餐车的合造车，动车组平面布置如图 7.21 所示。

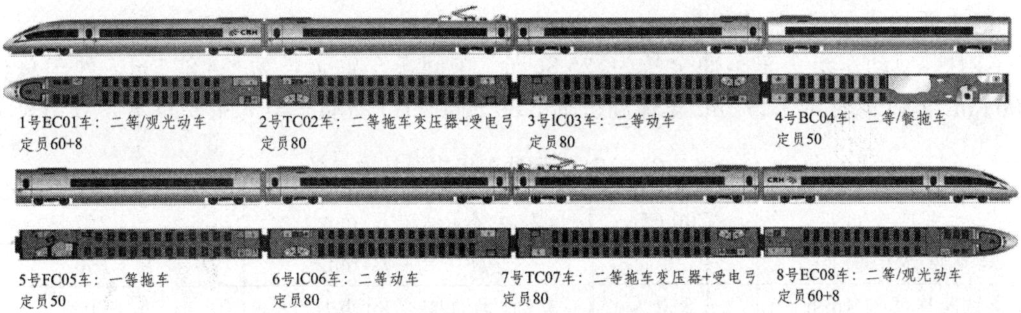

图 7.21　CRH3 型动车组平面布置

头车上设司机室、观光一等区（见图 7.22）和二等客室，设有电热饮水机。一等车设有一个标准卫生间和一个残疾人卫生间（见图 7.23）、电热饮水机和一等客室（见图 7.24），在车端靠近车门处设有残疾人轮椅存放区。二等车设两个标准卫生间、电热饮水机和二等客室（见图 7.25）。二等车和餐车的合造车，设有厨房、吧台（见图 7.26）、就餐区、多功能乘务员室和二等客室。每辆车还配有旅客信息显示系统（见图 7.27）。

图 7.22　CRH3 型动车组观光一等区

图 7.23　CRH3 型动车组残疾人卫生间

图 7.24　CRH3 型动车组一等车客室

图 7.25　CRH3 型动车组二等车客室

图 7.26　CRH3 型动车组餐车

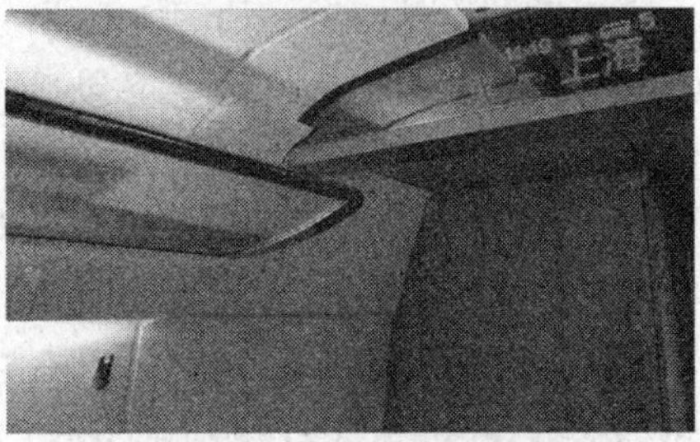

图 7.27　CRH3 型动车组旅客信息显示屏

3. 主要技术参数

CRH3 型动车组头车车辆全长为 25.86 m，中间车车辆全长为 24.825 m，列车总长为 200.67 m，车体宽度为 3.257 m，车体高度为 3.89 m。CRH3 型动车组的主要技术参数见表 7.3。

表 7.3　CRH3 型动车组主要技术参数

车组总长/m	200.67	车体最大宽度/mm	3 257
车组设计寿命/年	20	适应站台高度/mm	1 250
最高试验速度/（km/h）	350	标记速度/（km/h）	300
车辆固定轴距/mm	2 500	车轮直径/mm	动车：920/830 拖车：920/860
自动车钩中心高度/mm	1 000	中间车钩中心高度/mm	895
LKJ	无	停放制动	有
受电弓落弓高度/mm	4 305	受电弓工作高度/mm	4 605～6 705
蓄电池电压/V	DC 110	外接电源电压/V	3NAC380＋DC 110
车体最大高度/mm	3 890	车体材质	铝合金
编组整备质量/t	425.2	全列载重/t	48.1
最大制动距离/m	3 800	转向架中心距离/mm	17 375
车轮踏面类型	S1002G	最大轴重/t	17
轮周牵引总功率/kW	8 800	ATP 型号	ETCS.1/CTCS.3
车组通过最小曲线半径/m	180	车组通过最小 S 形曲线半径/m	180＋10＋180
受电弓最大升弓高度/mm	>6 805	正常运行网压/kV	25～29
环境温度/°C	－25～＋40	编组方式	4 动 4 拖
单电机额定输出功率/kW	562	定员/人	556（一等定员 66，二等定员 490）

7.4.2　CRH3 型动车组车内主要设备

1. 司机室

CRH3 型动车组为 8 车编制的动车组，在头车 EC01 和 EC08 上各设一个司机室，两端的司机室具有相同设置与功能。司机室设计为单人驾驶模式，司机操纵台在中央，如图 7.28 所示。

图 7.28　CRH3 型动车组司机室

CRH3 型动车组司机室内主要包括司机室操控设备、相关辅助设备及电气柜。操控设备包括控制台、司机室右柜、司机室左柜。司机控制台位于司机正前方，它包括正常行驶期间对列车操控所需使用的控制和指示元件司机室右柜设有行驶时不需要但必须进行监测和部分操作的元件

（如司机室空调控制、蓄电池电压表等），以及应急故障的控制开关。司机室左柜设有辅助设施，包括车载列控设备打印机、垃圾箱等。为确保司乘人员的舒适性，司机室内设有全方位可调节司机座椅、电动遮阳窗等设备，并配备可打开逃生车窗、逃生梯、灭火器等设施。

2. 给排水及卫生系统

CRH3 型动车组列车的给排水及卫生系统主要包括供水系统、电开水炉和卫生系统 3 部分。供水系统主要任务是向列车提供各种用水，如洗漱用水、饮水机供水、餐车用水和冲洗集便器用水。电开水炉用于为乘客提供饮用水。卫生系统为乘客提供舒适的卫生环境，并负责收集污物。

在 CRH3 型动车组车辆中除了头车（EC01、EC08）和餐车（BC04）以外都设有卫生设施。每列车共有 10 个卫生间，其中包含一个残疾人专用卫生间，残疾人专用卫生间布置在带有轮椅区的中间车（FC05）上，头车（EC01、EC08）、餐车（BC04）设一个净水箱和一个电热开水炉，其他车辆设有两个卫生间、一个电开水炉、一个净水箱和一个污物箱。

CRH3 型动车组的供水系统由注水系统、水箱、供水管路、液位显示装置和防冻排空管路组成，采用压力供水和重力供水两种供水方式。重力供水方式的水箱处于高点，利用液位高度差产生的压力实现供水。压力供水方式则是通过泵水系统产生的压力实现供水。餐车（BC04）采用了压力供水方式，其他车厢均采用重力供水方式。

3. 行李架

CRH3 型行李架跨越相应各车厢的客室的总长，分布在客室的两侧。

4. 餐饮设施

CRH3 型动车组的厨房区分为服务区和用餐区，食品和饮料在服务区准备和存放。在用餐区，食品和饮料通过柜台销售给客户，在这 区内有食品和饮料冷箱。在服务区不准备生食品，供餐员将成品或半成品装入车内，因此，厨房的服务设施仅用于食品的解包装或加热。

厨房设备包括 1 个小微波炉、1 个循环蒸汽炉、1 个水加热器、1 个电冰箱（无冰盒）、1 个冷藏展示柜、1 个制冰机（输出约 10 kg/24 h）、1 个价格单框架、2 个半尺寸非冷藏手推车柜、1 个带冷热水口的不锈钢水池、工作面照明灯、非冷藏橱柜、带控制板的厨房控制柜和 2 个废物手推车空间（长度为普通手推车的一半）。

5. 旅客信息系统

CRH3 型动车组的旅客信息系统主要由 3 个子系统构成，分别是旅客信息显示系统、通告广播和列车内部通信系统以及音/视频娱乐节目播放系统。旅客信息显示子系统为乘客提供列车车次、起始站点、停站信息、重要行车信息、车内外温度等信息。通告广播和列车内部对讲通信系统用于司机和乘务人员或乘客之间的语音通信。音频/视频娱乐节目播放系统主要是为一等车（FC05）中的乘客在旅途中提供音乐或视频方面的娱乐节目。

6. 车内环境控制系统

CRH3 型动车组为满足旅客的舒适性的要求，在车内设置了客室空调系统、司机室环境控制系统、压力保护系统、车内噪声控制系统、应急系统、照明系统等。CRH3 型动车组的空调系统主要由以下几部分组成：车顶单元式空调机组，贯穿车顶的整车供风道组成和风道两侧与侧墙风道连接的软风道，空调机组两侧的新、回风混合箱和新风格栅，安装在车下的废排单元，布置在车内的废排风道，控制系统及布置在通过台的风扇加热器等。

空调控制系统安装在车内的控制柜内，它包括空调控制单元、相关的单元接口和控制继电器，所有交流接触器和断路器等电子设备都集成在位于车下的一个箱子内。

新风入口和废排出口必须阻止外部压力波通过管道系统渗透到车内，以保证乘客的舒适度以及车内各种设备的安全运行。压力波保护系统设计用于在列车通过隧道或高速行驶的两列车会车时，保护乘客免受车外压力变化的影响。

在 CRH3 型高速动车组中，空调系统采用被动式压力保护系统。系统气动压力保护阀隔离车内和车外空气。当列车检测到车内外压力波动过大时，压力保护阀被触发，气动阀门关闭，空调进入全回风模式。当压力保护阀重新打开后，新风量提高，室内 CO_2 含量就会迅速下降。

为了控制车内噪声，CRH3 型动车组采用隔音、减振的车体结构。通过安装性能良好的隔音、隔热、减振的阻尼材料，使车体结构具有隔音、隔热、减振的性能。

除了供电方式不同之外，CRH3 型动车组的应急通风过程和常规通风过程在原理上没根本性的差别。适合于空调风机使用的逆变电源是应急通风系统的关键设备，当列车 400 V 交流回路失电时，该电源将蓄电池的直流电逆变成三相交流电，继续给通风机马达供电，使通风机继续工作。

CRH3 型动车组的应急照明系统能提供所有区域的基本照明。正常供电时，应急照明和主照明一起工作；出现供电故障时，应急照明由蓄电池供电，保证照明不间断。司机室的卤素顶射灯属于应急照明，可单独切换。

CRH3 型动车组的紧急设备包括灭火器、车厢之间通道门、逃生窗、内部通信装置、逃生梯/疏散舷梯、警报信号盒、紧急逃生门、火炬信号和急救箱。能够在早期检测到火灾的光学烟感器被用作火灾探测器，火灾探测器监控牵引变流器、辅助变流器、卫生设施、PIS 柜、电气柜和驾驶室，每节车厢中的 PS 柜中火灾探测控制装置（PDCU）对来自火灾探测器的信号进行评估。动车组车厢之间的通道门为防火门，具有良好的密封性，可确保火灾发生 15 min 内火势不蔓延到邻车。所有逃生窗都在里面和外面进行了明确标识。如果遇到紧急情况，必须用安全锤敲碎逃生窗玻璃，然后逃生，在驾驶室的司机座椅下面的箱子中放有卷式逃生梯，它可以挂在驾驶室的左侧或右侧窗户的框架上。逃生梯使得驾驶员可以在到达外门的路线被阻断（比如，烟雾或火）情况下从驾驶室逃生。

7.5 CRH5 型动车组

7.5.1 CRH5 型动车组的编组及平面布置

1. 编组结构

CRH5 型动车组由 8 辆车组成，包括 5 辆动车 3 辆拖车，首尾车辆设有司机室，可以双向驾驶。该动车组可在运营需要时由 2 列 8 辆短编组连挂成 1 列 16 辆长编组。编组后结构示意图如图 7.29 所示。

图 7.29　CRH5 型动车组编组

2. **平面布置**

CRH5 型动车组包括一等车 1 辆，带酒吧的二等座车 1 辆、带残疾人卫生间的二等座车 1 辆、二等座车 5 辆，动车组平面布置如图 7.30 所示。

列车两端部设有驾驶司机室，8 辆编组定员为 622 人（包括一个残疾人座席），其中一等座车 1 辆（8 号车），定员 60 人。2 等座车 7 辆（1～7 号车），1 号车定员 74 人；2、3、4、5 号车定员均为 93 人；6 号车带酒吧，定员 42 人；7 号车带残疾人卫生间，车内设有一个残疾人座位，定员 74 人。

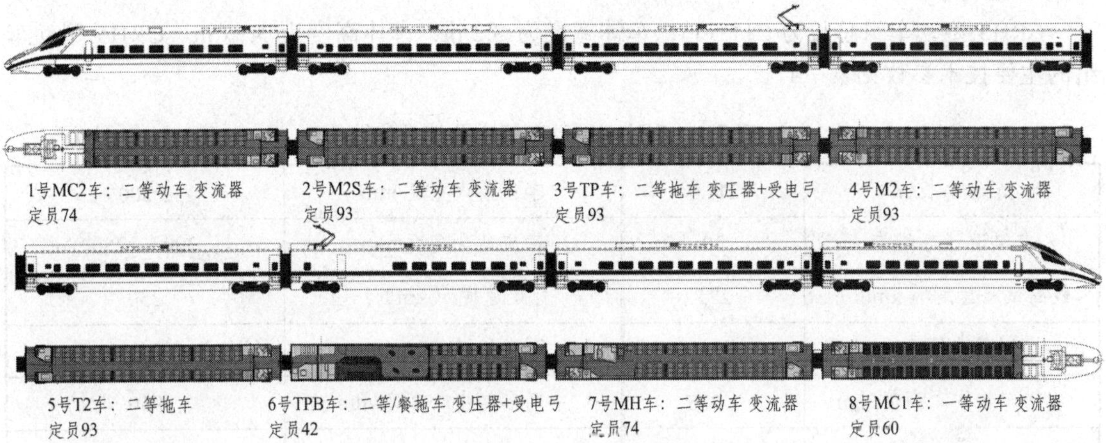

图 7.30　CRH5 型动车组平面布置

一等车座椅采用 2 + 2 布置方式，如图 7.31 所示。二等车座椅采用 2 + 3 布置方式，如图 7.32 所示。带酒吧的二等座车设配餐区和吧区，如图 7.33 所示。除酒吧车外，每节车均设两个卫生间。一等车设一个坐式卫生间（图 7.34）和一个蹲式卫生间，二等车设两个蹲式卫生间，在 7 号车上还设有一个残疾人卫生间。

图 7.31　CRH5 型动车组一等车客室

图 7.32　CRH5 型动车组二等车客室

图 7.33　CRH5 型动车组餐车

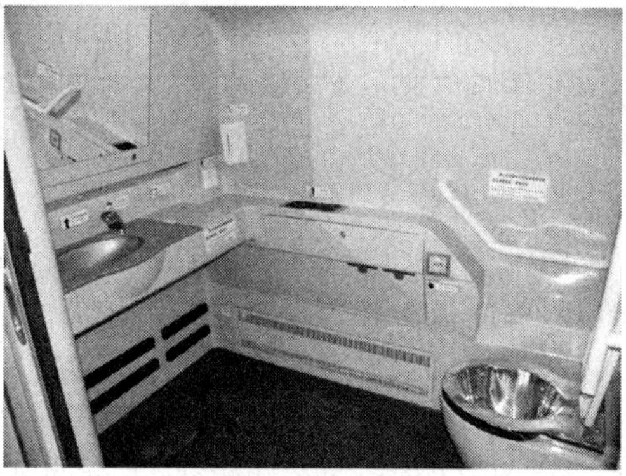

图 7.34　CRH5 型动车组坐式卫生间

3. 主要参数

CRH5 型动车组总长为 211.5 m，车体宽度为 3.2 m，车体高度为 3.77 m。CRH5 型动车组的主要技术参数见表 7.4。

表 7.4　CRH5 型动车组主要技术参数

车组总长/m	211.5	车体最大宽度/mm	3 200
车组设计寿命/年	30	适应站台高度/mm	300 ~ 1250
最高试验速度/（km/h）	275	标记速度/（km/h）	250
车辆固定轴距/mm	2 700	车轮直径/mm	890/810
自动车钩中心高度/mm	1 025	中间车钩中心高度/mm	950
LKJ	有	停放制动	有
受电弓落弓高度/mm	4 592	受电弓工作高度/mm	4 868 ~ 6 722
蓄电池电压/V	DC 24	外接电源电压/V	3NAC380 + DC 24
车体最大高度/mm	3 770	车体材质	铝合金
编组整备质量/t	423.2	全列载重/t	49.8
最大制动距离/m	3 200	转向架中心距离/mm	19 000
车轮踏面类型	XP55	最大轴重/t	17
轮周牵引总功率/kW	5 500	ATP 型号	CSEE2000 + CTCS2.200C
车组通过最小曲线半径/m	145	车组通过最小 S 形曲线半径/m	160 + 10 + 160
受电弓最大升弓高度/mm	6 922	正常运行网压/kV	22.5 ~ 29
环境温度/°C	− 25 ~ + 40	编组方式	5 动 3 拖
单电机额定输出功率/kW	564	定员/人	622（一等定员 60 人，二等定员 562 人）

7.5.2 CRH5 型动车组车内主要设备

1. 司机室

CRH5 型动车组两头车各设一个司机室，两个司机室的设备布置相同，如图 7.35 所示。

图 7.35 CRH5 型动车组司机室

司机室为单司机操作模式，操作台居中布置，在它的后部设置了一组弹簧升降式座椅。在操作台上分别设有制动和牵引手柄，可以进行自动和手动驾驶，操作台正面分别有速度信息、运行信息和列车信息显示等。司机室根据人机工程学设计，符合 UIC651 标准的规定。司机室的密封与环境控制要求符合 UIC651 标准中关于噪声的要求。

司机室侧窗包括两个窗玻璃，窗玻璃通过一个框架连接，使远离车头的那块玻璃可以向里打开。整个车窗可以很容易地移动和推出供一个人通过的开口。

2. 给排水和卫生系统

CRH5 型动车组的给排水和卫生系统主要包括供水系统、饮水机及厕所系统 3 部分。供水系统主要任务是向列车提供各种用水，如冲洗集便器用水、洗漱用水、饮水机供水和酒吧车用水。饮水机为乘客提供饮用水，厕所系统清理收集污物，为列车乘客提供舒适的厕所环境。供水系统与饮水机和卫生系统配合设置。

不同车型配有不同种类和数量的卫生间。卫生间种类包括残疾人卫生间、标准卫生间和西式卫生间。其中标准卫生间内设蹲式便器，分为左侧和右侧。西式卫生间、残疾人卫生间内设坐便器。全列车中配置有 6 个右侧标准蹲式卫生间、6 个左侧标准蹲式卫生间、一个坐式卫生间、一个残疾人卫生间，其中 Tpb 车未设置卫生间。

在每列车上（除 Tpb 车）靠近右侧卫生间安装有一个冷热饮水机，Tpb 车吧台处安装有一台热饮水机，饮水机通过一个单独的管路从供水系统的净水箱中取水。

3. 行李架和大件行李存放处

CRH5 型动车组车内共设置两种行李架，供旅客存放随身行李使用。不同的车型配置不同类型的行李架。一等座车配置带阅读灯的行李架，二等座车行李架无阅读灯。在酒吧车的吧台站立区域还配置有行李架罩板，行李架罩板只起装饰作用。此外，CRH5 型动车组车内还设有大件行李存放区，设置在 MC1 车的客室端部。

4. 餐饮设施

CRH5 型动车组的 Tpb 车在中部故置一个小型配餐室，可为旅客提供快餐食品。配餐室的餐饮设备包括 1 套压缩机-冷凝器单元、1 台冷藏玻璃柜、1 台带有 8 个抽屉的冷藏柜、1 台冰柜、1 台立式冰箱（包含 1 个冷藏室和 1 个冷冻室）、1 台立式双门冷藏柜、1 个带有供水管路和热水器的洗盆、1 台消毒柜、1 台微波炉、1 台对流式烤箱、啤酒/饮料冷饮机和分配系统（包括 3 个水嘴，1 个用于啤酒，2 个用于软饮料）、1 台饮水机、1 个小推车存储区、2 个可加热小推车和 1 个普通小推车。

5. 旅客信息系统

CRH5 型动车组的旅客信息系统（PIS）是分布式信息服务系统，主要由 4 个子系统构成，分别是旅客信息显示系统、公共播音系统、列车内部对讲通信系统和音频、视频娱乐节目播放系统。旅客信息显示系统将来自中央管理单元（PMU）的文字信息，通过 RS485 总线送到音频控制器（ACU），由 ACU 送至车内外显示器显示。显示器位于车门附近和车厢内部，能够向乘客显示列车的行车信息（列车车次时间表、车厢号、列车速度、列车位置、到达车站等）、车内外温度和由乘务人编辑的信息。公共播音系统通过音控制器（ACU/APU）与全列所有车辆相连，提供列车内部的广播功能，实现 GPS 自动定位广播、乘务员播报。音频控制器（ACU/APU）内含音频控制单元（ACU）、音频放大单元（APU）、电话（PHONE）3 个既独立又联系的单元。电话（PHONE）与音频控制单元（ACU）组合使用可实现列车司乘人员话。音频、视频娱乐节目播放系统为在一等车和酒吧车上的乘客提供一套经列车长选择的 DVD 视频节目，视频内容预先存在中央管理单元（PMU）的硬盘中或从 DVD 光驱获取，并可在座位接收器（ASA）上收听到 5 套独立的音乐或视频伴音。

6. 车内环境控制系统

为实现对车内环境的控制功能，列车空调系统主要由通风系统、空气冷却系统、空气加热系统和自动控制系统等 4 个基本部分组成，包括客室和司机室单元式机组、排风箱、客室控制单元、司机室控制单元、温度传感器、压力保护系统、紧急逆变器、风道分配系统等。

动车组车上的司机室和客室内均在车顶上装有暖通空调系统（HVAC）。客室内空调系统包含两个独立的制冷回路，当一套制冷回路发生故障时，仍有 50%的制冷调节作用。空气通过内部风道到静音器然后进入客室，经过处理的气体通过装在行李架后面的纵向管道传遍车体，并通过行李架下部分散至客车分隔间。

CRH5 型动车组的被动式压力保护系统使用快速动作的压力保护阀隔离送风风道，当压力保护被触发时，阀门关闭，空调进入全回风模式。当压力保护阀重新打开后，新风量提高，室内 CO_2 含量就会迅速下降。

CRH5 型动车组客室和司机室的供暖均采用电热空气预热和侧墙电加热辅助供热联合供暖的形式。供热装置由电热元件组成，当电流流过电热元件时，电热元件发热并将热量传递给流过的空气，由空气把热量带进车内。

CRH5 型动车组正常运行时，车厢内的通风换气系统由外部电源向风机马达供电，以保证车内的通风换气。如遇突发停电，车内应急备用电源将启用，为车内应急通风系统供电。此时，空调系统由蓄电池作为电源供电，通过逆变器给风机供电，向车内送入新风。应急通风的主要目的是保障旅客的生命安全，而不是提供舒适性环境，因此，应急通风对系统的基本要求是能够在尽可能长的时间内向客室提供乘客所需的最小新风量。

CRH5 型动车组将特定的车窗设置为逃生通道的出口。在发生灾难性事故的情况下，当车门无法开启时，乘客可使用放置在车厢侧壁上的专用安全锤，击碎应急侧窗的玻璃，打通逃生通道。应急侧窗设置在每节车厢的两端双侧，其玻璃上方有明显的红色荧光圆点作为标记。

7.6 CRH380 型动车组

7.6.1 CRH380A 型动车组的编组及平面布置

1. 编组结构

CRH380A 型动车组为 8 辆编组，6 动 2 拖，每 2 节车厢作为 1 个动力单元，共 3 个动力单元组成：M1 + M2，M3 + M4，M5 + M6。动车组前后两端设驾驶室，通常运行时在前端驾驶室操作，编组后结构如图 7.36 所示。

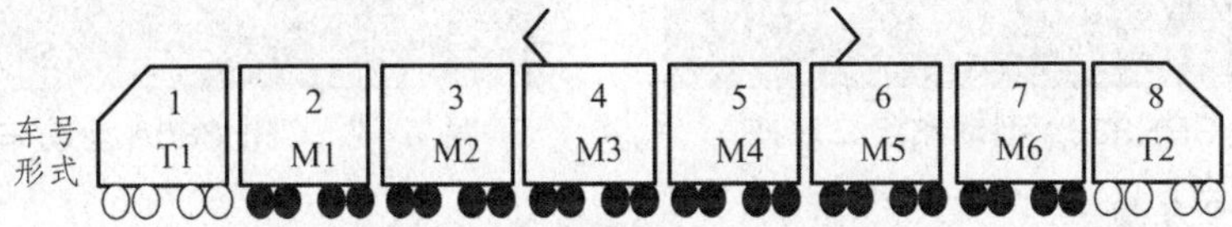

图 7.36　CRH380A 型动车组

T—拖车；M—动车

2. 平面布置

CRH380A 型动车组的平面布置如图 7.37 所示，全车定员为 480 人。其中商务座车座椅采用 2 + 1 式布置，一等座车座椅呈 2 + 2 式布置，中间为通道。二等座车座椅呈 2 + 3 式布置，中间为通道。1 号车和 8 号车设置有商务座，定员共计 12 人，设有可躺式商务座椅，车内布置如图 7.37 ~ 图 7.41 所示。

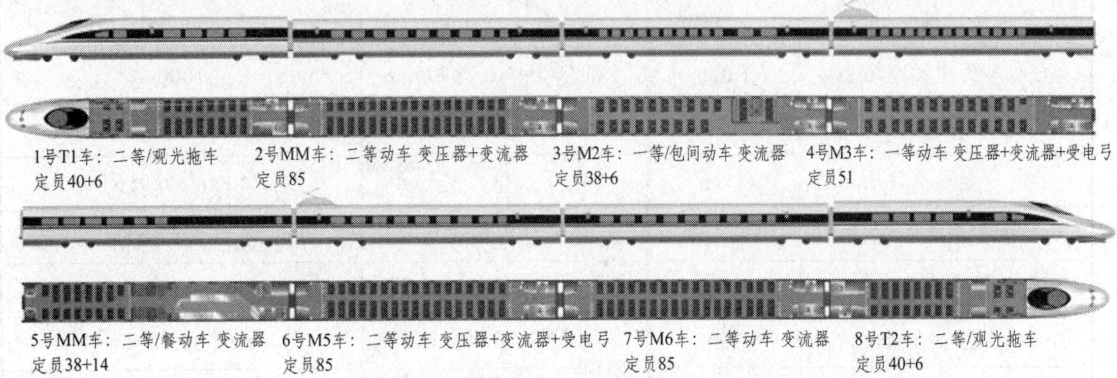

图 7.37　CRH380A 型动车组平面布置

图 7.38 CRH380A 型动车组商务座

图 7.39 CRH380A 型动车组一等座

图 7.40 CRH380A 型动车组二等座

图 7.41 CRH380A 型动车组司机室

3. 主要技术参数

CRH380A 型动车组头车车辆全长为 26.25 m，中间车车辆全长为 25 m，列车总长为 203 m，车体宽度为 3.38 m，车体高度为 3.7 m。CRH380A 型动车组的主要技术参数见表 7.5。

表 7.5 CRH380A 型动车组主要技术参数

车组总长/m	203	车体最大宽度/mm	3 380
车组设计寿命/年	20	适应站台高度/mm	1 250
最高试验速度/（km/h）	385	标记速度/（km/h）	350
车辆固定轴距/mm	2 500	车轮直径/mm	860/790
自动车钩中心高/mm	1 000	中间车钩中心高度/mm	1000
LKJ	无	停放制动	铁靴
受电弓落弓高度/mm	4516	受电弓工作高度/mm	4 816～6 916
蓄电池电压/V	DC 100	外接电源电压/V	单相 AC 400 V
车体最大高度/mm	3 700	车体材质	铝合金
编组整备质量/t	400	全列载重/t	39.1
最大制动距离/m	6 500	转向架中心距/mm	17 500

续表

车轮踏面类型	LMA	最大轴重/t	15
轮周牵引总功率/kW	9 120	ATP 型号	CTCS3.300S/300T/300H
通过最小曲线半径/m	150	通过最小 S 形曲线半径/m	180 + 10 + 180
受电弓最大升弓高度/mm	7 016	正常运行网压/kV	22.5 ~ 29
环境温度/°C	− 25 ~ + 40	编组方式	6 动 2 拖
电机额定输出功率/kW	400	定员/人	480（包间定员 6，一等定员 101，二等定员 373，不含餐位定员 14）

7.6.2　CRH380B 型动车组编组及平面布置

1. 编组结构

CRH380B 系列动车组包括长短两种车型，分别为 CRH380B 型和 CRH380BL 型。CRH380B 型动车组采用 8 辆编组，4 动 4 拖，设有二等座/观光车、一等座/观光车、二等座车、二等座车/餐车。CRH380BL 型动车组采用 16 辆编组，8 动 8 拖，设有一等座/观光车、一等座车、VIP 车、二等座车、二等座车/餐车，共有 4 个牵引单元，每个牵引单元又包括两个动力单元，编组结构如图 7.42 所示。

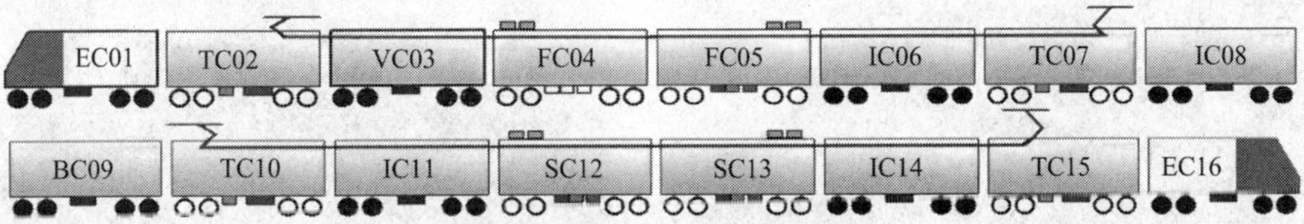

图 7.42　CRH380BL 型动车组编组

2. 平面布置

CRH380B 型动车组的平面布置如图 7.43 所示，全车定员为 551 人。其中 1 号车和 8 号车具有可躺式商务座，采用 2 + 1 式布置，定员共计 16 人。一等座车座椅呈 2 + 2 式布置，中间为通道。二等座车座椅呈 2 + 3 式布置，中间为通道。

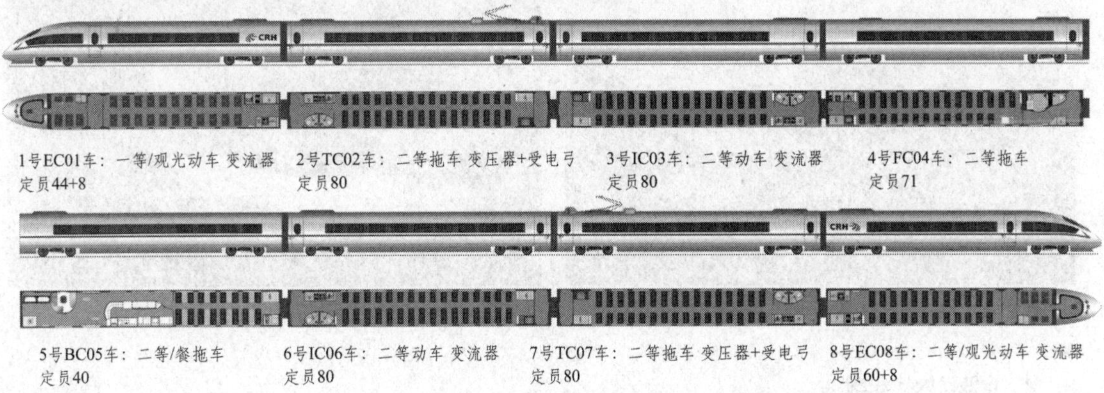

图 7.43　CRH380B 型动车组平面布置

CRH380BL 型动车组平面布置如图 7.44 所示（一阶段 6201～6240）。其中 VIP 车座椅呈 2＋1 式布置，一等座车座椅呈 2＋2 式布置，中间为通道。二等座车座椅呈 2＋3 式布置，中间为通道。全车定员为 1 043 人，车内布置如图 7.44～图 7.48 所示。

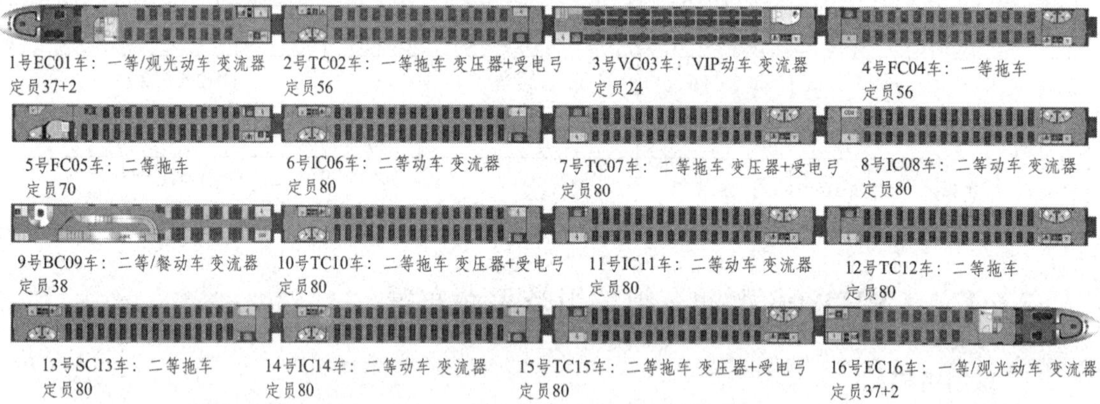

图 7.44　CRH380BL 型动车组平面布置

图 7.45　CRH380BL 型动车组 VIP 车客室

图 7.46　CRH380BL 型动车组一等车客室

图 7.47　CRH380BL 型动车组二等车客室

图 7.48　CRH380BL 型动车组餐车

3. 主要技术参数

CRH380B（CRH380BL）型动车组的主要技术参数见表 7.6。

表 7.6　CRH380B/CRH380BL 型动车组主要技术参数

车组总长/m	200.67/399.27	车体最大宽度/mm	3 257
车组设计寿命/年	20	适应站台高度/mm	1 250
最高试验速度/（km/h）	385/420	标记速度/（km/h）	350/380
车辆固定轴距/mm	2 500	车轮直径/mm	拖轮 920/860 动轮 920/830
自动车钩中心高/mm	1 000	中间车钩中心高度/mm	895
LKJ	无	停放制动	有
受电弓落弓高度/mm	4315	受电弓工作高度/mm	4 615～6 705
蓄电池电压/V	DC 110	外接电源电压/V	3NAC380＋DC 110
车体最大高度/mm	3 890	车体材质	铝合金
编组整备质量/t	441.5/872.6	全列载重/t	47/91.5
最大制动距离/m	6 500/8 500	转向架中心距/mm	17 375
车轮踏面类型	S1002CN	最大轴重/t	17
轮周牵引总功率/kW	9 200/18 400	ATP 型号	CTCS3.300T
通过最小曲线半径/m	180	通过最小 S 形曲线半径/m	180＋10＋180
受电弓最大升弓高度/mm	6915	正常运行网压/kV	25～29
环境温度/°C	－40～＋40/ －25～＋40	编组方式	4 动 4 拖/8 动 8 拖
电机额定输出功率/kW	586	定员/人	551 人（一等定员 60，二等定员 491）/1005/VIP 定员 28，一等定员 186，二等定员 791；不含餐位定员 38）

7.6.3　CRH380CL 型动车组编组及平面布置

和谐号 CRH380CL 型电力动车组，是国家铁路集团有限公司为营运新建的高速城际铁路及客运专线，由中国中车集团长春轨道客车股份有限公司在 CRH3C、CRH380BL 型电力动车组基础上自主研发的 CRH 系列高速动车组，也是“中国高速列车自主创新联合行动计划”的重点项目之一。

1. 编组结构

CRH380CL 型动车组采用 16 辆编组，8 动 8 拖，设有 VIP/观光车、一等座车、二等座车、二等座车/餐车。

2. 平面布置

CRH380CL 型动车组的平面布置如图 7.49 所示。VIP 车座椅呈 2＋1 式布置。一等座车座椅呈 2＋2 式布置，中间为通道。二等座车座椅呈 2＋3 式布置，中间为通道。观光车座位呈 1＋2 式布置，能看到驾驶室。全车定员为 1 015 人。

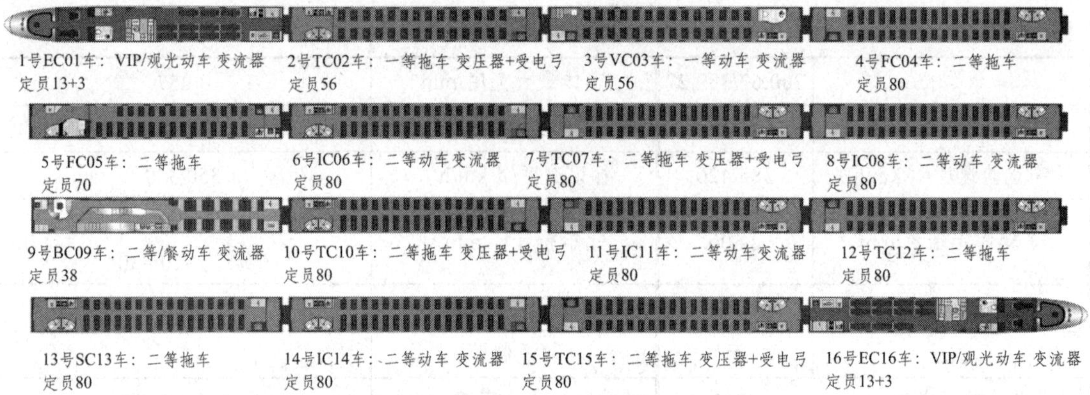

图 7.49　CRH380CL 型动车组平面布置

3. 主要技术参数

CRH380CL 型动车组的主要技术参数见表 7.7。

表 7.7　CRH380CL 型动车组主要技术参数

车组总长/m	400.47	车体最大宽度/mm	3 257
车组设计寿命/年	20	适应站台高度/mm	1 250
最高试验速度/km/h	420	标记速度/（km/h）	380
车辆固定轴距/mm	2 500	车轮直径/mm	拖轮 920/860 动轮 920/830
自动车钩中心高度/mm	1 000	中间车钩中心高度/mm	895
LKJ	无	停放制动	有
受电弓落弓高度/mm	4 315	受电弓工作高度/mm	4 615 ~ 6 705
蓄电池电压/V	DC 110	外接电源电压/V	3NAC380 + DC 110
车体最大高度/mm	3 890	车体材质	铝合金
编组整备质量/t	889.4	全列载重/t	92.3
最大制动距离/m	8 500	转向架中心距离/mm	17 375
车轮踏面类型	S1002CN	最大轴重/t	17
轮周牵引总功率/kW	19 200	ATP 型号	CTCS3.300H
车组通过最小曲线半径/m	180	车组通过最小 S 形曲线半径/m	180 + 10 + 180
受电弓最大升弓高度/mm	6915	正常运行网压/kV	25 ~ 29
环境温度/°C	− 25 ~ + 40	编组方式	8 动 8 拖
单电机额定输出功率/kW	615	定员/人	1015（VIP 定员 26，一等定员 118，二等定员 871，不含餐位定员 38）

7.6.4 CRH380D 型动车组的编组及平面布置

1. 编组结构

CRH380D 动车组为动力分散式交流传动的电动车组，8 编组列车结构为 4 动 4 拖，有商务座、一等座、二等座及酒吧餐车。CRH380D 动车组 8 编组列车载客最大设计 664 人，16 编组列车最大设计 1336 人。车厢采用铝合金型材，宽车身设计。全列质量 462 t，轴重 17 t。加速度为 0.48 m/s^2。采用 FLEXX 转向架，轴距 2.7 m。

2. 动车组平面布置

CRH380D 型动车组的平面布置如图 7.50 所示，全车定员为 554 人。其中商务座车座椅采用 2 + 1 式布置，一等座车座椅呈 2 + 2 式布置，中间为通道。二等座车座椅呈 2 + 3 式布置，中间为通道。1 号车和 8 号车具有商务座，定员共计 12 人，设有可躺式商务座椅，车内布置图 7.51 ~ 图 7.54 所示。

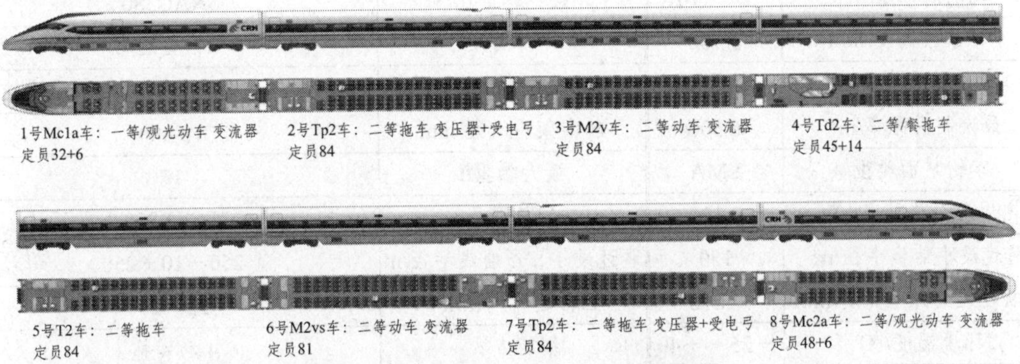

图 7.50　CRH380D 型动车组平面布置

图 7.51　CRH380D 型动车组商务座

图 7.52　CRH380D 型动车组一等座

图 7.53　CRH380D 型动车组二等座

图 7.54　CRH380D 型动车组餐车

3. **主要技术参数**

CRH380D 型动车组头车车辆全长为 27.85 m，中间车车辆全长为 26.6 m，列车总长为 215.3 m，车体宽度为 3.358 m，车体高度为 4.16 m。CRH380D 型动车组的主要技术参数见表 7.8。

表 7.8 CRH380D 型动车组主要技术参数

车组总长/m	215.3	车体最大宽度/mm	3 358
车组设计寿命/年	20	适应站台高度/mm	1 250
最高试验速度/km/h	420	标记速度/（km/h）	380
车辆固定轴距/mm	2 700	车轮直径/mm	920/850
自动车钩中心高/mm	880	中间车钩中心高度/mm	895
LKJ	无	停放制动	有
受电弓落弓高度/mm	4 353	受电弓工作高度/mm	5 150 ~ 6 500
蓄电池电压/V	DC 110	外接电源电压/V	3NAC380
车体最大高度/mm	3 700	车体材质	铝合金
编组整备质量/t	400	全列载重/t	49.9
最大制动距离/m	6 500	转向架中心距/mm	18 800
车轮踏面类型	LMA	最大轴重/t	17
轮周牵引总功率/kW	9 120	ATP 型号	CTCS3.300T
通过最小曲线半径/m	150	通过最小 S 形曲线半径/m	250 + 10 + 250
受电弓最大升弓高度/mm	7 016	正常运行网压/kV	25 ~ 29
环境温度/°C	−25 ~ +40	编组方式	4 动 4 拖
电机额定输出功率/kW	630	定员/人	554（一等定员 44，二等定员 510，不含餐位定员 14）

7.7 CR400 型动车组

7.7.1 CR400AF 型动车组的编组及平面布置

1. **编组结构**

CR400AF 型动车组采用动力分散交流传动方式，8 辆编组，4 动 4 拖，由两个动力单元组成。每个动力单元由 2 辆动车和 2 辆拖车组成，首尾车辆设有司机室，可双向驾驶，编成后结构如图 7.55 所示。

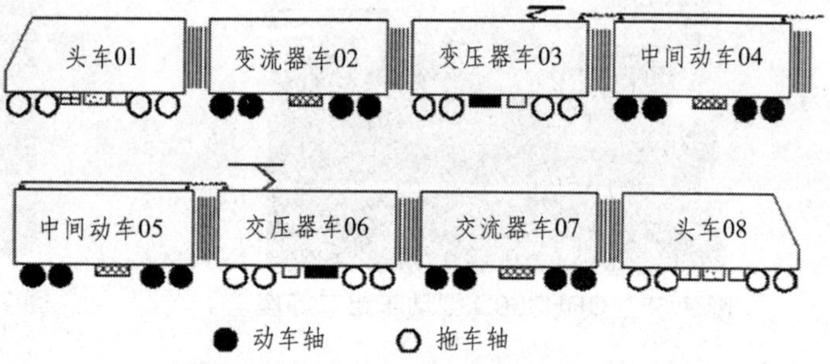

图 7.55 CR400AF 型动车组编组

2. **平面布置**

CR400AF 型动车组的平面布置如图 7.56 所示。商务座车座椅采用 1 + 1 和 2 + 1 式布置。一等座车座椅呈 2 + 2 式布置，中间为通道。二等座车座椅呈 2 + 3 式布置，中间为通道。车内布置如图 7.57 ~ 图 7.60 所示。

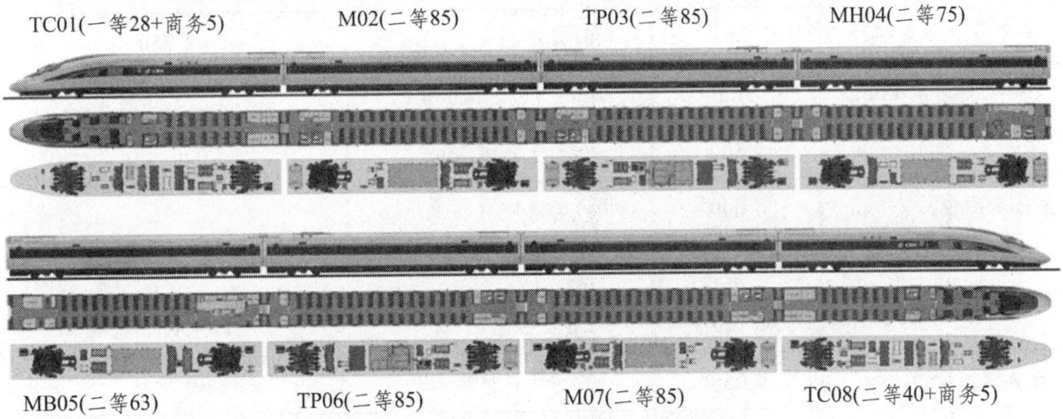

图 7.56　CR400AF 型动车组平面布置

图 7.57　CR400AF 型动车组商务座

图 7.58　CR400AF 型动车组一等座

图 7.59　CR400AF 型动车组二等座

图 7.60　CR400AF 型动车组司机室

3. 主要技术参数

CR400AF 型动车组头车车辆全长为 27.2 m，中间车车辆全长为 25 m，列车总长为 208.95 m，车体宽度为 3.36 m，车体高度为 4.05 m。CR400AF 型动车组车体的其他技术参数见表 7.9。

表 7.9　CR400AF 型动车组车体主要技术参数

车组总长/m	208.95	车体最大宽度/mm	3 360
车组设计寿命/年	30	适应站台高度/mm	1 250
最高试验速度/km/h	385	标记速度/（km/h）	350
车辆固定轴距/mm	2 500	车轮直径/mm	920/850
自动车钩中心高/mm	1 000	中间车钩中心高度/mm	935
LKJ	无	停放制动	弹簧蓄能
蓄电池电压/V	DC 110 V	外接电源电压/V	3NAC380
车体最大高度/mm	4 050	车体材质	铝合金
编组整备质量/t	426	全列载重/t	47
车轮踏面类型	LMA	最大轴重/t	17
轮周牵引总功率/kW	9 750	ATP 型号	CTCS3.300S/300T/300H
转向架中心距/mm	17 800	正常运行网压/kV	22.5～29
环境温度/°C	－40～＋40	编组方式	4 动 4 拖
电机额定输出功率/kW	625	定员/人	556（一等定员 28，二等定员 518；不含商务定员 10）

7.7.2　CR400BF 型动车组的编组及平面布置

1. 编组结构

与 CR400AF 型动车组相同，同样采用动力分散交流传动方式，8 辆编组，4 动 4 拖，由两个动力单元组成。每个动力单元由 2 辆动车和 2 辆拖车组成，首尾车辆设有司机室，可双向驾驶，编成后结构如图 7.61 所示。

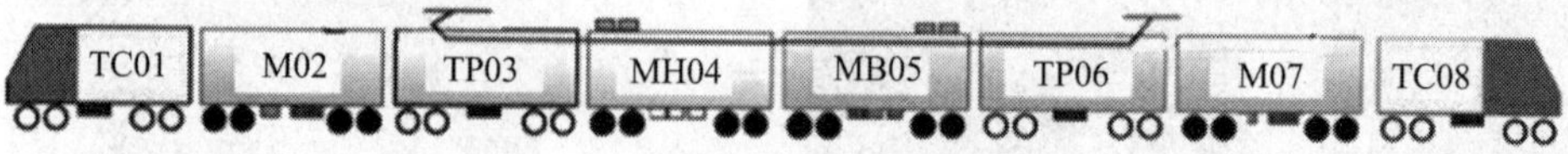

图 7.61　CR400BF 型动车组

2. 平面布置

CR400AF 型动车组的平面布置如图 7.62 所示。商务座车座椅采用 1＋1 和 2＋1 式布置。一等座车座椅呈 2＋2 式布置，中间为通道。二等座车座椅呈 2＋3 式布置，中间为通道。1 号车和 8 号车有商务座，定员共计 10 人，设有可躺式商务座椅，如图 7.63 所示。全车定员为 556 人。司机室布置如图 7.64 所示。

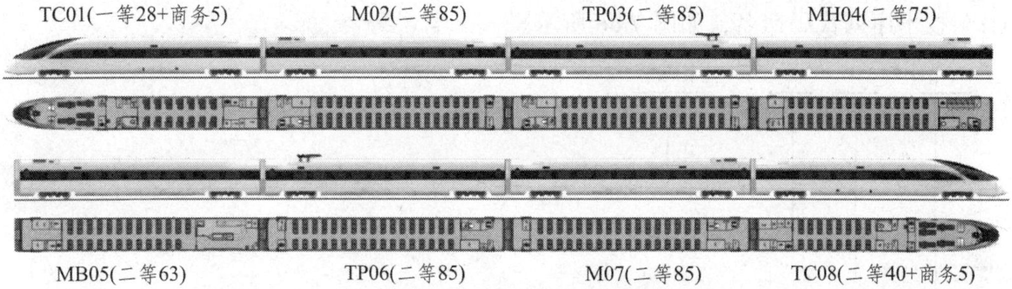

图 7.62　CR400BF 型动车组平面布置

图 7.63　CR400BF 型动车组商务座

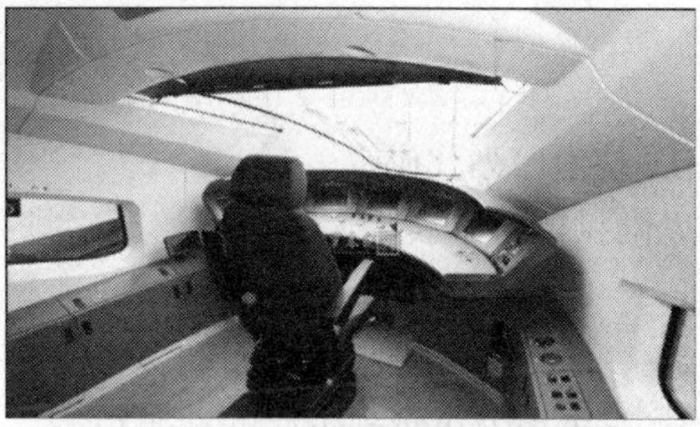

图 7.64　CR400BF 型动车组司机室

由于与 CR400AF 型动车组采用相同的技术标准进行研制生产，按照部件统型与互联互通设计要求，主要技术参数做到一致，可以实现不同厂家生产的相同速度等级动车组重联运营、不同速度等级的动车组的相互救援，有效提升动车组的利用效率，实现运营组织的灵活性。

注：CR400BF 型动车组的技术参数与 CR400AF 型动车组基本相同本书不再列出。

7.8　动车组的编号及检修基础

7.8.1　动车组的编号及行车标志

1. 动车组的型号及车组号

动车组的型号及车组号如图 7.65 所示。

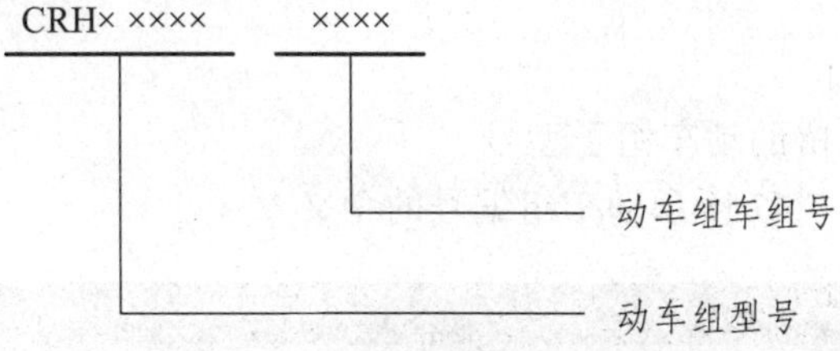

图 7.65　动车组的型号和车组号

1）动车组的型号

根据铁总运〔2014〕150 号通知，动车组型号分为技术序列代码命名方式和速度目标值命名方式两种。

（1）技术序列代码命名，如图 7.66 所示。

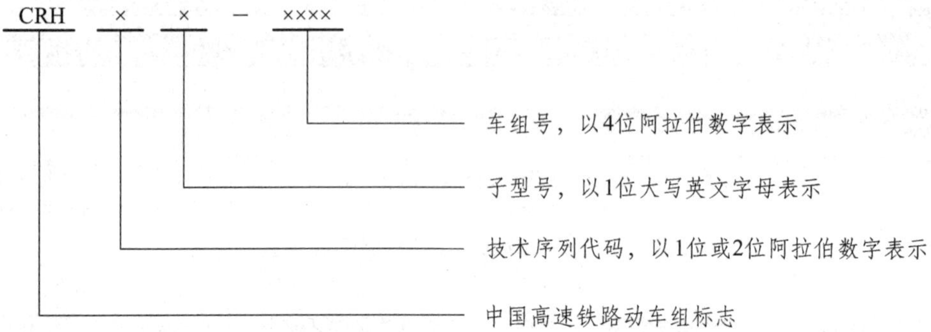

图 7.66 动车组编组技术序列代码命名的含义

① 技术序列代码。

以阿拉伯数字表示，由 1 开始顺序排列

1——四方庞巴迪公司研制生产的动车组

2——四方股份研制生产的动车组

3——唐车公司研制生产的动车组

5——长客股份研制生产的动车组

6——四方股份/浦镇公司研制生产的城际动车组

7 及后续数字——预留的动车组技术序列代码

② 子型号。

以一位大写英文字母表示，由 A 开始顺序排列

A——速度 200 ~ 250 km/h、8 辆编组、座车

B——速度 200 ~ 250 km/h、16 辆编组、座车

C——速度 300 ~ 350 km/h、8 辆编组、座车

D——速度 300 ~ 350 km/h、16 辆编组、座车

E——速度 200 ~ 250 km/h、16 辆编组、卧车

F——速度 160 km/h、8 辆编组、城际动车组

G——速度 200 ~ 250 km/h、8 辆编组、耐高寒座车动车组

H——速度 200 ~ 250 km/h、8 辆编组、耐风沙及高寒座车动车组

I——预留

J——综合检测动车组

K 及后续字母——预留的动车组子型号

示例 1：试说出图图 7.67 所示动车组编号的含义。

图 7.67 动车组编号示例（一）

解：图 7.67 所示动车组编号的含义如图 7.68 所示。

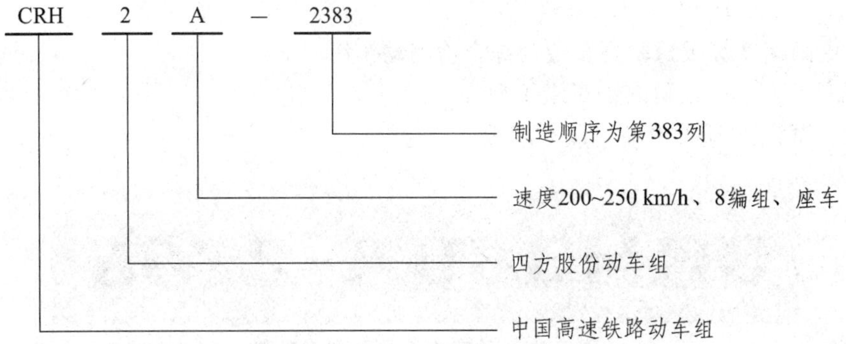

图 7.68　动车组编号含义（一）

（2）速度目标值命名：如图 7.69 所示。

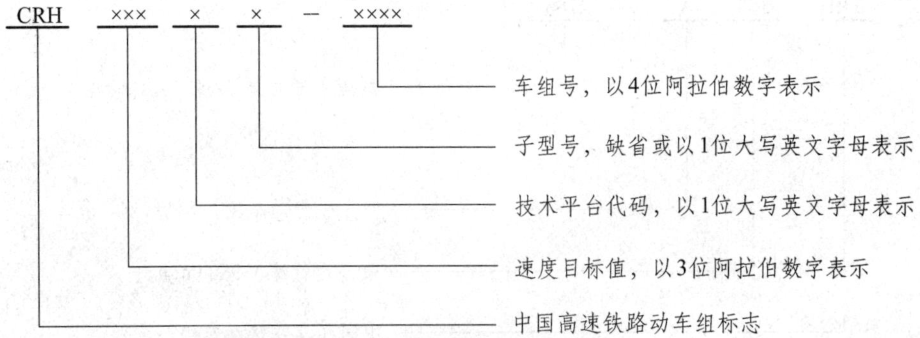

图 7.69　动车组编组速度目标值命名的含义

① 速度目标值。

动车组设计的最高运行速度目标值用 3 位阿拉伯数字表示，

例如，380——代表设计最高运行速度目标值为 380 km/h。

② 技术平台代码。

以 1 位大写英文字母表示，由 A 开始顺序排列

A——四方股份研制生产的动车组、8 辆编组。座车

B——长客股份/唐车公司研制生产的动车组、8 辆编组。座车

C——长客股份研制生产的动车组（与 B 采用不同的牵引及控制系统）、8 辆编组。座车

D——四方庞巴迪研制生产的动车组、8 辆编组。座车

E——预留

F——预留

③ 子型号。

以 1 位大写英文字母表示，由 G 开始顺序排列。缺省时为基本型。

G——耐高寒动车组

H——耐风沙及高寒动车组

I——预留

J——综合检测动车组

K——预留

L——基本型的 16 辆编组动车组

M——更高速度等级试验列车改为综合检测动车组

N 及后续字母——预留的动车组子型号

示例 2：试说出图 7.70 所示动车组编号的含义。

图 7.70　动车组编号示例（二）

解：图 7.70 所示动车组编号的含义图 7.71 所示。

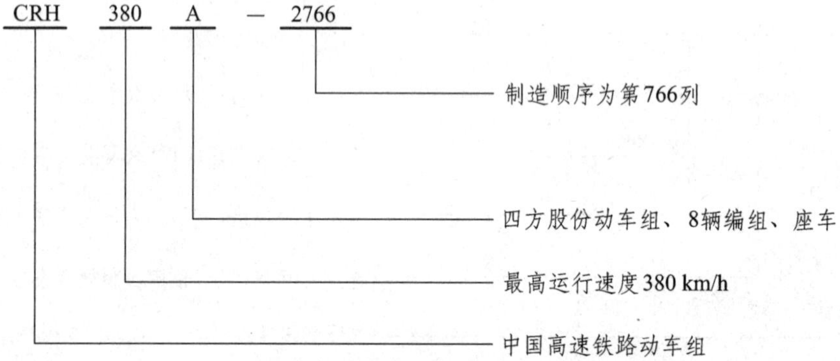

图 7.71　动车组编号含义（二）

2）动车组的车组号

动车组的车组号以四位阿拉伯数字表示，按照动车组的制造工厂，具体号段分配如表 7.10 所示。

表 7.10　我国动车组的车组号

制造公司	速度≤250 km/h	速度≥350 km/h	检测、试验及非总公司控股	城际动车组
BST 公司	1001 ~ 1499	1501 ~ 1999	0101 ~ 0199	
四方股份	2001 ~ 2499	2501 ~ 2999	0201 ~ 0299	
唐车公司	3001 ~ 3499	3501 ~ 3999	0301 ~ 0399	
长客股份	5001 ~ 5499	5501 ~ 5999	0501 ~ 0599	
四方股份（城际动车组）			0401 ~ 0449	4001 ~ 4499
浦镇公司（城际动车组）			0451 ~ 0499	4501 ~ 4999

2. 动车组中车辆的编号

动车组中车辆的编号是由车种、技术序列代码、制造序列代码和编组顺位代码组成，如图 7.72 所示。

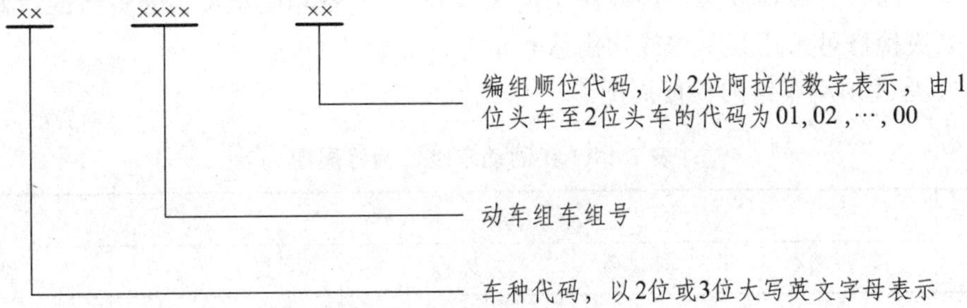

图 7.72　车辆编号的含义

车种代码是汉语拼音缩写，分别为 ZY 一等座车，ZE 二等座车，WR 软卧车，WG 高级软卧车，CA 餐车（含酒吧车），ZEC 二等座车/餐车合造车，ZYG 一等座/观光车，车动车组编组顺位代码是以 2 位阿拉伯数字表示的。

示例 3：试说出图 7.73 所示动车组车辆编号的含义。

图 7.73　车辆编号示例

车辆编号示例

解：图 7.73 的含义如图 7.74 所示。

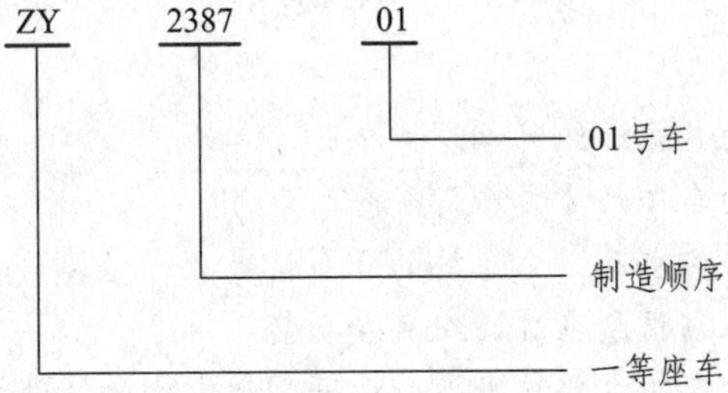

图 7.74　车辆编号含义

7.8.2　动车组修程修制

1. 检修体制

实行计划性预防修。

2. 运用维修模式

以走行里程周期为主、时间周期为辅（先到为准）。

3. 检修修程

按维修性质、维修范围和维修深度划分为五级修程。

（1）一、二级检修为运用检修（动车所）。

（2）三、四、五级检修为定期检修（高级检修）（具备相应车型检修资质的检修单位）。

（3）二级检修可采用集中修或均衡修相结合的方式进行。

表 7.11 是我国动车组的检修周期。

表 7.11　我国动车组的检修周期

<table>
<tr><th rowspan="2">车　型</th><th colspan="5">修　程</th></tr>
<tr><th>一级检修</th><th>二级检修</th><th>三级检修</th><th>四级检修</th><th>五级检修</th></tr>
<tr><td>CRH1A</td><td rowspan="3">≤（4 000±400）千米或运用 48 h</td><td rowspan="3">另行公布</td><td rowspan="3">（120±10）万千米或 3 年</td><td rowspan="3">（240±10）万千米或 6 年</td><td rowspan="3">（480±10）万千米或 12 年</td></tr>
<tr><td>CRH1B</td></tr>
<tr><td>CRH1E</td></tr>
<tr><td>CRH5A</td><td>≤（5 000±500）千米或运用 48 h</td><td>另行公布</td><td rowspan="5">（120±12）万千米或 3 年</td><td rowspan="5">（240±12）万千米或 6 年</td><td rowspan="5">（480±12）万千米或 12 年</td></tr>
<tr><td>CRH3C</td><td rowspan="4">≤（4 000±400）千米或运用 48 h</td><td rowspan="4">另行公布</td></tr>
<tr><td>CRH380B</td></tr>
<tr><td>CRH380BL</td></tr>
<tr><td>CRH380CL</td></tr>
<tr><td>CRH2A</td><td>≤（4 000±400）千米或运用 48 h</td><td>另行公布</td><td>（60^{+2}_{-5}）万千米或 1.5 年</td><td>（120^{+5}_{-10}）万千米或 3 年</td><td>（240±10）万千米或 6 年</td></tr>
</table>

复习思考题

1. 简述 CRH1 型动车组的具体编组结构。
2. 简述 CRH2 型动车组的车体尺寸。
3. 简述 CRH3 型动车组给排水及卫生系统的分布情况。
4. 简述 CRH5 型动车组旅客信息系统的组成和功能。
5. 请对比 CRH380 系列动车组主要技术参数，并列出它们的区别。
6. 简述复兴号 CR400AF 动车组编组结构和平面布置情况。

参考文献

[1] 刘建国. 高速铁路动车组[M]. 北京：中国铁道出版社，2013.

[2] 周平. 铁道概念[M]. 北京：中国铁道出版社，2015.

[3] 李学伟. 高速铁路概论[M]. 北京：中国铁道出版社，2012.

[4] 中国铁路总公司. 铁路技术管理规程（高速铁路部分）[M]. 北京：中国铁道出版社，2014.

[5] 宋永增. 动车组概论[M]. 北京：北京交通大学出版社，2012.

[6] 中国铁路总公司. 高速动车组概论[M]. 北京：中国铁道出版社，2015.

[7] 彭俊杉 动车组牵引与制动[M]. 北京：中国铁道出版社，2009.

[8] 张曙光. CRH1 型动车组[M]. 北京：中国铁道出版社，2008.

[9] 张曙光. CRH2 型动车组[M]. 北京：中国铁道出版社，2008.

[10] 张曙光. CRH3 型动车组[M]. 北京：中国铁道出版社，2008.

[11] 张曙光. CRH5 型动车组[M]. 北京：中国铁道出版社，2008.